W0060241

Helena Paterson

Entdecken Sie Ihr keltisches Mondzeichen

Magisches Druidenwissen:
Bäume · Steine · Tiere · Pflanzen

Mit 14 Illustrationen von
Margaret Walty

Verlag Hermann Bauer
Freiburg im Breisgau

Die Deutsche Bibliothek – CIP-Einheitsaufnahme

Paterson, Helena:
Entdecken Sie Ihr keltisches Mondzeichen : magisches
Druidenwissen: Bäume, Steine, Tiere, Pflanzen /
Helena Paterson. Mit Ill. von Margaret Walty.
[Aus dem Engl. von Sylvia Luetjohann]. –
1. Aufl. – Freiburg im Breisgau : Bauer, 1999
  Einheitssacht.: The Celtic lunar zodiac ⟨dt.⟩
  ISBN 3-7626-0702-8

Die amerikanische Originalausgabe erschien 1997 by
Llewellyn Publications, St. Paul, Minnesota, unter dem Titel
The Celtic Lunar Zodiac. How to Interpret Your Moon Sign
© 1997 by Helena Paterson
© Illustrationen 1997 Margaret Walty

Aus dem Englischen von Sylvia Luetjohann

1. Auflage 1999
ISBN 3-7626-0702-8
© für die deutsche Ausgabe 1999 by
Verlag Hermann Bauer KG, Freiburg i. Br.
Das gesamte Werk ist im Rahmen des Urheberrechtsgesetzes geschützt.
Jegliche vom Verlag nicht genehmigte Verwertung ist unzulässig.
Dies gilt auch für die Verbreitung durch Film, Funk, Fernsehen, photomechanische Wiedergabe,
Tonträger jeder Art, elektronische Medien sowie für auszugsweisen Nachdruck.
Einband: Lisa Novak
Illustration: Margaret Walty
Satz: Fotosetzerei G. Scheydecker, Freiburg i. Br.
Druck und Bindung: Druckerei Parzeller, Fulda
Printed in Germany

Inhalt

Für Cailleach, die alte, verschleierte Mondgöttin

DANKSAGUNG

Ich danke James Vogh für sein Buch *Arachne Rising*, das mich dazu inspirierte, die 13 druidischen Mondzeichen weiter zu erforschen und *Die Weiße Göttin*, Robert von Ranke-Graves' Meisterwerk zu diesem Thema, zu lesen. Die weiteren Beiträge der in der Bibliographie genannten Autoren sollen ebenfalls nicht unerwähnt bleiben. Besondere Anerkennung verdienen auch die magischen Darstellungen von Margaret Walty, einer hochbegabten und phantasiereichen Künstlerin.

Meine dankbare Anerkennung gilt ferner zwei außergewöhnlichen, inzwischen verstorbenen Persönlichkeiten: Dr. John Penderill-Church und Edward Harte, die beide in Cornwall lebten und den seit langem verschollenen historischen Mythen ihren rechtmäßigen Platz in den lokalen Archiven zurückgaben.

Ich danke Llewellyn Publications für manche Anregung und sachverständiges Lektorieren, J. L. White, der mich bei den astronomischen Angaben beriet, und den vielen Freunden, die mir ihre kostbaren Bücher liehen.

Helena Paterson

Einführung

Die Druiden

Die Druiden, die Priester der Kelten, die etwa seit dem Jahre 1000 v. Chr. auf den Britischen Inseln lebten, benutzten zur Berechnung ihres Jahres und ihrer religiösen Feste einen Mondkalender aus 13 Monaten; jeder Monat hatte 28 Tage, und ein zusätzlicher »Schalttag« war eingeschoben. Der rituelle Aspekt ihrer Religion beruhte hauptsächlich auf dem Sonne-Mond-Zyklus, und ihr Tierkreis war stärker nach dem Mond als nach der Sonne ausgerichtet. Darin spiegelt sich eine Kultur wider, die zum Teil mutterrechtliche Grundlagen hatte. Die druidische Religion wurde aus einem feinen Gewahrsein der natürlichen und übernatürlichen Energien abgeleitet, die mit den Geistern (*Dryaden*) der heiligen Bäume gleichgesetzt wurden; die Druiden betrachteten die Baumgeister ihres Tierkreises als Emanationen, die von der Sonne zur Erde gekommen waren.

Viele Jahrhunderte später entdeckte man, daß das medizinische Wissen der Kräuterheilkunde, die mit den Bäumen und Pflanzen der Druiden verbunden war, in Irland überlebt hatte. Die druidische Medizin ist daher hauptsächlich aus den irischen Niederschriften in *The Book of the O'Hickeys* und *The Book of the O'Lees* bekannt, die heute beide in der *Royal Irish Academy* aufbewahrt werden. Diese Bücher wurden 1303 bzw. 1443 teilweise in lateinischer, teilweise in irischer Sprache verfaßt und stellen wahrscheinlich die größte Anzahl alter medizinischer Manuskripte dar, die bis heute existieren.

Der druidische Gott der Heilkunst, Diancécht, dessen Name »geschwind an Macht« bedeutet, wurde lange Zeit als Ursprung für alles irische Wissen um Medizin und Kräuterkunde betrachtet. Doch dann haben sein Sohn Midach und seine Tochter Airmed ihn offenbar in der Heilkunst übertroffen, und in einer Anwandlung von Eifersucht erschlug Diancécht seinen Sohn. Auf dem Grab des jungen Gottes wuchsen jedoch aus den Gelenken und Sehnen des toten Körpers 365 Kräuter hervor, von denen jedes die magische Kraft besaß, die Krankheiten des entsprechenden Körperteils zu heilen. Midach ähnelt damit dem jungen Asklepios, dem griechischen Gott der Heilkunst, der die Eifersucht von Zeus auf sich zog und von einem Donnerkeil erschlagen wurde. Im keltischen Mythos wurden Gottheiten manchmal in Gestalt des Kalenderjahres personifiziert; Midach wird auf diese Weise geehrt und in Erinnerung behalten durch die lebenspendende Zahlensymbolik des Sonnenjahres und ein heiliges Kraut als Sinnbild für jeden Tag.

Für die Berechnung eines Kalenders oder Tierkreises ist ein genaues Wissen vom Lauf der Gestirne notwendig. Stonehenge, Ursprung vieler Sagen und nach wie vor ein Ort unverminderten Interesses, war jahrhundertelang ein Anziehungspunkt für gelehrte Studien. In den vergangenen Jahren hat diese Forschung einige tiefgehende Informationen über die astronomische Ausrichtung der alten Steine geliefert und nachgewiesen, daß die Sonnwenden, Tagundnachtgleichen und Eklipsen trotz ihrer veränderlichen Deklinationen und komplizierten Zyklen alle genau berechnet werden können.

Obwohl die Druiden weder Stonehenge noch irgendein anderes der megalithischen Denkmäler in

Britannien und Irland erbauten, mag die Beobachtung aufschlußreich sein, daß sich die druidische Religion nur dort ausbreitete, wo es solche Steinmonumente und Grabkammern gab. Die alten Britannier, welche diese eindrucksvollen Steinkreise errichtet hatten, hinterließen ein Vermächtnis, das in einen Schleier aus Geheimnis und Magie gehüllt ist; ihre Herkunft ist ebenso unbekannt wie die der keltischen Eindringlinge, die über das Meer kamen. Nach Meinung der Archäologen führte die Konfrontation zwischen den Kelten und der einheimischen Bevölkerung nur zu sehr wenigen Feindseligkeiten, und es hat den Anschein, daß es im Laufe mehrerer Jahrhunderte, lange vor der römischen Invasion, zu einer Vermischung von Stammesbräuchen und Kulturformen kam.

Die megalithische Religion der alten Britannier gründete sich auf dem sogenannten »Totenkult« und ist fast identisch mit dem ägyptischen Kult des Osiris, dem Gott der Toten und der Unterwelt. Das keltische Volk hatte viele Aspekte seiner Kultur und Religion mit den Griechen gemeinsam, darunter auch einen Gott der Unterwelt mit dem Namen Dis, von dem alle Kelten ihre Abstammung herleiteten. Dis ähnelte dem Gott Hades/Pluto der griechischen Mythologie, dem am meisten gefürchteten Gott, der als Herrscher über die Unterwelt auch in die höheren Mysterien des Lebens einweihte. Dies trägt zu der Annahme bei, daß alle vier Völker – die alten Britannier, die Kelten, Griechen und Ägypter – eine gemeinsame Herkunft oder Abstammung hatten.

Die druidische Astrologie

In jeder Astrologie verbirgt sich eine esoterische Symbolsprache, die viele Bezüge zur Herkunft oder zu den Ursprüngen eines Volkes enthält. Wahrscheinlich liegt in der Astrologie der Druiden der Schlüssel zum Ursprung der Kelten und möglicherweise auch der alten Britannier, denn die Druiden besaßen ihren eigenen Tierkreis und ihre eigene Kosmologie, die sie offensichtlich in Britannien um die Steinkreise und Sternwarten des Megalithvolkes entwickelt hatten. Ein Überblick über die druidische Religion, Astrologie und Mythologie könnte auch für die vorurteilsfreiere Sichtweise eines Volkes sorgen, das vielleicht nachhaltiger als irgendein anderes die westliche Welt beeinflußt hat.

Im astrologischen System der Druiden wurde die gesamte Erde als *Buarth Beirdd* oder »Rindereinzäunung« bezeichnet. Die fruchtbare Erde wurde durch eine weiße Kuh, die lebensspendende Sonne durch einen weißen Stier versinnbildlicht. Die Kreishälfte des Globus über dem rationalen oder bewußten

Horizont wurde durch den mystischen Kessel der Mondgöttin Cerridwen symbolisiert, der die göttliche weibliche Essenz enthielt. Dieser Halbkreis wurde nochmals aufgeteilt durch den von Ost nach West verlaufenden Himmelsäquator: Taliesin, die Sonne, herrschte über die Hälfte mit dem längsten Tag (Sommersonnwende) und Avagddu oder die Nacht über die andere Hälfte mit dem kürzesten Tag (Wintersonnwende).

Auf dieser ursprünglichen Unterteilung in Tag und Nacht beruhte auch der keltische Zeitbegriff. Die Zeit war eine Dimension, die keine Begrenzungen, sondern nur Eingänge und Ausgänge hatte. Die astrologischen Markierungen legten die »Portale« fest, durch welche die Emanationen des göttlichen Lebens die Erde betraten und wieder verließen. Die Tagundnachtgleichen und Sonnwenden wurden danach benannt: *Alban Eiler* (»zweite Entstehung«) für die erste Frühlings-Tagundnachtgleiche; *Alban Heffyn* (»sonnige Temperatur«) für die Sommersonnwende;

Alban Elved (»Ernte«) für die Herbst-Tagundnachtgleiche; und *Alban Arthan* für die Wintersonnwende (»Arthurs Jahreszeit«, wenn Arthur gegen die Kräfte der Dunkelheit kämpfte). Der Bezug zu König Arthur in der keltischen Kosmologie wurde erst später hergestellt, doch es war traditioneller Brauch, Helden und Könige mit der Sonnengottheit gleichzusetzen.

Die druidische Religion

Die druidische Religion besaß eine hochentwickelte Philosophie und Tradition, die nur selten erwähnt wird. Die Druiden glaubten an einen Schöpfer, der vom Menschen nicht wahrgenommen werden konnte und dessen eigene Emanation selbst für den Eingeweihten außerhalb des Vorstellungsvermögens lag. Deshalb nannten sie ihn *Celi*, was soviel wie »verbergend« heißt; seine Gefährtin war die Mondgöttin *Cerridwen*, was »unterstützend« bedeutet. Die Druiden verehrten nicht die Sonne, sondern setzten sie mit dem einzigen eingeborenen Sohn der Cerridwen gleich, der aus ihrer mystischen Vereinigung mit Celi hervorgegangen war.

Die Göttlichkeit der Sonne war Teil der alten druidischen Dreieinigkeit, die dem Christentum vorausgegangen war. Sie stand symbolisch nicht für die Sonne selbst, sondern für die Drei Strahlen oder Emanationen ihres großen Schöpfers Celi. Diese drei »befruchtenden« Strahlen wurden durch drei goldene Äpfel versinnbildlicht und mit dem Dreieinigen Wort oder *Logos* des Schöpfers gleichgesetzt, der das Geheimnis des Universums in seinem Atem bewahrte.

Celi und Cerridwen wurden als unbegreifliche Geistwesen betrachtet. Cerridwen war der Ursprung der ungeformten Materie, die in einem embryonalen Zustand jenseits des Meeres begann – der Quelle allen Lebens. Diese Lebenssubstanz war ihrer Natur nach weiblich und passiv. In jedem Frühling wurde sie in einem geweihten Boot, das wie eine Mondsichel geformt war und von Cerridwen gelenkt wurde, über die Meere gebracht. Die Sonne wurde am 22. Dezember, der Wintersonnwende, wenn sie wieder in den Himmel aufzusteigen begann, als Kind der Cerridwen »wiedergeboren«.

Die Druiden glaubten, daß gleichzeitig damit auch unzählige, von der physischen Existenz getrennte Leben als Emanationen hervorgingen und von der Sonne aus der Dimension von *Annwn*, einer Astralebene in der keltischen Unterwelt, in die äußere Welt geführt wurden. Diese Lebens- oder Seelenkraft, die ursprünglich von Cerridwen aufbewahrt wurde, hatte sich durch das Tierreich bis zur menschlichen Gestalt entwickelt, doch ihr fehlte die spirituelle Inspiration von *Awen* – das Erkenntnisvermögen, das direkt von Gott verliehen wird.

Es gab drei Kreise der spirituellen Entwicklung: der Kreis von *Abred*, der Kreis von *Gwynydd* und der Kreis von *Ceugant*. Aus dem Reich von *Annwn* gelangte das Leben nach *Abred*, in den Kreis der Prüfung oder die irdische Ebene, wo die Seelenkraft physische Gestalt annahm. Dieser Bereich schloß die Menschheit und alles ein, was darunter lag; er war ein Ort, wo Gut und Böse in gleichem Maß und Einfluß vorhanden waren. Der Mensch war frei von allen Verpflichtungen, jede Handlung beruhte auf seiner Zustimmung und freien Wahl. Wenn er sich weiterentwickelte, entfaltete sich auch sein *Awen* und eine reinere Schau von Gott. In diesem druidischen Evolutionssystem wurde dem »freien Willen« des Menschen große Bedeutung beigemessen und als wichtiger Faktor angesehen – ganz im Unterschied zur brahmanischen Religion, mit deren Lehre dieser

Aspekt des Druidentums ansonsten Ähnlichkeiten hat.

Diese Lehren stammen aus dem umstrittenen Materialband, der unter dem Sammelnamen *Bardass* bekannt ist. Es handelt sich dabei um Dokumente, die von dem walisischen Barden Iolo Morganwg aus älteren Manuskripten zusammengestellt worden sind. Die gründliche Lektüre des *Bardass* läßt jedoch manche eindeutig keltischen Überzeugungen erkennen, wofür das »Rätsel der Barden« ein gutes Beispiel ist. Es besteht aus zwei Teilen in der Frage- und Antwortform eines Rätselspiels, einer bei den Kelten sehr beliebten Übung für Denkanstöße, und beginnt mit den Worten:

Es gibt nichts, was wahrhaft verborgen ist, außer dem, was nicht vorstellbar ist;
Es gibt nichts, was nicht vorstellbar ist, außer dem, was unermeßlich ist;
Es gibt nichts Unermeßliches außer Gott;
Es gibt keinen Gott, außer dem, was nicht vorstellbar ist;
Es gibt nichts, was nicht vorstellbar ist, außer dem, was wahrhaft verborgen ist;
Es gibt nichts wahrhaft Verborgenes außer Gott.

Die Lösung beginnt mit den Worten:

Was nicht vorstellbar ist, ist das Allergrößte und das Unermeßliche dessen, was nicht seinen Platz einnimmt;
Gott ist das Allergrößte und das Unermeßliche des höchsten Geistes;

Es kann keine Existenz für etwas geben außer durch den höchsten Geist;
Und die Nicht-Existenz aller Dinge kommt von dem, was nicht seinen Platz einnimmt.

Diese Aussagen unterstreichen die tiefere Philosophie der Druiden und scheinen sowohl mit der *Kabbala*, einem althebräischen mystischen Evolutionsweg, als auch mit der brahmanischen Lehre und vielen anderen alten Religionen gemeinsame Grundlagen zu haben.

Die Druiden hielten es auch für möglich, daß sich der Mensch während seines Lebens durch seine eigene Willenskraft oder die Erinnerung an Gott zum Reich von *Gwynydd* hin entwickelte. Mit anderen Worten, der Kelte war zweifellos weitaus freier in seinem Handeln als der östliche Mensch. Dabei hat der Gedanke der »Erinnerung« eine Verbindung zu den Ägyptern, welche die Namen all ihrer Götter auswendig lernten, um damit den Weg in einen als Ideal vorgestellten Himmel zu finden.

Doch mußten alle Menschen während ihrer verschiedenen Existenzstufen den Kreis von *Abred* durchlaufen, bevor sie sich die Eignung dafür erworben hatten, den Kreis der Glückseligkeit zu betreten – *Gwynydd*, eine Ebene des vollständig entwickelten Geistes. Der Kreis von *Ceugant* wurde allein von Gott eingenommen; doch es existierte auch ein dunkler Gegenpol mit dem Namen *Cythraul*, den Gott dadurch unterworfen hatte, daß er sich mit ihm vereinte.

Schöpfungsmythen

In den älteren Evolutionsmythen der Kelten war Cerridwens anderer Sohn *Avagddu* (»Nacht«) ihr Erstgeborener, der später zum dunklen Zwilling der Sonne wurde. Die Dualität von Licht und Dunkelheit zog sich in der keltischen Gedankenwelt und Überlieferung durch alle Lebensformen der Schöpfung. Es gibt viele ähnliche Schöpfungsmythen, bei denen »Dunkelheit« dem »Licht« vorausgeht. Abgesehen von dem bekanntesten Beispiel am Anfang der Bibel wird auch Lilith erwähnt, die erste Frau Adams, deren Name »Nacht« bedeutet. Im *Talmud* überwarf Lilith sich mit Adam, verließ ihn und wurde von drei Engeln verfolgt, die vergeblich versuchten, sie zur Rückkehr zu überreden und Mutter des Menschengeschlechtes zu werden. Später veranlaßte ihre krankhafte Eifersucht auf Adams neue Frau Eva sie jedoch dazu, zurückzukehren und Rache zu nehmen, indem sie Kain zum Zorn gegen seinen Bruder Abel anstiftete.

Im keltischen Mythos der Cerridwen wurde Gwion durch drei Tropfen aus ihrem heiligen Kessel von einem sterblichen Kind in eine Sonnengottheit verwandelt: den Barden-Gott Taliesin. Die große Mondgöttin grollte wegen der Geburt von Taliesin, und sie warf das neugeborene Kind ins Meer. Sowohl die Sonne als auch die Erde wurden als lebenspendende Gottheiten angesehen, doch die Mondgöttin Cerridwen war die Urmutter, deren Macht – wie bei Lilith – den stärker mystischen und dunklen Aspekt des Weiblichen in sich barg.

In der druidischen Mystik galten Eklipsen (Sonnen- und Mondfinsternisse) als aufsehenerregende und ehrfurchtgebietende Naturerscheinungen, die auftraten, wenn Celi sich in mystischer Verbindung mit dem Mond oder der Erde vereinigte; deshalb wurden solche Geschehnisse genauestens beobachtet und befolgt. Eine Mondfinsternis, die überall auf der Erde gesehen werden kann, findet nur bei Vollmond statt. Die Erde wirft ihren eigenen Schatten ins All, so daß sich ihr Kernschatten während einer Mondfinsternis langsam über die Oberfläche des Mondes schiebt. Dabei kann eine totale oder partielle Finsternis entstehen. Aufgrund der atmosphärischen Schicht oder Lufthülle um die Erde, die eine gewisse Menge an Sonnenlicht bricht, verschwindet das Licht des Mondes jedoch nicht gänzlich. Eine Sonnenfinsternis ist dagegen weitaus spektakulärer; sie tritt dann ein, wenn der Mond bei Neumond zwischen Sonne und Erde steht.

Alle Finsternisse wurden von den Druiden als ursprüngliche Kräfte zur Erneuerung und Regeneration spiritueller Energien im Universum gesehen. In allen alten astrologischen Darstellungen wurden Eklipsen zuerst als unheilvolle, später jedoch als eher günstige Ereignisse betrachtet, die gute oder schlechte Auswirkungen haben konnten; dies hing davon ab, wessen Gewinn oder Verlust sie anzeigten und war meistens mit nationalen Geschehnissen verbunden. Die Erforschung der zyklisch wiederkehrenden Finsternisse gehörte auch zu den *Saros*-Tabellen der Chaldäer und Babylonier. Diese beruhten auf dem Mond und wurden später von dem athenischen Astronomen Meton überprüft, der den Lunationszyklus der Mondphasen »wiederentdeckte«.

Auf den Spuren von Atlantis

Außer Sonne und Mond wurden auch mehrere andere Himmelskörper von den Druiden genau beobachtet. Dies waren die Sternbilder Plejaden, Orion und Auriga (»Fuhrmann«) sowie einige Hauptsterne des nördlichen Himmels, nämlich Arkturus, Kastor und Deneb. Arkturus (»Bärenhüter«) liegt dicht beim Sternbild Großer Bär, der – gemeinsam mit Orion – zu den beiden wichtigsten Richtungsweisern oder Navigationshilfen für alle Reisenden und Astronomen gehört.

Mit dem Großen Bären ist eine umfangreiche und sehr alte Mythologie verbunden; so wurde er beispielsweise in hinduistischen Schriften als die »Sieben Rishis« bezeichnet. Astronomisch gesehen markierte er das Vorrücken der Tagundnachtgleichen, die Dauer und Umlaufzeit der *Yugas* oder Weltzeitalter. In der ägyptischen Mythologie war der Große Bär als »Mutter der Zeit« bekannt und wurde als »Lebendiges Wort« bezeichnet; aus ihm ging das Symbol des *Ankh*-Zeichens hervor, das als »Lebensschleife« oder »Henkelkreuz« der Gestalt des Sternbildes entspricht. In den Osiris-Ritualen bezeichnete er einen Ort am nördlichen Himmel, wo die Sonne wiedergeboren wurde. In Gwions bardischem Rätsel wird dieses Sternbild, gemeinsam mit *Corona Borealis*, als ein weiterer Markierungspunkt oder Richtungsanzeiger bei dem Versuch erwähnt, die geheimnisvolle Burg von Arianrhod zu lokalisieren.

Orion der Jäger, zu dessen glänzendem Gefolge Sirius, der hellste Stern am ganzen Himmel, gehört, liegt im Süden am winterlichen Abendhimmel in der nördlichen Hemisphäre. Seine hervorstechende Gestalt weist auch auf Kastor, den Hauptstern der Zwillinge, hin. Nordöstlich des Großen Bären, und fast am nördlichen Horizont, liegt der helle Stern Deneb, der zum Sternbild Schwan (*Cygnus*) gehört. Fast direkt über ihm ist *Capella*, der Hauptstern des Stern-

bildes Fuhrmann (*Auriga*); nach Sonne und Mond wurde dieser Stern von den Druiden, die den nördlichen Himmel beobachteten, am genauesten erforscht. Er ist zwar nicht der hellste Stern am Himmel, doch durch die Ausrichtung auf die anderen Sternbilder steht er in den Wintermonaten genau über uns.

Über die alte Kultur von Atlantis ist seit Jahrhunderten viel geschrieben und spekuliert worden. Viele Mythenforscher und Esoteriker glauben, daß die Überlebenden und Siedler der Außenkolonien nach der Zerstörung von Atlantis durch die Große Flut überall auf der Welt zerstreut wurden. Sie waren die »Urvölker« des Meeres, die zu den Begründern aller klassischen Kulturen wurden. Donnelly erwähnt in seinem Buch *Atlantis*, daß Plato um 400 v. Chr. die Geschichte von Atlantis nach seinem Vorfahren Solon, einem großen Gesetzgeber von Athen, aufzeichnete. Solon hatte 200 Jahre zuvor Ägypten besucht und war dort von Priestern in die geheimen Mysterien der Vorzeit eingeweiht worden. Die Priester hatten ihm scheinbar auch heilige Gegenstände aus Atlantis gezeigt, die dessen historische Existenz bestätigten.

Nach Plato soll Atlantis mehr als 9 000 Jahre vor der Zeit von Solon existiert haben und wurde als große Insel beschrieben, die als »Kontinent Atlantis« bekannt war. Es handelte sich offenbar um ein großes und herrliches Reich, das über mehrere andere, kleinere Inseln herrschte, zu deren Überresten heute die Kanarischen Inseln und die Insel Madeira zählen. Auch Teile von Libyen, Ägypten und Europa bis nach Etrurien (der heutigen Toscana) am Tyrrhenischen Meer gehörten zu diesem Reich. Sein Begründer war Poseidon, ein alter Meeresgott, der sich mit der Sterblichen Cleito gepaart und die ersten Menschen von Atlantis gezeugt hatte. Die zehn Kinder von Poseidon und Cleito waren fünf Zwillingspaare, und alle

Nachkommen wurden aufgrund ihrer Abstammung von Poseidon »die Menschen des Meeres« genannt.

Die Insel Atlantis wurde von Plato als ein wahres Paradies oder Garten Eden angesehen. Sie war außerordentlich fruchtbar und hatte eine vielfältige exotische Pflanzenwelt. Es gab dort heiße Quellen und Binnenseen, in denen es von sagenhaften Meerestieren wimmelte – insbesondere von Delphinen, die mit allergrößtem Respekt behandelt wurden, da man glaubte, daß Poseidon selbst eng mit diesen heiligen Tieren verwandt war.

Die Gebäude und Tempel von Atlantis waren mit großer Kunstfertigkeit erbaut. Der Haupttempel war Poseidon und Cleito geweiht; nur die Götter selbst durften ihn aufsuchen oder dort Riten der Verehrung ausführen. In dieser Vorstellung spiegelt sich der druidische Glaube an den dritten Kreis der spirituellen Entwicklung, *Ceugant*, wider, wo Gott allein existierte. Der Name *Ceugant* erinnert an das englische Wort *cygnet* (»junger Schwan«) oder das französische *cygne*, was auf griechisch *kuinos* zurückgeht. In den alten Mythen der irischen Kelten wurden die Kinder Lirs in Schwäne verwandelt und zu einem Symbol für das strahlende Wesen ihrer alten Götter. Im griechischen Mythos wurde die Erinnerung an Götter und Göttinnen in Sternbildern bewahrt, die ihre Namen tragen; *Cygnus* (Schwan) wird mit Zeus gleichgesetzt, der sich Leda in der Gestalt eines Schwans näherte.

Das Sternbild Cygnus/Schwan wird heute meistens als »Kreuz des Nordens« bezeichnet. Es enthält die Reste einer sich ausdehnenden Supernova (die »Schwanenschleife«) und soll auch ein Schwarzes Loch einschließen. Schwarze Löcher im Weltraum beschäftigen seit einiger Zeit die Phantasie der Öffentlichkeit und ziehen auch die Aufmerksamkeit der Astronomen auf sich. Sie verkörpern das große Unbekannte, die uranfängliche »Dunkelheit« in unserem Universum.

Im Mythos von Atlantis wurde das Gleichgewicht seiner ehemals geordneten Gesellschaft durch die Söhne der Nacht oder Dunkelheit zerstört. Einst waren die Mächte von Licht und Finsternis gleichwertig, und es existierten zwei Priesterschaften nebeneinander: die Söhne des Lichtes und die Söhne der Nacht. Doch nach esoterischer Anschauung wichen die Söhne der Nacht offenbar von ihrem schmalen »linkshändigen« Pfad ab und stürzten in den Abgrund, was wiederum ein Hervorbrechen dämonischer Kräfte bewirkte, welche die Bewohner von Atlantis zu moralisch sehr verderblichen Handlungen verleiteten. Als Poseidon nach langer Abwesenheit zurückkehrte, entdeckte er, daß Krieg herrschte und furchtbare Kämpfe zwischen den beiden Priesterschaften wüteten. In esoterischem Sinne war ihre Kultur folglich dem Untergang geweiht. Voller Trauer und Zorn schlug Poseidon die Insel mit dem Zepter seines Dreizacks. Dies hatte ein katastrophales Erdbeben zur Folge, das den ganzen Kontinent auseinanderriß; ein Vulkanausbruch begrub die Insel völlig unter sich, und sie versank binnen eines Tages. Das Symbol und die ehrfurchtgebietende Macht von Poseidons Dreizack zeigt eine auffallende Ähnlichkeit mit den Drei Strahlen, einem wichtigen Element der druidischen Überlieferung. Diese standen auch symbolisch für die drei machtvollsten Worte, die niemals ausgesprochen werden dürfen, damit sie nicht das Universum zerstören.

Nach Donnelly sollen, außer Madeira und den Kanarischen Inseln, auch die Azoren ein weiterer Überrest von Atlantis sein. Dort gibt es immer noch viele heiße Quellen, und trotz ihrer Lage mitten im Atlantik herrscht auf diesen Inseln ein sehr mildes Klima. Geologen haben bestätigt, daß die Azoren früher einmal Teil eines großen Kontinents waren. Echolotungen der Meerestiefe haben ein riesiges Schelf oder Riff mitten im Atlantik geortet, das auf Seekarten passenderweise als »Delphinriff« verzeichnet ist.

Auch Helena Blavatsky, eine Autorität auf dem Gebiet des Okkultismus, war eine Fürsprecherin von Atlantis und der Zivilisation der atlantischen »Wurzelrasse«. In ihrem Buch *Die Geheimlehre* macht sie die Beobachtung, daß alle »Abkömmlinge« von Atlantis – trotz ihrer den jeweiligen Verhältnissen angeglichenen Kulturen und Religionen – als Bindeglied eine Erinnerung an ihr Heimatland bewahrten, dessen Ort in der Sternkunde der Astrologie verborgen lag. Sie bezieht sich auf die alten Singhalesen, die ihre Abstammung von Atlantis herleiten und in ihren ältesten astrologischen Aufzeichnungen eine Zeit erwähnen, »wenn die tropische Farbe des Sommers durch die Plejaden ging, wenn Cor Leonis auf dem Äquator und das Sternbild Löwe bei Sonnenaufgang senkrecht zu Ceylon stand, dann würde das Sternbild Stier (die Plejaden) um Mittag senkrecht zur Insel Atlantis stehen«.

Das Sternbild der Plejaden ist von zahlreichen Volksstämmen – von den australischen Aborigines bis zu den nordamerikanischen Indianern – ständig beobachtet worden. Der Aufgang der Plejaden ist auf den »Abschluß-Stein« in Stonehenge ausgerichtet, und ihre Mythologie stellt eine enge Verbindung zwischen den Kelten und den alten Griechen her. In Robert von Ranke-Graves' Buch *Die Weiße Göttin*, einer vergleichenden Studie über die Griechen und Kelten, wird in dem Bericht des Historikers Hekataios daran erinnert. Dieser beschreibt, daß die Bewohner der Britischen Inseln, die »Hyperboreer« genannt wurden, mit den Athenern und Delern aus alter Zeit eine besondere Freundschaft verband; ihr Oberpriester Abaris hatte Griechenland sogar besucht, um die »familiären Bande« zu den Bewohnern von Delos zu erneuern. Die Hyperboreer wurden als begabte Harfenspieler und Dichter angesehen, die ihrem gemeinsamen Sonnengott Apollon Hymnen sangen in ihrem herrlichen Sternentempel (Stonehenge?), der zu Ehren seines Geburtsortes auf ihrer Insel erbaut worden war. Es hieß, daß Apollon den Tempel alle neunzehn Jahre besuchte (was einem »großen Mondjahr« entsprach), um dann jede Nacht von der Frühlings-Tagundnachtgleiche bis zum Aufgang der Plejaden Harfe zu spielen und zu tanzen. In der alten esoterischen Astronomie verkörpert Latona (Leto), Apollons Mutter, den gesamten hyperboreischen Kontinent und sein Volk. Sie wird symbolisch mit der Polarregion und Polarnacht gleichgesetzt, denn die Sonne kehrt stets in diesen Teil des nördlichen Himmels zurück.

Dies alles steht gewiß in einer Beziehung zur druidischen Religion und Kosmologie. Ist das bereits erwähnte Sternbild, über dem fast direkt Capella liegt, der »druidische Wegweiser«, der eine genaue Kompaßpeilung für die Plejaden ermöglicht, um dann auf Atlantis und die Britischen Inseln ausgerichtet zu werden? Zweifellos befinden sich die Plejaden im Zentrum universeller Zusammenhänge, ebenso wie Alkyone, ihr Hauptstern, als Mittelpunkt angesehen wird, um den sich unser Universum von Fixsternen dreht.

Besonders während der winterlichen Dunkelheit beobachteten die Druiden das Sternenlicht am Himmel. Der Aufgang der Plejaden mag auch noch eine andere Bedeutung haben; doch wenn das von ihnen beobachtete Sternbild irgendeine Wichtigkeit hatte, dann wären die Plejaden auf den Atlantik ausgerichtet, wo das versunkene Atlantis liegen soll – und das trifft tatsächlich zu! Wenn die ursprünglichen »Menschen des Meeres« die Atlanter waren, dann stammen die Kelten nicht nur von ihnen ab, sondern waren vielleicht auch die letzten Überreste ihrer Priesterschaft, deren Titel sie beibehielten. Die fehlende Feindseligkeit von seiten der einheimischen Bevölkerung Britanniens ist möglicherweise ein wichtiges Indiz dafür, daß sie letztlich auf andere Abkömmlinge ihrer eigenen Rasse stießen. Ihr Anspruch, von Dis, einem Gott der Unterwelt, abzustammen, ist in Wirklichkeit ein Anspruch ihres Glaubens an die Unsterblichkeit der Seele.

Die Verbindung zwischen dem Sternbild Auriga und Gwions Rätsel bei dem Versuch, die geheimnisvolle Festung von Arianrhod zu lokalisieren, wäre von größter Bedeutung, wenn sich daraus eine tatsächliche Beziehung zu Atlantis nachweisen ließe. Arianrhod verkörpert eines der tieferen Mysterien im keltischen Mythos. Ursprünglich war sie eine Mondgöttin, galt wegen ihres »flüchtigen Lichtes« am Himmel jedoch auch als Göttin der Morgendämmerung. Dieses Verschwinden bei der Morgendämmerung kann durchaus dem Aspekt des »richtigen Zeitpunktes« für die von den Druiden beobachtete Ausrichtung der Sterne entsprechen, womit sie die genaue Position von Atlantis am westlichen Horizont bestimmen konnten.

Arianrhod hatte Zwillingssöhne: eine Sonnengottheit namens Lleu, den sie verleugnet hatte (genauso wie Cerridwen ihr Sonnen-Kind Taliesin nicht anerkannte), und eine Meeresgottheit namens Dylan. Während es sich hierbei offensichtlich um eine symbolische Anspielung auf die Rivalität zwischen Sonnen- und Mondgottheit handelt, bestätigt sie auch eine alte Abstammung oder Verbindung mit dem Meer durch die Mondgöttin.

Wie andere Gottheiten des Altertums, wurden auch die Götter der Kelten oft als Zwillinge geboren. Dies könnte das Interesse an Kastor, dem Hauptstern des Sternbildes der Zwillinge und des gleichnamigen Tierkreiszeichens, erklären. Dies steht auch symbolisch für die Dualität des Lebens: Licht und Dunkelheit, das zentrale Grundprinzip, auf dem die keltische Religion beruhte – und darin spiegeln sich erneut Vorstellungen von Atlantis wider.

Symbolik und Mythologie des Mondes

Arianrhod steht symbolisch für die rätselhaften und mystischen Aspekte des Druidentums. Die mit ihren Kindern verbundene Mythologie ist von erheblicher Bedeutung für die Entschlüsselung der keltischen Ursprünge. Dylan, der Zwillingsbruder von Lleu, wurde zu einer beliebten Meeresgottheit, aber der Vater dieser Zwillinge blieb ein Geheimnis, da Arianrhod noch unmittelbar vor ihrer Geburt behauptet hatte, Jungfrau zu sein. Sie weigerte sich, darüber von Math, dem mächtigen Zauberer und Gott der Unterwelt, befragt zu werden; doch es gelang ihm, sie zu überlisten und über einen Zauberstab treten zu lassen, was die überraschende Geburt der Zwillinge zur Folge hatte.

Das verschwiegene Wesen der Arianrhod ist von James Vogh in seinem Buch *Arachne Rising* gründlich untersucht worden. Er setzt Arianrhod, die »Dame mit dem Silberrad«, mit dem Sternbild Auriga gleich, was soviel wie »Fuhrmann« bedeutet. Außerdem assoziiert er sie mit den kretischen Spinnen-Göttinnen Arachne und Ariadne. Beide wurden in der kretisch-minoischen Epoche mit der Verehrung von Bäumen, geheimen Labyrinthen und erhängten Göttern in Verbindung gebracht. Vogh macht auch die interessante Feststellung, daß Arianrhod eine keltische Göttin war, die an beiden Enden des Lebensfadens stand; die Suche nach ihrer »Burg« (*Caer Arianrhod*) war die Suche nach Unsterblichkeit. Keltische Könige trugen eine Brosche in der Form eines »Rades« als Symbol für ihren Glauben an die Unsterblichkeit der Seele.

Diese Suche oder *Queste* wird auch mit den keltischen Reisen in die »Anderwelt« in Verbindung gebracht; wie es hieß, lebten an diesem Ort die keltischen Götter. Die Anderwelt bestand aus einer An-

	Vergleich zwischen druidischem und griechisch-römischem Tierkreis	
Druidisches Zeichen	Monat	Griechisch-römischer Tierkreis
Birke, *Beth*	24. Dezember – 20. Januar	Steinbock
Eberesche, *Rowan*	21. Januar – 17. Februar	Wassermann
Esche, *Nion*	18. Februar – 17. März	Wassermann/Fische
Erle, *Fearn*	18. März – 14. April	Fische/Widder
Weide, *Saille*	15. April – 12. Mai	Widder/Stier
Weißdorn, *Uath*	13. Mai – 9. Juni	Stier/Zwillinge
Eiche, *Duir*	10. Juni – 7. Juli	Zwillinge/Krebs
Stechpalme, *Tinne*	8. Juli – 4. August	Krebs/Löwe
Haselstrauch, *Coll*	5. August – 1. September	Löwe/Jungfrau
Weinstock, *Muin*	2. September – 29. September	Jungfrau/Waage
Efeu, *Gort*	30. September – 27. Oktober	Waage/Skorpion
Schilfrohr, *Ngetal*	28. Oktober – 24. November	Skorpion/Schütze
Holunder, *Ruis*	25. November – 23. Dezember	Schütze/Steinbock

zahl legendärer Inseln, die auf jeder Kompaßpeilung genau nach Westen lagen. Von den Britischen Inseln und Südeuropa aus verweist dies zweifellos auf den Atlantischen Ozean und ist vielleicht ein weiteres Erinnerungsfragment, das die Kelten mit Atlantis verbindet.

Der druidische Tierkreis

Aus den Entsprechungen in der Mythologie der Kelten und dem alten minoischen Volk zieht Vogh den Schluß, daß Arachne über einen Tierkreis aus 13 Zeichen wachte, der mit dem druidischen Baumkalender übereinstimmt. Er erklärt ferner, daß die Griechen offenbar irgendwann einmal 13 Zeichen erwogen hatten, sich schließlich aber für 12 Zeichen entschieden. Die Dreizehn ist keine »rationale Zahl« und dadurch, daß sie mit den alten Mondgöttinnen in Verbindung gebracht wird, vielleicht zu stark tabuisiert, wie er vermutet.

Die Druiden hatten dieses Muster jedoch unverkennbar übernommen und dann entsprechend angepaßt, um damit den Sonne-Mond-Zyklus ihres Kalenders wie auch ihres Tierkreises zu schaffen; dabei wird der Mond als spiritueller Mittelpunkt und der Sonnenzyklus als erneuernde Kraft eingesetzt. Auch mit anderen alten Kulturen besitzt der druidische Tierkreis manche interessanten Verbindungen und Ähnlichkeiten. Ein weiterer prähistorischer Tierkreis aus 13 Zeichen wurde in der Nähe von Hot Springs (Arkansas/USA) entdeckt und noch ein anderer auf

		Die druidischen Tierkreiszeichen und ihre Archetypen		
Druidisches Zeichen		Planet	Archetyp	Symbole
Birke	☉	Sonne	Taliesin (Barde-Gott)	Adler oder Hirsch
Eberesche	♅	Uranus	Brigantia	Grüner Drache
Esche	♆	Neptun	Lir (Meeresgott)	Dreizack
Erle	♂	Mars	Brân oder Arthur	Pentagramm
Weide	☽	Mond	Morgan le Fay	Schlange
Weißdorn	⚸	Vulkan	Govannan (Schmied-Gott)	Kelch
Eiche	♃	Jupiter	Dagda	Goldenes Rad
Stechpalme	⊕	Erde	Danu	Flammender Speer
Haselstrauch	☿	Merkur	Ogma	Regenbogenfisch
Weinstock	♀	Venus	Branwen oder Ginevra	Schwan
Efeu	⚴	Persephone	Arianrhod	Schmetterling
Schilfrohr	♇	Pluto	Pwyll (Herr der Unterwelt)	Stein
Holunder	♄	Saturn	Pryderi (Sohn Pwylls)	Rabe

Depuch Island (Australien), wo eine Steinskulptur der Aborigines die Position des Mondes in einem Tierkreis aus 13 Zeichen darstellt.

Der druidische Tierkreis ist daher nicht der einzige in seiner Art. Wer den Einwand macht, daß der 13monatige Kalender der Druiden nicht notwendigerweise einen Tierkreis mit 13 Zeichen begründet und dies auch nicht ausreichend verbürgt ist, dem würde ich empfehlen, die Bücher von Ranke-Graves und Vogh zu lesen. Außerdem sind viele Kopien alter Manuskripte und zahlreiche empfehlenswerte Nachschlagewerke über die Druiden und ihre Religion in der *National Library of Wales* in Aberystwyth sowie in der *National Library of Ireland* in Dublin einzusehen oder bibliographisch zu ermitteln.

Mythologische Zeugnisse sind schwer zu entschlüsseln. Ich kann nur hinzufügen, daß ich als langjährige praktizierende Astrologin geradezu überwältigende Beweise für den keltischen »Mondtierkreis« aus 13 Zeichen gefunden habe. Die druidische Astrologie sollte wieder einen Ehrenplatz erhalten. England und Irland haben zwei kosmische Zentren – Stonehenge und Newgrange –, die weder von Historikern noch von modernen Astronomen jemals voll gewürdigt worden sind.

Die Tabelle auf Seite 18, die druidische Zeichen mit dem griechisch-römischen Tierkreis vergleicht, bietet einen nützlichen Leitfaden für das auf Seite 22 abgebildete keltische Mondhoroskop. Die 13 Zeichen des keltischen Tierkreises von insgesamt 360 Grad sind durch 12 Zeichen von jeweils 28 Grad geteilt, während das 13. Zeichen, Holunder oder *Ruis*, 24 Grad umfaßt. Das letzte Zeichen, das kleiner als die übrigen ist, stellt damit die Zusammenziehung des Winters in der symbolischen Bedeutung von reduziertem Sonnenlicht dar.

Die Begriffe »keltische Mondastrologie« oder »Mondtierkreis« mögen sich für praktizierende Astrologen, die dadurch einen Tierkreis auf der Grundlage von Mondzyklen erwarten könnten, vielleicht verwirrend anhören. Damit soll jedoch die unterschiedliche Herangehensweise an das gesamte Thema der »Sonnenastrologie« deutlich hervorgehoben werden. Der nach dem Mond ausgerichtete Tierkreis ist vielleicht ein weiterer »irrationaler« Ausgleich der weiblichen Logik, die immer als Gegenstück zum strengen männlichen Denken existiert hat.

Das erste Zeichen des keltischen Tierkreises ist die Birke und wird mit dem Buchstaben *Beth* assoziiert. *Beth* ist auch der erste von 13 Konsonanten der keltischen Buchstaben, die einen Jahreszeitenkalender der Baummagie bildeten. Die Kelten glaubten, daß das gesprochene Wort große Macht besaß und Tonhöhe oder Wortklang schädlich oder harmonisierend wirken konnten. Dies wird in Kapitel 9 dieses Buches näher erklärt, wo die Beziehung zwischen der Macht des gesprochenen Wortes und dem Monat von *Coll*, dem Zeichen des Haselstrauches, behandelt wird.

Die Archetypen sind wichtige Quellen für die mythologische und astrologische Deutung, und ihre Symbolik birgt tiefes esoterisches Wissen. In der Tabelle auf Seite 19 werden die druidischen Baumzeichen mit den ihnen entsprechenden archetypischen keltischen Gottheiten oder mythischen Gestalten und den damit verbundenen alten Symbolen dargestellt; das Verzeichnis der Planetenherrscher bietet für Astrologen sachdienliche Kenntnisse. Auch viele mythische Wesen und keltische Jahreszeitenfeste stehen mit den Zeichen in Verbindung und haben zu ihrer Interpretation in den folgenden Kapiteln beigetragen. Die bedeutungsvolle Gedichtzeile, die in jedes Zeichen einführt, ist aus der alten druidischen Beschwörung »Das Lied von Amergin« entnommen, die unter anderem in Ranke-Graves' Buch *Die Weiße Göttin* enthalten ist.

Im druidischen Kalender gibt es einen »fehlenden« Tag oder *Schalttag*; das ist der 23. Dezember. Er ist in Kapitel 13 unter dem Zeichen des Holunders aufgenommen, wird jedoch getrennt gedeutet. Der tiefere Sinn dieses verborgenen Zeichens enthält den Schlüssel zu einem Aspekt der Mondgöttin Arianrhod: der Dunklen Königin, der Essenz weiblicher Weisheit, die stets verborgen geblieben ist. Menschen, die an diesem namenlosen Tag geboren sind, haben ein kosmisches spirituelles Bewußtsein; sie sind Zeitreisende, verwandt mit den australischen Aborigines, deren Traumzeit eine Schöpfung und einen Schöpfer in steter Entwicklung widerspiegelt.

Jedes Zeichen wird mit einer Blume oder Heilpflanze und mit einem Edelstein in Verbindung gebracht. Diese sind sorgfältig ausgesucht worden und bilden eine harmonische Entsprechung zu den Energien des Baumzeichens. Die Steine sind außerdem aus einer Sammlung von Edelsteinen und Halbedelsteinen ausgewählt worden, welche die Druiden als Talismane für Heilung und Schutz verwendeten.

Die astrologische Horoskopdarstellung auf Seite 22 ist so angelegt und gezeichnet worden, daß das keltische und das griechisch-römische Horoskop gleichgestellt sind. Für den praktizierenden Astrologen ist es damit noch möglich, ein Geburtshoroskop und den Planetenstand auf herkömmliche Art und Weise zu erstellen. Beispielsweise kann beim Zeichen der Stechpalme der Planet Erde durch Venus ersetzt werden; der Mond kann an die Stelle von Persephone, Herrscherin des Efeu-Zeichens, treten. Der Einflußbereich von Vulkan bleibt im Orbis von Merkur und kann entsprechend berechnet werden.

Die 13 Zeichen existieren innerhalb der 360 Grad des aus 12 Zeichen bestehenden Tierkreises und stellen den »Schattenkreis« oder das Yin-Prinzip dar. Die alte chinesische Vorstellung von *Yin* und *Yang* versinnbildlicht zwei sich gegenseitig ergänzende Energieformen, deren Wechselwirkung die Harmonie des

Universums aufrechterhält und auf alles darin Einfluß nimmt. *Yin* ist Dunkelheit, das weibliche Prinzip, und wird durch den Mond symbolisiert. *Yang* ist Helligkeit, das männliche Prinzip, und wird durch die Sonne symbolisiert.

Das keltische Mondhoroskop trägt noch zu einer weiteren Deutungsebene bei, da es den symbolischen Aufgang und Untergang der Sonne markiert. Wie eine nautische Kompaßpeilung bleibt dies als ein »Fixpunkt« erhalten und verweist auf die heliozentrische Stellung der Sonne. Die druidischen Kreise der spirituellen Entwicklung bieten manche interessanten Gesichtspunkte in Verbindung mit den Eingängen und Ausgängen der Sonnwenden und Tagundnachtgleichen und scheinen einige besonders bedeutsame, sensitive Bereiche im Horoskop anzuzeigen. Die Darstellung hält sich an die geozentrische Bewegung der Planeten, womit die meisten Astrologen arbeiten,

doch eine künftige heliozentrische Deutung wird vielleicht einige ganz neuartige Tatsachen ergeben. Ich beschäftige mich gegenwärtig mit der weiteren Erforschung der Planetenpositionen anhand der keltischen Baumzeichen und denke dabei an ein späteres Buchprojekt.

Jedes Kapitel wird mit einer wunderbaren, die Phantasie anregenden Illustration von Margaret Walty eingeleitet. In einer ausdrucksstarken Bildersprache hat sie die 13 originalen Persönlichkeitsportraits nachgeschaffen, die eine authentische visuelle Darstellung der magischen Eigenschaften in jedem von uns bieten, welche durch die Hektik des modernen Lebens oft in Vergessenheit geraten oder inaktiv sind. Für Menschen, die von ihrem herkömmlichen Sonnenzeichen nie ganz überzeugt waren oder sich damit nicht wohl fühlten, wird die keltische Mondastrologie vielleicht einen alternativen Wegweiser bieten.

Das keltische Mondhoroskop

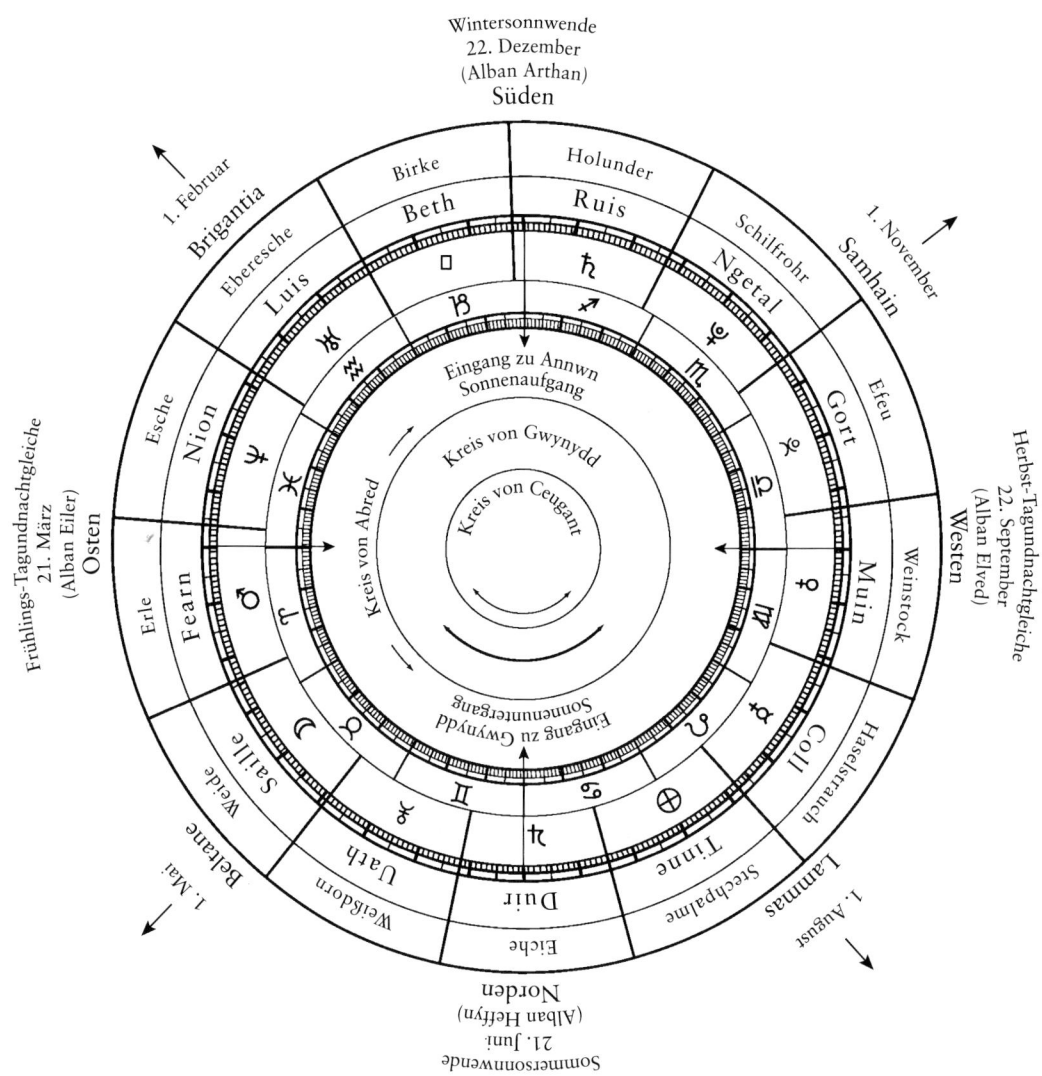

DIE ZEICHEN

Kapitel 1

DIE BIRKE

BETH

24. Dezember – 20. Januar

Symbol: *die Sonne*
Edelstein: *Bergkristall*
Blume: *Gänseblümchen*
Archetypische Gestalt: *der Barde-Gott Taliesin*

»Ich bin ein Hirsch mit sieben Geweihsprossen«

Die Illustration

Die erstarrte Schönheit der Birke steht symbolisch für die klare Stille der Natur im Winterschlaf. Der Geist der Birke strahlt eine schwache Lichtaura aus, während die Sonne – als Verkörperung des Sonnenkönigs – aus dem dunklen Schlummer der Nacht emporzusteigen beginnt. Der Baum ist in einem ätherischen Licht dargestellt, das die Göttlichkeit der *Dryade*, des Baumgeistes, versinnbildlichen soll. Über ihm kreist ein Goldadler; in seinen scharfen Krallen trägt er einen Salm, das leuchtende Sinnbild für Weisheit. Der stolze weiße Hirsch mit den sieben Geweihsprossen steht symbolisch für das spätere Schicksal des Sonnenkönigs, der im 13monatigen Mondkalender der Druiden sieben Monate herrschen wird. Dies wurde von dem Hauptbarden im »Lied von Amergin« vorausgesagt, einem epischen Gedicht, das die Kelten beim Betreten irischen Bodens als Beschwörung rezitierten, um ihre Vorherrschaft zu begründen. Das Gänseblümchen ist ein weiteres altkeltisches Lichtsymbol.

Der Bergkristall

Dieses natürlich vorkommende Mineral besitzt die Fähigkeit, unsichtbares Licht durch Brechung sichtbar zu machen. Die Alchemisten und Magier im mittelalterlichen Europa haben behauptet, daß der Bergkristall, wenn er auf bestimmte Weise geschliffen und der Sonne ausgesetzt wird, umgekehrt auch einen festen Gegenstand unsichtbar machen könne. Er wandelt Energie um, die mit dem Anfang einhergeht – der spirituellen Bedeutung der Birke.

Die Druiden sollen Bergkristall dafür benutzt haben, um sich unsichtbar zu machen und dadurch weite Entfernungen unbemerkt zurücklegen zu können. Die Stämme der Aborigines in Australien verwenden auch heute noch als Schutz gegen Dämonen Amulette, in die meist Stücke aus Bergkristall eingearbeitet sind.

Wird Bergkristall in beiden Händen gehalten, soll er Gelassenheit und Seelenruhe hervorrufen und den Denkvorgang schärfen.

Der Hirsch

Seit alter Zeit wird der Hirsch als königliches Tier angesehen. In den keltischen Mythen und Sagen nimmt er eine bevorzugte Stellung ein. Hirschgeweihe sind an der Grabstätte Newgrange in Irland und an verschiedenen Orten in Britannien gefunden worden, wovon besonders Stonehenge und Glastonbury zu erwähnen sind. Ein Hirschkult scheint sich zuerst bei den Kelten Galliens entwickelt und dann weiter nach Britannien verbreitet zu haben, wo er vor allem im Gebiet um Glastonbury lebendig war. Der gehörnte Gott namens Kernunnos wurde zu einem wichtigen Vermittler zwischen dem Tierreich, den Kräften der Natur und dem Menschen. Er war ein Hüter der Schwelle, welche die – nach keltischer Vorstellung existierenden – zwei Welten miteinander verband.

Das Schicksal des »geweihten« (ein Geweih tragenden) Königs nahm, nicht anders als der stolze weiße Hirsch, ein unvermeidliches Ende: Beide waren Symbole für den Umwandlungsprozeß, die Metamorphose der Seelenentwicklung, die radikale Veränderungen auf allen Bewußtseinebenen verlangte. Die Kelten zogen ihre Beobachtungen der Natur heran, um sich ihre eigenen Zweifel und Ängste vor Leben und Tod begreiflich zu machen.

Der Goldadler

Der Goldadler ist ein weiteres Symbol für die Seele mit der Bedeutung der Auferstehung, der Macht des

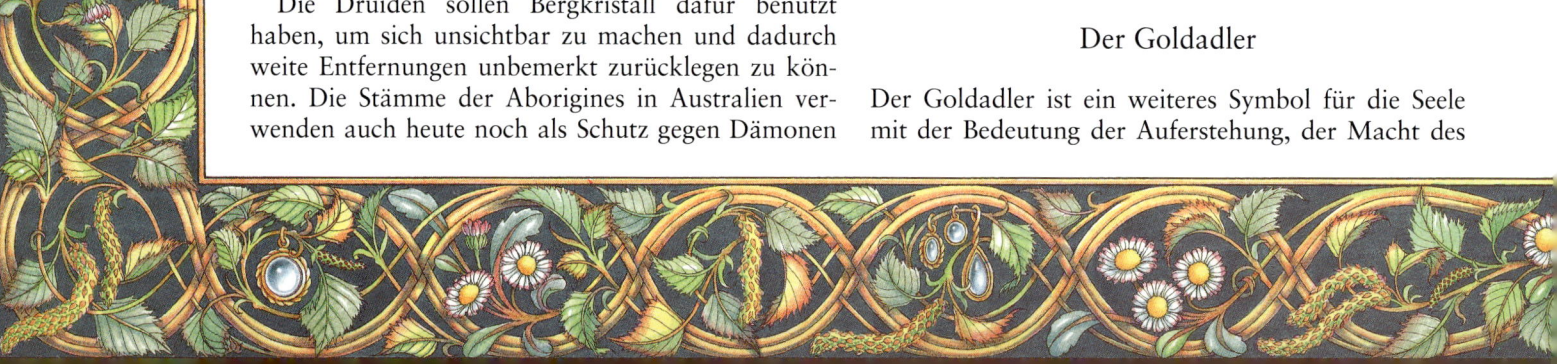

Lebens über den Tod. Die Weisheit als Beute des Raub-vogels steht sinnbildlich für seinen höchsten Sieg.

Der Goldadler, ein mächtiger Vogel mit herrlichem Flug, ist heute in Europa fast ausgestorben. Im Norden Schottlands kann man ihn allerdings noch antreffen, und von *Highlanders*, die ihren hohen Rang bekunden wollen, werden dort bis heute drei Goldadlerfedern an der Mütze getragen.

In der Heraldik taucht der Adler auffallend oft auf, wenn auch überraschend selten auf englischen Zahlungsmitteln oder Wappen. Er wurde als Wappensinnbild von den Grafen von Cornwall verwendet, einem sehr keltisch geprägten alten Königreich.

Die Römer machten von dem Goldadler auf ihren Bannern und großen Siegeln ausgiebig Gebrauch, auch Karl der Große übernahm ihn von dort. Österreich entwickelte das Motiv zu einem doppelköpfigen schwarzen Emblem, das von Deutschland übernommen wurde. Schwarze Vögel sind jedoch stets mit Unheil assoziiert worden, und zwar in symbolischer wie in esoterischer Hinsicht: Die österreichische Königsfamilie und einige andere europäische Königshäuser haben den schwarzen Adler in ihr Wappen aufgenommen, doch die meisten dieser Familien wurden entweder entmachtet, oder die Thronerben fanden einen tragischen Tod. Ob Zufall oder nicht – schwarze Adler haben eine machtvolle okkulte, aber keineswegs glücksbringende Bedeutung.

Die Druiden, so glaubte man, konnten sich in die Gestalt aller Vögel und auch anderer Tiere verwandeln, wobei sie den Adler bevorzugten. Schon der bloße Gedanke an einen solchen Gestaltwechsel ist für den heutigen Menschen schwer zu akzeptieren, doch metaphysische Forschungen im Zusammenhang mit den raschen Veränderungen der Molekularstruktur schließen ein derartiges Phänomen nicht aus. Vielleicht hatten die Druiden Energien angezapft, die noch darauf warten, von dem modernen Menschen erforscht und verstanden zu werden.

Das Gänseblümchen

Diese Blume ist ein Sinnbild für Unschuld und Treue. Hingabe für eine Aufgabe und persönliches Pflichtgefühl beschreiben daher auch die positivsten Aspekte der Birken-Persönlichkeit. Das Gänseblümchen hat eine alte Abstammung, und sein botanischer Name, *Bellis perennis*, geht nach einigen Autoren der Antike ursprünglich auf eine *Dryade* namens Belidis zurück. Er kann auch auf Belenus, einen keltischen Gott des Lichtes und eine Sonnengottheit, zurückgeführt werden.

Die Heilkraft des Gänseblümchens und der Schafgarbe wurde von den Druiden auf den Schlachtfeldern mit großem Erfolg genutzt: Die Schafgarbe wurde dazu verwendet, die Blutung zu stillen, während sich das Gänseblümchen als großer Wundheiler erwies und dem schwächenden Schock solcher Verletzungen entgegenwirkte. Beide Pflanzen wachsen überreichlich auf großen Flächen, doch nur das Gänseblümchen wächst das ganze Jahr über und auf der ganzen Welt: eine Kraftpflanze, welche die Beständigkeit der Birke ergänzt.

Die Birke

Die Birke ist in Europa – von Sizilien bis Island – und in Teilen Nordasiens heimisch, wo sie wegen ihrer Anmut und Schönheit als »Herrin der Wälder« bezeichnet worden ist. Trotz ihrer schlanken Schönheit ist sie jedoch robuster als die Eiche und gedeiht auch an Orten, wo die starke Eiche eingeht. Sie wird auch zu vielen bescheidenen Zwecken verwendet – von der Herstellung von Besenstielen bis zur Tuchfabrikation. Der Name der Birke ist sehr alt und wahrscheinlich von dem Sanskrit-Wort *bhurga* abgeleitet. Birkenrinde ist auch als Schreibmaterial zu verwenden. Die Birke wird assoziiert mit dem Buchstaben *Beth* des keltischen Baumalphabetes, dem ersten der dreizehn

Konsonanten der keltischen Buchstaben, die einen Jahreszeitenkalender der Baummagie bildeten.

Während des ersten Mondmonats des Jahres verwendeten die Kelten Birkenreiser bei der jährlichen Umgehung der Gemarkung und um den Geist des alten Jahres auszutreiben; beides sind wichtige Rituale für die Wiederherstellung der Stammesgrenzen und die Ordnung der Jahreszeiten. Im März machten die Druiden dann Einschnitte in die Birke, sammelten den süßlichen Saft und bereiteten daraus einen kräftigen Likör, um die Frühlings-Tagundnachtgleiche feierlich zu begehen. Es war eine ausgesprochen symbolische Handlung, zum Zeitpunkt der Befreiung der Sonne auch den Geist, die *Dryade* des Baumes in die Menschenwelt freizulassen. Im Zyklus des druidischen Pflanzenkalenders wurde die Birke das ganze Jahr über verwendet, und jeder Teil des Baumes ergab ein wertvolles Heilmittel oder Produkt. Während die Beobachtung der rhythmischen Gesetzmäßigkeiten in der Natur den Kelten als Grundlage für ihre sozialen Bräuche und ihren Anbaukalender diente, war die Birke als spirituelles Prinzip das A und O, Anfang und Ende, und stand für die Ewigkeit Gottes und die Unsterblichkeit der Seele.

Beth

Beth besitzt eine auffallende Ähnlichkeit mit dem Namen *Bith* (»Welt«), dem Sohn von Noah und Vater von Cessair, die nach dem irischen *Lebor Gabála Erenn* – dem ersten mythologischen Invasionszyklus – mit dem Steuermann Ladra zu den ersten Menschen gehörte, die Irland eroberten und besiedelten. Sie kamen dorthin aus dem Westen, nachdem eine große Überschwemmung die Erde überflutet hatte. Der Schatten von Atlantis fällt auf dieses geschichtliche Zeitalter und schafft eine weitere geheimnisvolle Verbindung zu den Kelten.

Nach einem früheren, aber verschollenen alten Manuskript, *The Book of Druim Snechta*, war der Name der ersten Frau, die sich in Irland vor der Sintflut ansiedelte, *Banbha*; sie war eine Stammesmutter, die im Schöpfungsmythos der alten Iren gleichzeitig Wasser und Land symbolisierte.

Die Sonnensymbolik

Die mit dem Baum verbundene Sonnensymbolik ist ein Abbild der stetigen Lebensphasen und ganz nach dem Prinzip von Anfang & Ende ausgerichtet. Nach der keltischen Mythologie war die Sonne eine machtvolle Gottheit, eine kosmische Allegorie des druidischen Glaubens, und durch die mystische Vereinigung von Celi und Cerridwen erschaffen worden. Den daraus hervorgegangenen Nachkommen nannten die walisischen Barden *Taliesin*, und sie berichteten in den romantischen und geistigen Abenteuern zahlreicher Gedichte von seinem sonnenhaften Glanz.

Die irischen und gallischen Kelten, ein kampflustigeres Volk, nannten ihren Sonnenkönig *Lugh* (Lug) und betrachteten ihn als den größten Krieger. Seine Geburt war ähnlich geheimnisumwittert wie die von Taliesin, und aufgezogen wurde er als Pflegesohn des Dunklen Königs der Großen Ebene im Land der Lebenden und der Toten, einem Feenreich. Daher war er in allen geheimen Künsten und Wissenschaften sehr geübt. Er hatte viele Titel, doch als *Lugh Lamfada*, »Lugh Langarm«, war er Hüter eines magischen Schwertes und Speeres – den zwei Symbolen der Macht und Meisterschaft im Kampf gegen andere

Stämme. Die beiden anderen Symbole, der *Lia Fal* oder Stein des Schicksals und der Kessel des Dagda, ermächtigten die keltischen Könige, an ihre rechtmäßige Herrschaft durch göttliche Vorherbestimmung zu glauben und die tiefsten Mysterien des Lebens zu begreifen.

Die Kelten hatten eine natürliche Neigung, sowohl auf spirituellem als auch philosophischem Gebiet die in der Tiefe verborgenen Muster des Lebens zu erforschen – vielleicht weil sie glaubten, daß alle Kelten von Dis, einem mächtigen Gott der Unterwelt, abstammten. Pluto, der Herrscher des Hades, war seine griechisch-römische Entsprechung; mit dem Volk der Griechen hatten die Kelten viele Glaubensvorstellungen und Bräuche gemeinsam.

Aus dem Wissen der Kelten um die Erfahrung der sich verändernden Zeitalter entwickelte sich allmählich der Glaubenskult des Sonnenkönigs. Der Aspekt des Opfers wurde später mit Christus identifiziert, was sicherlich ihre frühe Bekehrung zum Christentum unterstützte. Der Sonnengeist wurde mit der »Volksseele« gleichgesetzt und konnte nicht nur in Zeiten nahender Gefahr zum Handeln bewegt werden, sondern war auch ein Hüter der nationalen Ehre und Wahrheit. Ebenso wie Lugh den Männern von Ulster in ihrer ausweglosen Stunde der Bedrängnis zu Hilfe kam, so verkörperte König Arthur den keltischen ritterlichen Geist. Dieser Sonnengeist ruht tief in der Seele der Birken-Persönlichkeit und birgt den Schlüssel für den Zugang zu ihren innersten Gefühlen.

Die Verbindung zu Mythen

Die Geschichte von der Geburt Taliesins bietet einen Einblick in die keltische Welt der Vorstellungskraft und grundlegender Wahrheiten. Cerridwen war eine alte Mondgöttin und die Gestalt einer Urmutter. Ihr erstgeborener Sohn hieß *Avagddu*, »Schwarze Flügel«, und wird im keltischen Schöpfungsmythos als »Nacht« oder »Chaos« bezeichnet. Avagddu war derart häßlich, daß Cerridwen beschloß, ihn durch die Gabe großer Weisheit und Erkenntnis dafür zu entschädigen. Sie bereitete einen mystischen Kessel der Inspiration, gefüllt mit geweihten Kräutern aller Art, deren höchste Vorzüge durch die Stunden oder den Stand des Mondes und der Planeten bestimmt wurden. Ein Jahr und einen Tag (eine Anspielung auf den Mondkalender) sollte es dauern, den Sud zu brauen, und in dieser Zeit zog sie umher, um die Zutaten zu sammeln.

In ihrer Abwesenheit hatte der Junge Gwion die Aufgabe, den Trunk in dem Kessel zu rühren; doch an dem Tag, als dieser fertig war, spritzten drei Tropfen heraus und verbrühten ihm den Finger, den er rasch in den Mund steckte. Augenblicklich wurde er von einem Jungen in einen Mann, von einem Schüler in einen Weisen verwandelt. Als er sogleich erkannte, daß die gesamte Essenz des Trunkes in jenen drei Tropfen enthalten und der Rest nur noch ein tödliches Gift war, floh er, da er den rasenden Zorn der Cerridwen nur allzugut kannte. Er nutzte sein neues Wissen, um sich zuerst in die Elemente, dann in einen Hasen, einen Fisch, einen Vogel zu verwandeln; doch Cerridwen verfolgte ihn als Windhund, als Otter und als Falke. Schließlich nahm er verzweifelt die Gestalt eines Weizenkorns an und versteckte sich zwischen unzähligen anderen auf einem Dreschboden. Aber die Göttin allen Lebens war nicht so leicht hinters Licht zu führen: Sie verwandelte sich in eine große schwarze Henne, pickte ihn auf und verschlang ihn. Er wuchs jedoch in ihrem Innern und wurde neun

Monate später als ihr zweiter Sohn geboren. Obwohl sie darüber erzürnt war, daß sie ein Kind aus solch einer Täuschung ausgetragen hatte, konnte sie ihn wegen seiner strahlenden Schönheit nicht töten. Statt dessen verbarg sie ihn in einem Ledersack, legte ihn in ein Weidenboot und gab ihn den Wellen des Meeres preis. Er wurde gefunden und als Pflegesohn aufgezogen (eine typisch keltische Vorstellung, wie sich der Mensch aus einer Verbindung mit den Göttern entwickelte). Als er herangewachsen war, wurde er der Meisterbarde Taliesin, der die Kunstfertigkeit des walisischen Bardentums zu einem neuen Höhepunkt führte und ihm Anerkennung einbrachte.

Diese Geschichte enthüllt einen Wesenszug von Optimismus und Unternehmungslust, der tief in der keltischen Seele verwurzelt ist. Darin drückt sich auch ihr Glaube an den freien Geist des Menschen aus, der nicht so leicht ausgelöscht oder unterdrückt werden kann – ein völliger Gegensatz zur östlichen Mystik, die einen sich stärker unterwerfenden spirituellen Willen verlangt.

Die astrologische Bedeutung

In der traditionellen Astrologie hat die Sonne als »Lebenspender« einen wesentlichen Einfluß auf das ganze Geburtshoroskop. Ihre Stellung zeigt die individuellen Fähigkeiten an. Das astrologische Symbol selbst, ein Kreis mit einem kleinen Punkt in der Mitte, versinnbildlicht die *eine*, allen Dingen zugrundeliegende Einheit. Bevor eine bestimmte Entwicklungsstufe erreicht ist, steht sie daher für das Selbst oder Ego. Die esoterische Astrologie definiert die Sonne auf einer gänzlich anderen Ebene: Sie wird als Brennpunkt eines Strahls aus der zentralen Sonne oder der höchsten Intelligenz wahrgenommen, die das gesamte Universum lenkt.

Der Tierkreis mit den zwölf Zeichen, der in der westlichen Astrologie seit Jahrhunderten vorherrschend ist, hat dazu geführt, die Sonne in den Zeichen auf eine ziemlich isolierte oder abstrakte Weise zu deuten. In diesem System wird die Sonne als Herrscher des Feuerzeichens Löwe betrachtet, das anderen Zeichen vermeintlich überlegen sein soll. Doch der Sonne-Mond-Himmelskreis der Druiden schafft ein Gleichgewicht der Energien. Er setzt die Sonne an den Anfang des keltischen Tierkreises – an eine Stelle also, wo ihre Rückkehr oder »Wiedergeburt« beginnt, nachdem sie den Punkt der größten Deklination oder Entfernung von der Erde in der nördlichen Hemisphäre erreicht hat. Damit ist ein Präzedenzfall für das astrologische Denken gegeben, der hoffentlich dazu beitragen wird, die Rolle der Sonne in einen anderen Brennpunkt zu rücken und neu zu definieren.

Die archetypische Gestalt

Die mystische Sage von Taliesin verweist auf die grundlegenden persönlichen Eigenschaften, die mit dem Baumzeichen der Birke assoziiert werden, und läßt die individuellen Charakterseiten sichtbar werden. Taliesin als archetypische Birken-Persönlichkeit steht symbolisch für das potentielle Licht der Sonne, wenn auch jede Leistung oder persönliche Anerkennung einem ähnlichen Verlauf wie die von Taliesin erlebte Prüfung folgen muß. Daher wird der Grundcharakter hauptsächlich geformt und beeinflußt durch die Notwendigkeit von Geduld, was natürlich ein inneres Gefühl von ruhiger Entschlossenheit sowie eine Empfindung von persönlicher Isolation hervorruft.

Es existiert bei diesem Zeichen jedoch eine grundlegende Unbeugsamkeit, symbolisch dargestellt durch die wechselnden Gestalten von Gwion, als er der Göttin zu entkommen versucht. Das Ergebnis daraus ist schließlich die strahlende »Wiedergeburt« des höheren Selbst in der Gestalt von Taliesin. In persönlicher Hinsicht muß der Baumcharakter der Birke es lernen, gegenüber allen Aspekten des Lebens weniger engherzig und starrsinnig zu sein.

Die Persönlichkeit des Baumzeichens

Die Birken-Persönlichkeit trägt im Keim die potentiellen Möglichkeiten aller Baumzeichen in sich. Die Tugend der Geduld, eine notwendige Voraussetzung für den Umgang mit einem solchen Potential, wird diesem .Zeichen zugeschrieben. In diesem Zeichen Geborene richten ihre Energie und Unternehmungslust auf eine ehrgeizige Taktik; jeder Schritt im Leben hat ein bestimmtes Ziel im Auge. Die Hindernisse können jedoch beträchtlich sein. Persönliche Einschränkungen werden nicht gern akzeptiert, sie lassen Birken-Persönlichkeiten durchsetzungsfähiger und entschlossener werden. Zu den bekannten Birken-Persönlichkeiten gehören Pasteur, Kepler, Gladstone, Lloyd George und Richard Nixon.

Positive Aspekte

Die Birken-Persönlichkeit hat einen zuverlässigen und vertrauenswürdigen Charakter, sie neigt nicht zu vorschnellen Handlungen oder kühnen Behauptungen.

Der Aspekt des zweiten Sohnes in der Mythologie des Baumzeichens hat – psychologisch gesehen – eine interessante Parallele. Die Birken-Persönlichkeit übernimmt oft die Rolle des Haushaltsvorstandes, und zwar nicht aufgrund ihres Alters, sondern weil sie familiäre Verpflichtungen sehr ernst nimmt. Gewöhnlich ist sie unter den Familienangehörigen in finanzieller Hinsicht am erfolgreichsten, auch wenn sie diesen Eindruck vielleicht nicht erweckt, da sie ihren Erfolg nicht zur Schau trägt und meistens kein Geld für Statussymbole ausgibt.

Negative Aspekte

Eine strenge Lebensanschauung kann zu einer pessimistischen Wesensart führen und eine Form der Selbstdisziplin auferlegen, die schwer aufrechtzuerhalten ist. Solche Menschen wirken dann sprunghaft oder schwanken zwischen zwei Extremen, was manch einen aus der Rolle fallen läßt oder unbesonnene Reaktionen hervorruft, die selbst enge Kollegen und Freunde überraschen kann. Aber auch das andere Extrem ist möglich: Zeitweise wird mit großer Disziplin und Entschlußkraft gehandelt – jedoch nie kontinuierlich! Undisziplinierte Birken-Persönlichkeiten sind unglückliche Menschen.

Allgemeines

Die Birken-Persönlichkeit fühlt sich mit einer strengen Routine und geregelten Lebensweise eigentlich am wohlsten. Die Bezeichnung »Workaholic« paßt genau auf sie, obwohl sie ebenso auf andere Zeichen – besonders die anderen Kardinalzeichen – zutreffen kann.

Diese Neigung wird am besten verständlich, wenn man wieder ihren Ehrgeiz betrachtet. Für sie ist Arbeit ein Mittel zum Zweck – aber macht es ihr wirklich Spaß, am Ende des Arbeitstages als einzige noch im Büro zu sein? Diese Frage sollten sich alle Birken-Persönlichkeiten selbst von Zeit zu Zeit stellen, um ihre wahren Ziele im Leben festzulegen. Der starke Wunsch nach Erfolg ist ein Grundzug und, wenn er ausgewogen ist, ein insgesamt positiver Aspekt. Die bereits erwähnten großen Hindernisse sind im allgemeinen die Folge von schwierigen familiären Verpflichtungen oder physischer Schwäche, beides in Verbindung mit Benachteiligungen aus der Kindheit. In irgendeiner Lebensphase ist es vielleicht zu einer persönlichen Isolation gekommen; es ist für sie schwer, sich dies einzugestehen oder sich damit auseinanderzusetzen, doch hat ein solches Erlebnis dazu beigetragen, einige kleinere Charakterschwächen zu verstärken.

Lieben Birken-Persönlichkeiten Geselligkeit? Ihre ruhige Zurückhaltung kann täuschen. Wenn sie sich die Gesellschaft wählen können, sind sie mit Sicherheit zugänglicher. Soziale Kontakte sind schließlich eine wichtige Sache, wenn Sie sich vornehmen, Geschäftsführer zu werden oder möglicherweise den Geschäftsführer zu heiraten.

Der Haken an der Sache ist nur: Birken-Persönlichkeiten sind ernsthafte Menschen, die versuchen, nicht ernsthaft zu sein. Seien Sie auf der Hut, wenn Sie einem von ihnen begegnen sollten, der sich genau entgegengesetzt verhält! Dann hat er nämlich ein Identitätsproblem. Doch von Neurosen oder Phobien sind diese Menschen wahrscheinlich am wenigsten betroffen; sie haben sowohl physisch wie geistig eine starke Widerstandsfähigkeit entwickelt. Sie können sich geradezu zwanghaft um ihre Gesundheit kümmern und eine ziemlich strenge Diät befolgen. Bestimmte Nahrungsmittel können aus religiösen Gründen gemieden werden, und dies führt zu einer Lebensweise, die erneut Disziplin erforderlich macht.

Haben Birken-Persönlichkeiten Sinn für Humor?

Man könnte sie zwar nicht gerade als humorvolle Menschen bezeichnen, aber ihr Humor ist manchmal so komisch, daß manche Leute sich fast kugeln vor Lachen. Doch was sie selbst erheitert, steht auf einem anderen Blatt. Das müßten äußerst geistreiche Witzeleien oder so grobe Scherze sein, daß die meisten Menschen schamrot würden! Extreme sind für sie die Norm, da Mittelmäßigkeit in ihrem Wertesystem keinen Platz hat.

Mit materiellen Werten haben die Birken-Persönlichkeiten keinerlei Probleme. Mehr als alle anderen Zeichen verstehen sie sich auf den Wert des Geldes. Sie haben nicht nur hart dafür gearbeitet, um es zu erwerben, sondern schämen sich auch nicht oder sind verlegen, daß sie es besitzen.

Sind Birken-Persönlichkeiten gute Freunde? Diese Frage muß zweifellos bejaht werden, doch nicht viele Menschen kommen nahe genug an sie heran, um sich zu ihren Freunden zählen zu können. Sie sind sehr gute Vorgesetzte, die zwar nicht übermäßig großzügig Lob austeilen, aber darauf achten, daß ihre Angestellten fair behandelt werden; es liegt ihnen auch viel daran, Menschen aus einfachen Verhältnissen zu fördern. Sie haben eine selbstbeherrschte Art, die von manchen vielleicht als Kälte oder Gleichgültigkeit empfunden wird. Obwohl diese Eigenschaft durchaus echt und mit ihrem inneren Gefühl von Würde verbunden ist, bietet sie eine gute Tarnung für ihre grundlegende Schüchternheit. Die Birken-Persönlichkeit ist nämlich auch das bescheidenste von allen Zeichen.

Das Liebesleben

Ein ursprüngliches Gefühl von Einsamkeit ist mit diesem Zeichen verbunden und spiegelt sich in mangelnder Aktivität oder Empfänglichkeit wider, wenn es um die Frage von frühen persönlichen Beziehungen geht. Glückliche Ehen werden oft später im Leben eingegangen. Diese Menschen neigen ebensowenig wie Stechpalmen-Persönlichkeiten dazu, sich scheiden zu lassen; wahrscheinlicher sind Trennungen oder der vorzeitige Tod des Ehepartners. Nach einigen leidenschaftlichen Affären ist ihr Liebesleben eher ein »Zufallstreffer«, denn es muß sich in die strenge Routine einfügen, die – so angenehm sie auch sein mag – einen engen Radius hat.

Zusammenfassung

Einige dieser Charakterzüge werden vielleicht nicht so positiv oder ausgeprägt sein, doch das Potential ist als Anlage immer vorhanden. Nicht alle Birken-Persönlichkeiten werden den gleichen familiären Hintergrund oder die gleichen natürlichen Begabungen haben; doch es gibt ein deutlich erkennbares Verhaltensmuster, das sie von anderen unterscheidet und für den ganzen Tierkreis gilt.

Birken-Persönlichkeiten ziehen im allgemeinen eine bewußt unauffällige Existenz vor. Selbst wenn sie ein hohes Amt oder öffentliches Ansehen erlangen, bevorzugen sie ein sehr zurückgezogenes Privatleben. Ihr Image in der Öffentlichkeit dient oft dem Zweck, zu dieser Rolle zu passen. Ihre Karriere hat einen alles beherrschenden Einfluß auf ihr Leben und trägt ihre persönliche Handschrift. Sie schaffen ihre eigenen Präzedenzfälle und erreichen schließlich einen Grad an Entwicklung oder Erfolg, womit sich andere Tierkreiszeichen nicht ohne weiteres messen können.

Kapitel 2

DIE EBERESCHE

LUIS

21. Januar – 17. Februar

Symbol:	*der Planet Uranus*
Edelstein:	*Peridot*
Blume:	*Schneeglöckchen*
Archetypische Gestalt:	*Brigantia*

»Ich bin ein weites Wasser auf einer Ebene«

Die Illustration

Die Eberesche ist ein magischer Baum. In der keltischen Sage ist sie der »Baum des Lebens« und wird von einem feurigen grünen Drachen bewacht – ein kraftvolles Symbol des Lebens zu einem Zeitpunkt des Jahres, wenn die Nacht noch über den Tag herrscht. Diese Vorherrschaft wird durch den mondhaften Geist dargestellt, der sich im Schneeglöckchen als Sinnbild des Trostes verkörpert.

Der Baum stand im heiligen Zentrum von Stonehenge, einem uralten Versammlungsplatz, lange bevor die Kelten nach Britannien kamen. Das gefiederte Laubwerk und dichte Büschel mit feuerroten Beeren malen lebhafte Farbtupfer in die graue Winterwelt. Stonehenge bildete symbolisch eine riesengroße Kerze zum keltischen Fest Lichtmeß (»Candlemas«), das die Wiederbelebung im Jahreslauf markierte. Die silbernen Lichtstrahlen des Mondes vermischen sich mit dem rötlichen Leuchten des schwachen Kerzenlichtes – der symbolische Keimprozeß, der keltischen Göttin Brigantia zugeordnet, die über den mystischen Aspekt der Befruchtung der kalten Erde wachte. Der feurige Atem des Drachen entzündete den lebendigen Energiestrom, der die Steine durchdringt und damit symbolisch die Flamme des ewigen Lebens erneuert.

Der Peridot

Der Peridot, eine blaßgrüne Varietät von Olivin oder Chrysolith, ist einer der ältesten bekannten Steine. Es handelt sich bei ihm um ein plutonisches Vulkangestein. Er ist aus Magma oder Lava entstanden, die sich auf oder unter der Erdoberfläche verfestigt hat und damit Substanz aus einer Metamorphose, die mit Feuer, dem alten Lichtsymbol, verbunden ist.

Der Peridot wurde früher von allen Völkern des Altertums als machtvollster magischer Stein angesehen. Die Ägypter und Babylonier verwendeten ihn häufig in Amuletten als Schutz gegen den bösen Blick und Hexerei. Die alten Griechen fertigten ein Stirnband aus den Steinen; wer es trug, konnte die Zukunft voraussagen und mit Geistern sprechen. Als Schutz und zur Stärkung ihres Geistes nähten die Druiden unter anderen auch diese Steine auf ihre Gewänder.

Drachen

In den Mythen der Welt verkörpern Drachen übernatürliche Kräfte, die gewöhnlich große Geheimnisse und Schätze hüten. In der keltischen Mythologie ist der Drache eine feurige geflügelte Schlange und mit dem Schlangenkult eines Zweiges der Druiden verbunden, die auch mit magischen, der Alchemie verwandten Riten und den geheimnisvollen Energien der *Ley-Lines* (»Drachenlinien«) arbeiteten.

Merlin, der Erzdruide aus der keltischen Mystik, sprach warnende Prophezeiungen über Drachen aus. Er warnte den keltischen König Vortigern davor, einen Verteidigungsturm gegen die heidnischen Sachsen zu bauen, weil dieser die beiden schlafenden Drachen stören würde, die neben jener Stelle in einem dunklen See ruhten. Ein Drache war rot und der andere weiß – eine machtvolle alchemistische Formel als Sinnbild der in aller Schöpfung schlummernden positiven und negativen Energien. Außerdem stand der rote Drache für die britischen Kelten und der weiße Drache für die Sachsen. Der hinterhältige Vortigern wurde schließlich von seinem eigenen Volk deswegen getötet, weil er die Sachsen als Verbündete gegen ihre alten Feinde, die Pikten und Wikinger, nach Britannien holte. Dieses Bündnis hatte die verheerende Folge, daß die Sachen blieben und ihren eigenen Machtanspruch erhoben. Die Analogie, die schlummernden Energien der Drachen vorzeitig zu

stören oder zu aktivieren, hat tiefgreifende Auswirkungen; in diesem Fall beziehen sie sich auf die späteren Auseinandersetzungen zwischen Kelten und Sachsen.

Der rote Drache (Sinnbild der positiven Energie) wurde zum Wappenzeichen von Wales und der späteren Dynastie der Tudor, einem berühmten Geschlecht, das in kritischen Zeiten der englischen Geschichte große Herrscher hervorbrachte. Nach den Rosenkriegen gegen Ende des 15. Jahrhunderts zwischen den Häusern Lancaster und York, deren Wappenzeichen die rote bzw. die weiße Rose war, vereinigte schließlich der Sieger aus dem Hause Tudor, Heinrich VII., die beiden Rosen miteinander. Er hielt sich damit nicht nur an die Bedeutung der Symbolik, sondern erfüllte auch eine alte Prophezeiung Merlins, der dies vorausgesagt hatte. Durch diese Vereinigung von Kelten und Sachsen wurden zwei deutlich unterschiedliche Stämme zu einer mächtigen Nation.

Der Name *Pendragon* (als »Haupt« oder »Hauptdrache« zu übersetzen) gehörte zu einer anderen und noch älteren keltischen Abstammungslinie, die mit König Arthur von Camelot und der Sage vom Heiligen Gral verbunden ist. Arthurs Vater, Uther Pendragon, hatte seinen Namen von einem geheimnisvollen Kometen abgeleitet, der zwei goldenen Drachen ähnelte. Er deutet auf eine mystische Abstammung mit machtvollen, übernatürlichen Verbindungen hin. Die gesamte Sage um Arthur, von der Geburt bis zu dem seltsamen Verschwinden bei seinem Tod, hat einen mysteriösen Charakter, der zu früheren Mythen von keltischen Königen und Göttern keinen wirklichen Bezug hat.

Lichtmeß

Lichtmeß war ein keltisch-christliches Fest, das am 2. Februar gefeiert wurde. Nach der Arthur-Sage versammelten sich an diesem Tag die keltischen Freiherren um den Stein, der das Schwert hielt, das ihren rechtmäßigen König proklamierte. So wurde Arthur Pendragon mit einem Symbol göttlichen Rechts zu einem Zeitpunkt bewaffnet, als das vordringende Licht der Sonne die Nacht von Avagddu zu durchbrechen begann. Diese Verbindung zur Kraft der Sonne ist ein Gleichnis für Uranus, die Kraft der Vision oder des zukunftsgerichteten Denkens, das den Schlüssel für die göttliche Natur des Menschen in sich birgt.

Der wahre Ursprung dieses Festes geht jedoch noch weiter in die keltische Vergangenheit zurück. Lichtmeß war nämlich auch die christianisierte Form eines alten Kerzenfestes zu Ehren von Brigit oder Brigantia, einer Dreifältigen Mondgöttin. Wie es sich gehört, trat die Jungfrau Maria an die Stelle der Brigantia, und das heilige Feuer aus dem Fest der Brigantia, einem keltischen Frühlingsfest, wurde ihr zu Ehren wieder entzündet. Brigantia, Beltane, Lammas und Samhain waren die vier Feuerfeste, die den spirituellen Beginn der Jahreszeiten markierten. Lichtmeß oder Brigantia wurde als die Wiedergeburt des Geistes gesehen, der sich aus der Dunkelheit wieder herauswindet.

Brigantia

Dieser Name leitet sich von Brigit oder Brigid ab, einer äußerst machtvollen keltischen Göttin. Sie verkörperte die Kraft des Neumondes, des Frühlings und der steigenden Flut des Meeres. In Irland erfuhr sie höchste Verehrung; in Britannien war sie die Göttin der Brigantes, eines weitverbreiteten Stammes. Jedes Jahr, beim ersten Schimmer des neuen Lichtes, wurde die Cailleach, die bei der Dreifältigen Göttin den Aspekt der »alten Frau« verkörperte, in die schöne, junge Göttin-Braut verwandelt.

Ihr Fest hieß auch Oimelc oder Imbolc. Die Riten wurden nach sorgfältiger Vorbereitung durch die verheirateten Stammesfrauen zelebriert. Sie rieben ihre

Körper mit Färberwaid ein und gingen als Zeichen des Respektes vor dem Scheiden von Cailleach, der Alten Verschleierten, nackt zu der Zeremonie; währenddessen sammelten die jüngeren Stammesangehörigen Speisen und Geld, um am Schrein der Brigid Opfer darzubringen. Die Zeremonien fanden an bestimmten Kultplätzen statt. Ebenso wie die Kaaba, das Heiligtum in Mekka, Moslems aus der ganzen Welt anzieht, so war Stonehenge die Kathedrale unter freiem Himmel, wo sich die Kelten andächtig versammelten – und sei es auch nur ein einziges Mal in ihrem Leben!

Stonehenge

Stonehenge ist mit einer fernen Vergangenheit verknüpft, hat jedoch bis zum heutigen Tag nichts von seiner geheimnisvollen Atmosphäre eingebüßt. Die ursprünglichen Erbauer sind wahrscheinlich keine Kelten gewesen, doch zweifellos haben die Druiden diese Stätte für die vorgesehene Bestimmung benutzt. Diese galt hauptsächlich astronomischen Beobachtungen, denn niemand kann leugnen, daß die genau festgelegte Ausrichtung der Steine ein präzises Instrument für die Beobachtung von Sonne und Mond darstellt. Über alles weitere, was dort außerdem noch begangen worden sein mag, wie beispielsweise Begräbnisse oder Opferrituale, können nur Vermutungen angestellt werden.

Der bereits erwähnte religiöse und soziale Kalender der Druiden wurde durch diesen Zyklus rituell festgelegt. Die Feuerfeste und Sonnwenden beruhten auf den genauen Berechnungen der beiden großen »Lichter«, Sonne und Mond, und der Fähigkeit der Druiden, deren Stand vorauszusagen. Die Geschichte der Erbauung von Stonehenge vollzog sich in drei Phasen, wovon die erste etwa um 3200 v. Chr. begann und die letzte in die Zeit um 2600 v. Chr. fiel. Während dieser 600 Jahre entwickelte sich Stone-

henge von einer einfachen, wenn auch imposanten Erdwallanlage mit einer Steinsäule zu dem hoch aufragenden Kreis aus *Sarsen*-Steinen, welche die sagenumwobenen *Bluestones* einschlossen. Die *Trilith*-Konstruktion aus zwei Steinpfeilern, die einen dritten querliegenden Deckstein stützen, wodurch ein vollständiger Kreis entsteht, kommt nur in Stonehenge vor und ist auch sonst an keinen Megalith-Kultstätten oder anderen alten Steinbauwerken anzutreffen. Die Einzigartigkeit von Stonehenge wirft viele, nicht zu beantwortende Fragen auf, doch das Volk, das seine Anlage und ehrfurchtgebietende Größe praktisch nutzte, waren die Kelten.

Das Schneeglöckchen

Das Schneeglöckchen ist die erste wildwachsende Blume des Jahres, die mit dem Lichtmeßfest in Verbindung steht, wie ihr englischer Beiname *Candlemas bell* verrät. Nach alten Kräuterbüchern brachten Mönche die kleinen Blumenzwiebeln während des Mittelalters aus Italien mit. Sie nannten sie »Knollenveilchen« und verwendeten sie zur Wundheilung und bei Verdauungsproblemen. Die zierliche kleine Blume und die anmutige Schönheit der Eberesche ergänzen sich gegenseitig.

Die Eberesche

Die Eberesche oder Vogelbeere ist eng mit der Rose verwandt, und auch Weißdorn, Apfel- und Birnbaum zählen im weiteren Sinne zu ihrer Familie. Sie ist jedoch nicht mit der wirklichen Esche verwandt, ihr Name leitet sich vielmehr von der Ähnlichkeit der Blätter ab. Sie wurde auch der »Flüsterbaum« genannt, weil sie in manchen alten Sagen jenen, die ihr lauschten, Geheimnisse mitzuteilen hatte.

Sehr verbreitet ist die Eberesche in den wilden Schluchten von Nord- und Westschottland, wo sie die

»Herrin der Berge« genannt wird. Einige Clans in den schottischen Highlands haben Ebereschenzweiglein als Familienabzeichen und stecken sie vielleicht deshalb an ihre Mützen, weil die Eberesche stets mit Schutz vor Hexerei und Unglück in Verbindung gebracht worden ist. Auch die Kelten glaubten, daß Hexen oder böse Geister nicht durch eine Tür treten konnten, über die ein Ebereschenzweig genagelt war. Sie wurde um Wohnhäuser oder an einsamen Orten gepflanzt, um als Abschreckung gegen böse Geister und die ehrfurchtgebietende Kraft des Blitzes zu wirken. In Wales wurde sie früher auf jedem Friedhof gepflanzt, um die Dämonen zu vertreiben, welche die Ruhe der Toten stören könnten.

Während des zweiten Mondmonats fertigten die Druiden Flechtwerke aus der Eberesche. Dazu wurden ihre Ruten rund gebogen, und der Rahmen wurde mit Lederriemen aus frisch gehäuteten Stierfellen bespannt. Diese wurden dazu verwendet, um Dämonen zu zwingen, schwierige Fragen zu beantworten, und dadurch die Zukunft voraussagen zu können. Auch verhexte Pferde und andere Tiere wurden durch Gerten und Peitschen aus der Eberesche gebändigt, denn es war eine Zeit, wo der Himmel voller Omen und von einem seltsamen neuen Licht erhellt war; plötzlich konnte der Blitz einschlagen, und Unwetter wüteten über Land und Meer. In dieser ruhelosen Jahreszeit wurden im keltischen Irland Ebereschenpflöcke durch Leichen getrieben, um ihre Geister gefangenzuhalten. Die Druiden entzündeten Ebereschenfeuer und sprachen darüber Beschwörungen, um die Geistwesen aufzufordern, sich an bevorstehenden Kämpfen zu beteiligen. Die magische Zauberkraft der Eberesche wurde das ganze Jahr dafür genutzt, um alle schädlichen Kräfte zu bekämpfen.

Früchte und Rinde der Eberesche besitzen Heilkräfte, viele alte Rezepte und daraus bereitete Arzneimittel sind uns heute noch bekannt. So wurde sie von den Druiden zum Gurgeln bei Halsentzündung verwendet. Später im Jahr stellte man aus den Früchten ein köstliches Mus her, das zu Wildgerichten gegessen wurde. Die Waliser brauten ein besonderes Bier aus den Beeren. Die in allen Teilen des Baumes enthaltenen adstringierenden Eigenschaften wurden zum Gerben verwendet und lieferten auch die schwarze Farbe, womit die Roben der Druiden gefärbt wurden. Die Ritualgewänder der Druiden waren weiß, doch bei bestimmten Mondzeremonien wurden auch schwarze Roben getragen, so bei abnehmendem Mond und bei den Finsternissen. Die Druiden auf der Insel Anglesey, die sich der römischen Macht in einem verzweifelten Versuch entgegenstellten, kleideten sich schwarz, um ihre dunkleren Riten zur Beschwörung dämonischer Kräfte auszuführen.

Luis

Die Verbindung zwischen der Eberesche oder *Luis* und Lichtmeß zeigt Morann Mac Mains *Ogham* in dem *Book of Ballymote*. Er bezeichnet die Eberesche mit dem poetischen Namen »Wonne des Auges«, was von *Luisiu*, »Flamme«, kommt. Es verweist auch auf *Lusius*, einen Göttertitel vieler griechischer Gottheiten, der soviel bedeutet wie »jemand, der Schuld abwäscht« und mit dem Heiligtum Lusi in Arkadien in Verbindung stand.

Lusi war auch der Sitz der drei orakelhaften Töchter des Proteus, eines Gottes der Pelasger. Dieser Gott besaß – wie der altirische Gott Uath Mac Immomuin – die Fähigkeit, sich in viele schreckenerregende Gestalten zu verwandeln, und sein Titel »Schreckenssohn des Entsetzens« weist ihn als männliche Entsprechung der keltischen Göttin Morrigan aus, eines weiteren Aspektes der Dreifältigen Göttin.

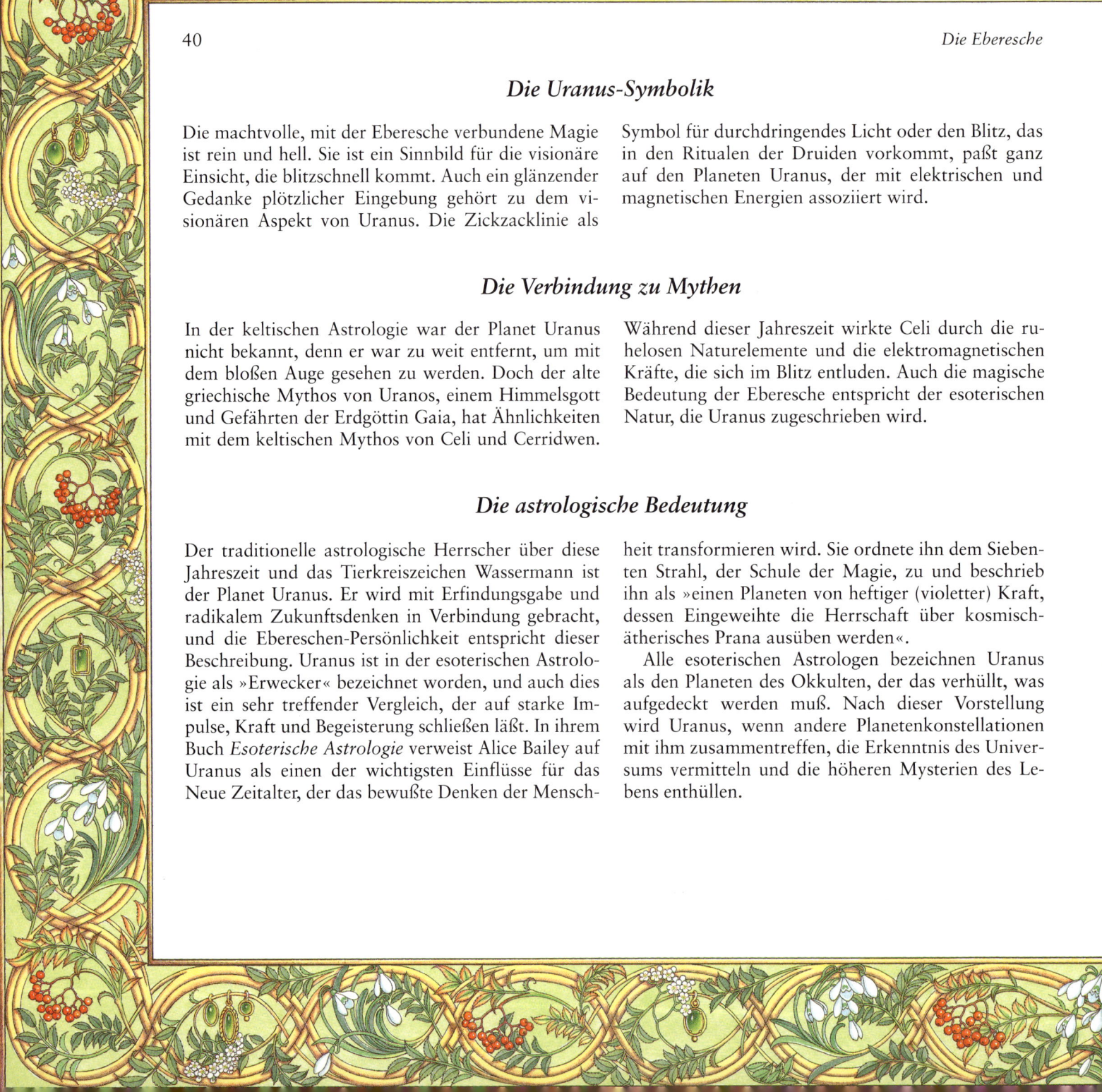

Die Uranus-Symbolik

Die machtvolle, mit der Eberesche verbundene Magie ist rein und hell. Sie ist ein Sinnbild für die visionäre Einsicht, die blitzschnell kommt. Auch ein glänzender Gedanke plötzlicher Eingebung gehört zu dem visionären Aspekt von Uranus. Die Zickzacklinie als Symbol für durchdringendes Licht oder den Blitz, das in den Ritualen der Druiden vorkommt, paßt ganz auf den Planeten Uranus, der mit elektrischen und magnetischen Energien assoziiert wird.

Die Verbindung zu Mythen

In der keltischen Astrologie war der Planet Uranus nicht bekannt, denn er war zu weit entfernt, um mit dem bloßen Auge gesehen zu werden. Doch der alte griechische Mythos von Uranos, einem Himmelsgott und Gefährten der Erdgöttin Gaia, hat Ähnlichkeiten mit dem keltischen Mythos von Celi und Cerridwen. Während dieser Jahreszeit wirkte Celi durch die ruhelosen Naturelemente und die elektromagnetischen Kräfte, die sich im Blitz entluden. Auch die magische Bedeutung der Eberesche entspricht der esoterischen Natur, die Uranus zugeschrieben wird.

Die astrologische Bedeutung

Der traditionelle astrologische Herrscher über diese Jahreszeit und das Tierkreiszeichen Wassermann ist der Planet Uranus. Er wird mit Erfindungsgabe und radikalem Zukunftsdenken in Verbindung gebracht, und die Ebereschen-Persönlichkeit entspricht dieser Beschreibung. Uranus ist in der esoterischen Astrologie als »Erwecker« bezeichnet worden, und auch dies ist ein sehr treffender Vergleich, der auf starke Impulse, Kraft und Begeisterung schließen läßt. In ihrem Buch *Esoterische Astrologie* verweist Alice Bailey auf Uranus als einen der wichtigsten Einflüsse für das Neue Zeitalter, der das bewußte Denken der Menschheit transformieren wird. Sie ordnete ihn dem Siebenten Strahl, der Schule der Magie, zu und beschrieb ihn als »einen Planeten von heftiger (violetter) Kraft, dessen Eingeweihte die Herrschaft über kosmischätherisches Prana ausüben werden«.

Alle esoterischen Astrologen bezeichnen Uranus als den Planeten des Okkulten, der das verhüllt, was aufgedeckt werden muß. Nach dieser Vorstellung wird Uranus, wenn andere Planetenkonstellationen mit ihm zusammentreffen, die Erkenntnis des Universums vermitteln und die höheren Mysterien des Lebens enthüllen.

Die archetypische Gestalt

Brigantia verkörpert die archetypische Baum-Persönlichkeit der Eberesche; sie versinnbildlicht den ersten Schimmer des geistigen Lichtes, das von äußeren Kräften kommt. Der tiefere Sinn der Handlung, ihr zu Ehren um Mitternacht – der magischen Stunde der Dunkelheit – Kerzen und Fackeln zu entzünden, steht symbolisch für das Potential des keimenden Samenkorns, das im Zeichen der Eberesche und – übertragen auf den Menschen – in jedem Individuum enthalten ist. Dieses Erwachen wandelt den Monat und das Zeichen der Eberesche mittels einer weiteren Reihe von individuellen Eigenschaften und Fähigkeiten um.

Brigantia ist auch ein Symbol für die weiblichen Mysterien, die mit spiritueller Weisheit verbunden sind. Dieser besondere Aspekt entspricht einer sich stetig weiterentwickelnden humanitären Sichtweise, der mystisch wahrgenommenen Erfahrung der Zukunft. Doch der Einfluß oder das Abweichen von einer solchen Sichtweise kann auch zu einem persönlichen Hemmschuh werden und eine exzentrische Wesensart fördern, die wiederum mit der ungewöhnlichen Neigung der Rotationsachse des Planeten Uranus in Verbindung steht.

Die Persönlichkeit des Baumzeichens

Ebereschen-Menschen besitzen einen visionären Geist und haben klar umrissene humanitäre Grundsätze. Die in diesem Zeichen Geborenen erleben kurze Einblicke in die Zukunft und spüren den Schmerz der Menschheit im Kampf um ein höheres Bewußtsein. Sie bleiben jedoch unabhängige Einzelgänger, denn ihre Vision wird nicht immer von anderen geteilt. Sie neigen aber dazu, etwas mit Nachdruck auszusprechen, wenn sie von wichtigen Sachverhalten überzeugt sind. Hinter einem kühlen und beherrschten Temperament verbergen sich manche leidenschaftlichen Überzeugungen, denn sie müssen ihre Sache gegen Scheinheiligkeit und Ignoranz verteidigen. Es handelt sich um natürliche Führer ohne viele Anhänger, und sie greifen Dinge auf, die oft unpopulär oder sogar etwas wunderlich sind. Das ist ihnen lieber so, denn eine Vision zu haben ist für sie eine ausgesprochen persönliche Angelegenheit. Zu den bekannten Ebereschen-Persönlichkeiten gehören Charles Darwin, Charles Lindbergh, Charles Dickens und Jules Verne.

Positive Aspekte

Zu den positiven Aspekten der Ebereschen-Persönlichkeit zählen eine fortschrittliche Lebensanschauung und humanitäre Grundsätze. Solche Menschen sind freundlich und rücksichtsvoll, doch es fällt ihnen schwer, Autorität in einer einschränkenden oder unterdrückenden Funktion zu ertragen; daher sind Regierungen oder andere autoritäre Kräfte gewöhnlich die Zielscheibe ihres Widerspruchs. Wenn man jedoch auf einer persönlichen Ebene an sie herantritt, werden sie höflich zuhören, denn sie sind die glühendsten Verfechter der Redefreiheit und des gegenseitigen Respektes von Widersachern.

Negative Aspekte

Diese beruhen bei einer Ebereschen-Persönlichkeit auf ihrem nicht voraussagbaren Verhalten auf eine Situation. In dem Bemühen, völlig unkonventionell zu sein, können sie ihnen nahestehende Menschen verstören, andere allgemein gegen sich aufbringen oder eine Situation unverhältnismäßig eskalieren lassen. Sie können in ihrer Sprache und ihrem Verhalten auch ausgesprochen taktlos werden, wenn sie ihre kontroversen Meinungen äußern.

Allgemeines

Im Hinblick auf ihre Karriere sind Ebereschen-Persönlichkeiten ungewöhnlich kluge Leute, und sie besitzen Fähigkeiten und Talente von ganz spezieller und einmaliger Art. Dieser besondere Charakteraspekt trennt sie von anderen, und auch wenn einige von ihnen in einem normalen Beschäftigungsverhältnis angestellt sein mögen, wird früher oder später offensichtlich, daß sie die allgemeinen Regeln auf sich persönlich zugeschnitten haben. Sie fühlen sich von Natur aus zu modernen Technologien und Arbeitsmethoden hingezogen und haben das starke Bedürfnis, jedes als überholt angesehene System völlig neu zu organisieren.

Aufgrund ihrer originellen Fähigkeiten steigen sie trotz ihres unkonventionellen Verhaltens zu hohen Positionen auf, doch sie buhlen nicht um Macht oder Beförderung. Sie sind mitfühlende Vorgesetzte, übernehmen aber nicht gerne die Verantwortung für andere. Häufig gehören sie Elitegruppen oder Standesvereinigungen an, bewahren jedoch immer ihre individuelle Stellung oder Denkweise.

Sie werden einige recht abwechslungsreiche Interessen haben, die von der Vogelbeobachtung bis zum Bongotrommeln reichen können. Ihre musikalischen Vorlieben tendieren zu modernen oder ziemlich unbekannten Komponisten. Sie basteln mit allem herum, was mit Mechanik und Elektronik zu tun hat, und sind die geborenen »Do-it-yourself«-Vertreter. Sie sind ausgesprochen erfinderisch und verwerten gerne das, was andere ausrangieren. Das Bild des »zerstreuten Professors« ist eine gute Analogie und faßt den Eindruck zusammen, den sie allgemein hervorrufen. Wer aber sind sie wirklich in einer Welt der Illusion, wenn sie nicht versuchen, so exzentrisch oder verschroben zu erscheinen? Eine gute Frage, doch der Ebereschen-Typ wird die Antwort darauf haben. Fragen Sie ihn – und Sie werden etwas Verblüffendes zu hören bekommen!

Ihr Sinn für Humor ist in der Tat etwas sonderbar. Sie neigen dazu, sich über die ernsten Dinge des Lebens lustig zu machen, und dies kann, gelinde gesagt, etwas verwirrend sein. Vielleicht berühren die Fragen, die anderen wichtig erscheinen, sie deshalb nicht, weil sie alles unter einem anderen Blickwinkel sehen? Dieser Aspekt des Andersseins macht sie auch zu Anwärtern für die Theorie, daß Außerirdische aus dem All versehentlich hier auf der Erde gelandet sind. Selbstverständlich werden sie auch von Science-fiction und der Vorstellung von Ufos stark angezogen.

Das allgemeine Erscheinungsbild dieser Menschen ist bemerkenswert, denn aufgrund ihrer ungewöhnlich ausgewählten und zusammengestellten Garderobe heben sie sich deutlich von der Menge ab.

Das Liebesleben

Ein wunder Punkt in ihren persönlichen Beziehungen ist ihre Sprunghaftigkeit. Im allgemeinen sind sie feste, wenn auch etwas unromantische, Liebespartner. Wie die Birken-Persönlichkeiten, wenn auch aus anderen Gründen, werden sie aber nicht zu schnell heiraten. Grundsätzlich schätzen sie ein sehr großes Maß an persönlicher Freiheit, und es widerstrebt ihnen, daran etwas zu ändern und sich einem anderen anzupassen; sie müssen daher davon überzeugt sein, daß ihr zukünftiger Partner diesen Punkt voll und ganz versteht. Wenn diese Denkweise für ihren Partner jedoch akzeptabel ist, kann die Ehe ausgesprochen glücklich werden.

Als Eltern unterstützen sie ihre Kinder sehr, werden jedoch auch von ihnen erwarten, schon früh selbständig zu werden.

Zusammenfassung

Mit der Eberesche ist ein Geist in steter Entwicklung verbunden, was sie zu dem am schwersten faßbaren aller Zeichen macht. Ebereschen-Persönlichkeiten hassen Konformität, und daher wird jede sie beschreibende Analyse in ihren Augen unzutreffend sein. Wenn sie irgend etwas ihre Zustimmung geben müssen, dann werden sie zustimmen, anderer Meinung zu sein! Dies hört sich vielleicht nicht gerade schmeichelhaft an, doch sie sind die notwendigen Katalysatoren, die ein neues Niveau des Denkens schaffen. Ihr erfinderischer Scharfsinn dient als Ansporn für den Fortschritt, erschreckt jedoch die Traditionalisten. Bisweilen erstaunt die bloße Kraft ihrer Hartnäckigkeit.

Das Leben ist nie langweilig, wenn Ebereschen-Personen zur Stelle sind. Sie verkörpern die abwechslungsreichen Energien des Lebens und sind sicher keine Menschen, nach denen Sie die Uhr stellen oder mit denen Sie ständig zusammensein können. Ihr Lebensstil unterscheidet sich von jedem anderen; sie leben gerne in unkonventionellen Häusern und eher unfeinen Gegenden. Kurz gesagt, sie sind recht unverwechselbare Individuen, die frische Luft in eine fade oder muffige Umgebung bringen, und ihre provokative Art verscheucht die Teilnahmslosigkeit.

Kapitel 3

DIE ESCHE

NION

18. Februar – 17. März

Symbol: der Planet Neptun
Edelstein: Koralle
Blume: Buschwindröschen
Archetypische Gestalt: der Meeresgott Lir

»Ich bin ein Wind auf tiefen Wassern«

Die Illustration

Die Esche ist ein Baum von beeindruckender Anmut. Sie ist hochgewachsen und stattlich; ihre schwarzen spiralförmigen Knospen, die fest zusammengerollt bleiben, sehen so ähnlich wie winzige Seeschlangen aus. Auch das blaßgoldene Sonnenlicht bricht mit einem Lächeln über den noch unentschiedenen Sieg durch die dunklen Regenwolken.

Vor allem ist die Esche aber ein Baum der Macht des Meeres, dargestellt durch die herrliche Gestalt von Lir, einem Meeresgott und eine der vorherrschenden Gottheiten in der keltischen Sage. Er hält seinen dreizackigen Speer in die Höhe und gebietet den Wassern zu weichen, während er zwei stolze Seepferde durch ein stürmisches Meer vorwärtstreibt. Mit seinem langen Haar und Bart, die mit Algen verflochten sind, und seiner blaugrünen Haut versinnbildlicht er die mystische Verschmelzung von Mensch und Gott durch das Medium oder Element Wasser, doch er bleibt ein Geschöpf des Meeres. Zwei schwarzweiße Möwen suchen Schutz vor einer stürmischen See, während das kleine Buschwindröschen hinter den Felsspalten hervorlugt.

Die Koralle

Genaugenommen ist die Koralle kein Edelstein, sondern eine steinartige Substanz, die aus Kalksteinablagerungen von Meeresskeletten gebildet wird. Sie ist zu allen Zeiten und in vielen Teilen der Welt als magisches Amulett verwendet worden. Für die Kelten wurde sie durch ihre offensichtliche Verbindung mit dem Meer zu einem bevorzugten Talisman gegen das Ertrinken, doch sie wurde auch für die Herstellung von Schmuck verwendet. Im mittelalterlichen Europa war die Koralle von großer Bedeutung für die Alchemisten, die nach dem »Stein der Weisen« suchten. Die alten Griechen leiteten ihren Einfluß auf die Heilung von Schmerzen oder Krankheiten aus ihrer Verbindung mit Perseus ab. Sie glaubten, daß Korallen aus dem Blut des abgeschlagenen Hauptes der Medusa entstanden waren, das ins Meer tropfte, nachdem Perseus sie erschlagen hatte.

Korallen wird nachgesagt, daß sie eine innere »sympathetische« Verbundenheit mit ihrem Träger haben. Es heißt, daß die schöne tiefrosa Farbe verblaßt und trüb wird, wenn der Besitzer krank ist, und daß sich die Farbe verändert, wenn ihm Gefahr droht.

Die schwarzweiße Möwe

Die schwarzweiße Möwe oder Gemeine Seeschwalbe ist ein Zugvogel aus der Familie der Seeschwalben. Alle Schwalben und Möwen sind prophetische Vögel, was die Vorhersage von schlechtem Wetter betrifft. Früher achteten die Seeleute genau darauf, wo sie in ihrem Flug die Richtung änderten, denn mit Gewißheit kam von dort ein Sturm auf.

Lir

Lir war eine machtvolle Gottheit, welche die mystischen Eigenschaften von Gott und Mensch wie auch die mystische Vereinigung der Schöpfung verkörperte. Die Vorstellung eines Schöpfungs- oder Weltenmythos scheint in der frühen keltischen Literatur zu fehlen. Die Symbolornamente der keltischen Kunst, die auf verschiedenen Menschen- und Tiergestalten (darunter auch Vögel und Reptilien) beruhen, lassen jedoch eine deutliche Verbindung mit einer spirituellen und physischen Evolution erkennen. Demnach wurde die eigene Schöpfung als langsamer Prozeß gesehen, der nicht nur viele mythologische Zeitalter umspannte, sondern sich auch aus dem Lebensatem der Elemente entwickelte. Verwirrend ist allerdings die Neigung der Kelten, sowohl kosmische als auch irdische Phänomene aufzunehmen und in den Mythen und Sagen ihrer Könige und Königinnen zu personifizieren.

Das Buschwindröschen

Die Waldanemone ist eine der ersten Frühlingsblumen, die Mitte März blüht. Der bezaubernde Name »Buschwindröschen« läßt daran denken, daß die Märzwinde die winzigen Blumen anzutreiben scheinen, sich zu öffnen und so früh zu blühen. Die Verbindung mit dem Wind ist ein wichtiger Bestandteil in der Mythologie des Monats der Esche. Im »Lied von Amergin« beginnt eine kurze Einführung in die mythische Bedeutung des Monats der Esche mit der Zeile »Ich bin ein Wind auf tiefen Wassern« – dem Zitat, das als Anfangsmotto über diesem Kapitel steht. Es beschwört den »Wind« oder Geist Gottes als Wasser-Element; in der druidischen Kosmologie werden die vier Elemente als die »vier Winde« oder »vier Geister Gottes« bezeichnet.

Der Name der Anemone leitet sich von griechisch *anemos*, »Wind«, ab. In der ägyptischen und chinesischen Mythologie ist sie auch eine Blume des Todes und von schlechter Vorbedeutung. Bei den Kelten und Römern wurde die kleine Pflanze jedoch verehrt und als Zaubermittel gegen Fieber und Krankheit verwendet. Frühere Kräuterkundige stellten eine Mischung aus dem Saft ihrer Wurzeln und Blätter gegen Kopfschmerzen, Rheuma und Gicht her. Für die Behandlung von Lepra wurde eine Abkochung des Buschwindröschens als Körperbad empfohlen.

Die Esche

Die Esche, die auch als Traueresche bezeichnet wird, gehört zur Familie der Ölbaumgewächse (*Oleaceae*). Sie hat eine sehr alte Mythologie und ist mit vielen Sagen keltischer und nordeuropäischer Herkunft verknüpft.

In Irland stand die Esche in so hohem Ansehen, daß drei der fünf magischen Bäume, die den Sieg des Christentums über das Heidentum versinnbildlichten, Eschen waren, die beiden anderen Eibe und Eiche. Ein Ableger von ihnen, die heilige Esche von Creevna bei Killura, stand dort noch im 19. Jahrhundert. Ihr Holz wurde als Zauber gegen das Ertrinken benutzt und von irischen Einwanderern auf der Überfahrt nach Amerika mitgenommen.

Die große Welteneche Yggdrasil, die in der nordischen Mythologie dem Odin/Wotan heilig war, stand mit Himmelsgöttern in Verbindung, und ihre Wurzeln und Zweige erstreckten sich durch das ganze Universum. Das altnordische Wort *yggr*, von dem »Yggdrasil« sich ableitet, stammt von dem griechischen Wort *hygra* und bedeutet »Meer« oder »nasses Element«, denn im antiken Griechenland war die Esche dem Meeresgott Poseidon geweiht. In der griechischen Mythologie glaubte man, daß die Eschen-Baumgeister aus dem Blut des Himmelsgottes Uranos hervorgegangen waren, als Kronos ihn entmannte.

Im keltischen Mythos war die Esche als Zauberbaum dem Gwydion geweiht, der aus ihren Zweigen seine Zauberstäbe fertigte. Ein mit einer Spirale verzierter Druidenstab aus Eschenholz, der aus dem frühen 1. Jahrhundert n. Chr. stammt, war Teil eines neueren archäologischen Fundes auf Anglesey.

Im dritten Monat des Jahres benutzten die Kelten in Irland und Wales Eschenholz, um Ruder zu bauen und beschädigte Schiffsrippen zu ersetzen. Das Holz ist wasserdicht und daher sehr haltbar für alle Arten von Schiffsbau und Möbelherstellung. Die Esche reift schneller als die Eiche und war deshalb ein wertvoller Nutzholzbaum. Sie liefert das härteste und elastischste Nutzholz und hat mehr Verwendungszwecke als das Holz anderer Bäume. Die alten Völker, darunter

auch die Kelten, benutzten es für Speere und Bögen, woraus sich auch die in der *Schlacht der Bäume* erwähnte »Grausamkeit der Esche« erklärt. Noch ein weiterer todbringender Aspekt wird mit der Esche verbunden, denn ihre Wurzeln sollen andere Bäume »erwürgen«.

Die Kelten verwendeten die Esche hauptsächlich wegen ihres wertvollen Holzes, aber es gibt auch zwei Heilanwendungen in druidischen Arzneimitteln, die in den ländlichen Regionen von Wales und Cornwall von Kräuterkundigen aus dem Volk noch heute eingesetzt werden. Der Saft aus den Blättern wird gegen Schlangenbisse verordnet; das stimmt mit der Aussage des römischen Naturforschers Plinius überein, der die Kraft der Eschenblätter als so groß beschrieb, daß »Schlangen sich nicht zu nahe an den Morgen- und Abendschatten des Baumes heranwagen«. Die Esche steht auch in dem Ruf, Warzen zu heilen; dafür muß jede Warze mit einer unbenutzten Nadel durchstochen werden, die vorher in den Baum gesteckt worden ist und auch nach der Prozedur mit einem Zauberspruch wieder in die Rinde zurückgesteckt wird.

Nion

Nionon, das irisch-gälische Wort für »Himmel«, steht mit der gälischen Göttin On-Niona in Verbindung, die in Eschenhainen verehrt wurde. Vielleicht kann auch der Vergleich mit Niobe herangezogen werden, in der griechischen Mythologie eine Tochter des Tantalos, deren Kinder von Apollon und seiner Zwillingsschwester Artemis getötet wurden; sie war so unklug gewesen, den Göttern gegenüber mit ihnen zu prahlen. Obwohl sie zu Stein verwandelt wurde, hörte sie nicht auf, um sie zu weinen. Ihre traurige Geschichte ist eine Allegorie: Niobe, die Mutter, verkörpert den Winter, der hart, kalt und hochmütig ist; Apollons tödliche Pfeile sind die Sonnenstrahlen, die ihre Kinder, die Wintermonate, töten; und Niobes Tränen stehen sinnbildlich für das Tauwetter, das im Frühling einsetzt, wenn der Hochmut des Winters geschmolzen ist. Im keltischen Kalender ist der Monat der Esche der letzte Wintermonat.

Die Neptun-Symbolik

Die schwarzweißen Möwen und der Meeresgott Lir sind Symbole für den Doppelaspekt des Zeichens und den eindrucksvollen Wechsel von Tag und Nacht, der für die Kelten von tiefgehender Bedeutung war. Diese grundlegende Dualität bildete ihre zwei Welten von Seinsbereichen – die Anderwelt der *Sidhe* und die von Menschen bewohnte Welt der Sterblichen.

Die Anderwelt sollte nicht – wie dies häufig der Fall ist – mit der Unterwelt verwechselt werden, *Annwn*, einem Astralreich der Einweihung. Die Anderwelt war ein Ort, wo die Zeit eine andere Dimension besaß, die aber als physische Realität existierte. Sie war das Reich der keltischen Götter und der unsterblichen Geister ihrer Ahnen, der *Sidhe* oder Feen. Dies war ein Ort des Lichtes und der Liebe, voller Lachen und großer Freude. Hier herrschte in jeder Hinsicht eine Steigerung des Lebens, und jeder konnte seine Träume erfüllen.

Zur Reise in die Anderwelt gehörte es gewöhnlich, ein Wasser zu überqueren, wobei die Kompaßpeilung genau nach Westen zeigte, wo die Inseln der Anderwelt lagen. Diese Inseln hatten eine Vielfalt von Namen und boten die Begegnung mit vielen Abenteuern; für den, der mutig genug war, die Reise dorthin anzutreten, nahmen sie jedoch meistens einen günstigen Ausgang.

Man konnte sich auch Zugang zur Anderwelt verschaffen, wenn man ein Eingangstor oder Portal an einer Stelle fand, wo die beiden Welten zusammentrafen. Natürliche Erdhügel galten als besonders wahrscheinliche Eingänge in dieses Reich. Es gibt zahllose Geschichten und Sagen von Menschen, die zufällig in diese Schächte hineinfielen. Diese Entdeckungsreisen hatten einen wichtigen Sinn und Zweck. Die Erfahrung rief subtile Veränderungen in der menschlichen Psyche hervor und ließ den davon Betroffenen sein persönliches Potential in vollem Maße entwickeln oder sogar noch übertreffen. Immer erlangte er Weisheit und Erkenntnis, doch die Gaben der Anderwelt waren hauptsächlich künstlerischer Art, wie eine schöne Singstimme oder das Talent, Gedichte oder Musikstücke zu schreiben. Das kostbarste Geschenk war jedoch die Heilbegabung, und diese spirituelle Gabe war eindeutig mit dem Zeichen der Esche verbunden.

Wenn Menschen aus der Anderwelt zurückkehrten, kam es zu einem Bruch von Raum und Zeit. Was wie ein kurzer Besuch, eine Sache von ein paar Tagen erschienen war, stellte sich als ein Zeitraum von vielen Jahren heraus. Familie und Freunde waren inzwischen alt geworden, während der Reisende jung geblieben war. Oder das Gegenteil trat ein: Eine Reise von mehreren Monaten nahm überhaupt keine Zeit in Anspruch. Die innere Übereinstimmung bei diesen Geschichten und Sagen legt die faszinierende Möglichkeit nahe, daß sich die alten Kelten darunter Zeitreisen vorstellten, denn ihr Bewußtsein von der Ausdehnung der menschlichen Psyche reicht weiter als jede vergleichende Studie der humanistischen Psychologie in der westlichen Welt.

Wenn die Anderwelt ein vorchristliches Bild des Himmels bot, dann war die Unterwelt gewiß nicht der düstere Ort, welcher der Vorstellung der Hölle entsprach. Hier warteten die Seelen vielmehr auf eine Gelegenheit zur Wiedergeburt, die in der druidischen Überlieferung einen Teil des seelischen Entwicklungsprozesses bildete. Nach dieser mystischen Tradition nahm die Seele ihren Anfang in *Annwn* und schritt dann weiter in den Kreis von *Abred* (die sterbliche Existenz), um schließlich den Kreis von *Gwynydd* (die vollkommene Vereinigung mit Gott) zu erreichen.

Obwohl diese Glaubenslehre sich innerhalb des Systems der druidischen Religion und Philosophie entwickelt hatte, war das Reich von *Annwn* älteren Ursprungs. Als die Milesier, das erste keltische Volk, in Irland und Britannien eindrangen, fanden sie dort bereits eine mächtige Religion vor, deren Priesterschaft die beeindruckenden Steinbauwerke und Begräbnisstätten für die Ausübung einer Religion errichtet hatte, die später als »Kult der Toten« bezeichnet wurde. Dies hinterließ einen nachhaltigen Eindruck in der Vorstellungswelt der Kelten, die sich die Grundprinzipien zu eigen machten und auf ihre eigene Mythologie übertrugen. Darauf folgte jedoch, was nicht überrascht, ein Kampf um die religiöse und geistige Vorherrschaft, der in dem epischen Gedicht des *Câd Goddeu* (»Die Schlacht der Bäume«) aufgezeichnet ist. Die Heere des Königs Arawn von Annwn wurden schließlich besiegt, doch der alte britische König war damit nicht unterworfen. Zwei unterschiedliche Gottheiten gingen daraus hervor, die Götter des Hauses Dôn und die Götter des Hauses Lir, die schließlich geeint wurden, als Dôns Tochter Penardum mit dem Meeresgott Lir verheiratet wurde. Beide Häuser besaßen viele von Sonnen- und Mondgottheiten übernommene Eigenschaften und lassen – auf einer sterblichen Ebene – eine Vermischung von Blutlinien erkennen, wobei die eine älter als die andere ist.

Die Verbindung zu Mythen

Bei den Kelten wurden nach altem Brauch Geschichte und Religion insbesondere durch die Barden und Druiden nur mündlich überliefert. Bevor sie sich auf den Britischen Inseln und in Teilen Europas ansiedelten, hatten sie wie Nomaden gelebt, was wahrscheinlich Anlaß zu dieser Tradition gab; schon um das Jahr 2000 v. Chr. hatten die alten Ägypter sie als das umherziehende »Volk des Meeres« bezeichnet.

Später zeichneten die irischen Druiden ihre eigene Herkunft und Entwicklung in Form einer Reihe von mythologischen Invasionen und Eroberungen auf. Ihre mythische Heimat unter Wasser war Lochlann, deren Herrscher der Gott Tethra war, die höchste Gottheit der Fomorier. Tethra ist eng mit Thetis verbunden, einer Meeresgöttin der Pelasger und Mutter der Tritonen – Meereswesen, die halb Mensch und halb Fisch waren. Alle Kelten glaubten fest daran, daß sie von Dis, einer anderen Gottheit der Unterwelt, abstammten und daß alles Leben ursprünglich aus dem Meer kam.

Diese Verbindung zu unterirdischen Göttern und Meeresgottheiten weist eine sehr enge Übereinstimmung mit der ägyptischen Schöpfungsvorstellung auf. In deren Weltenmythos stand am Anfang der Schöpfung Nu, der Gott der Meerestiefen, der nach einer weltumspannenden Sintflut emporgestiegen war. Wiederum breitet sich hier der Schatten von Atlantis in Form eines geheimnisvollen Umhangs aus, der zum Symbol für Lirs Sohn Manannán wurde. Während Lir die ursprüngliche Tiefe, die weite unpersönliche Präsenz des Meeres versinnbildlichte, wurde sein Sohn Manannán zur beliebtesten Gottheit der Seeleute. Manannán besaß Ähnlichkeit mit dem großen Zauberer Gwydion aus der Götterfamilie der Dôn, war jedoch eine weitaus machtvollere Gottheit. Er war nicht nur Meister von Zauberkunststücken und Täuschungen, sondern ihm gehörten auch viele magische Besitztümer. Sein Schiff, der »Meeresfeger«, fuhr ohne Ruder oder Segel und wurde allein von den Gedanken des Steuermanns gelenkt. Sein Roß Aonbarr konnte sich mit gleicher Geschwindigkeit zu Lande und zu Wasser fortbewegen. Sein Schwert, das jede Rüstung und Waffe durchschlug, trug den Namen »Antwort«. Seinen Körper umwehte ein weiter Umhang, der sich in alle Farben oder Elemente verändern konnte und seinen Träger unsichtbar machte. Sein Thron oder Machtsitz war die Isle of Man, »Inish Manann«, die nach ihm benannt wurde. Von dort aus schützte er das Land Erin (Irland) und stellte sich allen Eroberern entgegen, die versuchten, die Irische See zu durchqueren. Sie wurden durch die heftigen Stürme und Unwetter davon abgehalten, die er durch seine donnernden Schritte und das Flattern seines mächtigen Umhangs erzeugte.

Die astrologische Bedeutung

Astrologisch steht mit dem Monat der Esche zweifellos der Planet Neptun in Verbindung. Neptun wird nicht nur traditionell mit allen dem Meer zugeordneten Dingen assoziiert, sondern er herrscht auch über die künstlerische und religiöse Inspiration. Ebenso wird er mit verschwommenen, schwer faßbaren Charaktereigenschaften verknüpft. Auch Drogen und Gifte werden mit Neptun in Verbindung gebracht. Neptunische Menschen leiden häufig unter deren nachteiligen Wirkungen, was ihre Sensibilität und Verletzlichkeit noch betont.

In der esoterischen Astrologie entspricht Neptun

dem Planeten des Chaos – einem Zustand fehlender Ordnung, ohne Gestalt oder fest umrissene Form, dem mythischen Meeresgott der Kelten nicht unähnlich. In der mit den Planeten verknüpften Mythologie hatte Neptun/Poseidon auch bei dem Untergang von Atlantis einen rätselhaften Einfluß, denn er löste das vorausgehende Erdbeben aus. Das heißt nicht, daß Neptun eine zerstörerische oder chaotische Kraft ist, sondern bedeutet vielmehr, daß er wenig oder keinen direkten Einfluß über die physische Ebene hat. Sein Einflußbereich ist weitgehend auf die psychische oder emotionale Ebene begrenzt. Er steht auch mit der Magie in Beziehung, die schwarz oder weiß sein kann, also nicht die reine weiße Magie der Eberesche ist.

Nach dem bekannten esoterischen Astrologen Alan Leo ist mehr als nur ein Element in Neptun enthalten – nämlich Feuer *und* Wasser, die gemeinsam für die höheren und niederen Emotionen stehen.

Alice Bailey nennt Neptun den »Einweihenden«. Der große Lehrer des Abendlandes und gegenwärtige Welt-Einweihende ist Christus, von dem auch als Neptun gesprochen wird und dessen Symbol die beiden Fische *(Pisces)* waren. Sie nennt Neptun auch das »Herz der Sonne«, wenn sie die drei Aspekte der Sonne beschreibt, die das verborgene Weltbewußtsein hervorbringen werden, das die letzte Offenbarung und Befreiung der Menschheit bewirkt. Sie erinnert uns dann daran, daß Neptun – trotz seiner offenkundigen Verbindung mit der Sonne – eigentlich nicht zu unserem Universum gehört, denn diese Verbindung ist eine imaginäre. Diese letzte Aussage faßt zusammen, welchen Einfluß die Essenz von Neptun allgemein ausübt. Die in diesem Zeichen Geborenen besitzen außerordentliches Geschick darin, sich zu entziehen, und es ist unmöglich, sie auf etwas festzulegen oder ihnen eine eindeutige Entscheidung zu entlocken.

Die archetypische Gestalt

Der archetypische Charakter des Monats und Zeichens der Esche wird am besten in der Gestalt des Meeresgottes Lir zusammengefaßt. Er verkörpert sowohl die Dualität des Zeichens als auch das dritte mystische Element der Gottheit: die spirituelle Verbindung mit der Evolution der Seele. Licht und Dunkelheit sind, wie Geist und Materie, Polaritäten – sich ergänzende Gegensätze der Natur, ohne deren Wirken Leben auf keiner Ebene entstehen könnte. Doch ebenso wie die Sonne sich in einer kreisförmigen Bahn um die Erde bewegt, so steigen und fallen auch die großen Weltenmeere mit Ebbe und Flut. Die Lir und allen Meeresgöttern zugeordneten mystischen Eigenschaften stellen die unbekannten und bisher

noch »ungeformten« Kräfte oder Energien dar, welche die Eschen-Persönlichkeit in hohem Maße beeinflussen.

Das mag sich vielleicht wie eine recht simple Analogie anhören, hat jedoch einen tiefen Sinn für jegliches spirituelle Wachstum, da es die durch religiöse Dogmen begründeten anthropomorphen Bilder (wie die Vorstellung Gottes in menschlicher Gestalt) auflöst und sich auf die schöpferische Vorstellungskraft der Eschen-Persönlichkeit bezieht. Diese hat eine andere Vision als die Ebereschen-Persönlichkeit: Die Dualität von Licht und Dunkelheit tritt stärker hervor, und die eigenen persönlichen Grenzen müssen festgelegt (oder vielleicht wiederhergestellt) werden.

Die Persönlichkeit des Baumzeichens

Der Charakter von Eschen-Menschen hat zwei Seiten. Während sie einerseits eine künstlerische Veranlagung und ein ebensolches Temperament haben und außerordentlich verletzlich und empfindsam erscheinen, können sie andererseits plötzlich ihre Taktik verändern und ganz pragmatisch wirken. Es ist daher schwierig, sich über ihr wahres Wesen oder ihre echten Motive eine endgültige Meinung zu bilden. Vielleicht haben in diesem Zeichen Geborene allein aus diesem Grund als oberste Tugend das Mitgefühl, denn sie verstehen die niederen Wesenszüge des Menschen ebensogut wie seine tiefsten spirituellen Erfahrungen. Ihr Mitgefühl für ihre Mitgeschöpfe erstreckt sich auch auf die Tierwelt und veranlaßt sie zur Unterstützung wohltätiger Zwecke in beiden Bereichen. Zu den bekannten Eschen-Persönlichkeiten gehören Albert Einstein, Caruso, George Washington, Jane Austen und Michelangelo.

Positive Aspekte

In diesem Zeichen Geborene besitzen großes Mitgefühl und die Fähigkeit, das Leiden anderer zu lindern; dies geschieht praktisch durch die Pflege kranker Freunde und Nachbarn sowie durch die Kraft des Gebetes als Ausdruck eines tiefen Glaubens. Dieser wird vielleicht weder orthodox noch im eigentlichen Sinne religiös sein, sondern ist mit ihrer äußerst intuitiven Wesensart verbunden, die ihre Stärke aus weniger eindeutigen Quellen bezieht. Im allgemeinen handelt es sich um sehr anpassungsfähige Menschen, die sich von jeder nachteiligen Situation oder Zurücksetzung auffallend rasch wieder erholen werden.

Negative Aspekte

Die diesem Zeichen zugeschriebene Verschwommenheit kann auch ein Gefühl von Realitätsverlust hervorrufen und mit der Unfähigkeit einhergehen, die praktischen Notwendigkeiten des Lebens zu meistern. Die Betreffenden können auch zu leicht zu beeinflussen sein durch andere, was verheerende Folgen haben kann. Dies kann zu weiterer Isolation führen, wenn sie sich allem und jedem gegenüber verschließen. Ihr Selbstvertrauen und ihre Ambitionen werden durch Überempfindlichkeit geschwächt.

Allgemeines

Die Eschen-Persönlichkeit besitzt von Natur aus eine schöpferische Begabung, Geld zu verdienen, doch scheint es ihr zu widerstreben, dieses Talent zu akzeptieren oder zu nutzen. Große Projekte können plötzlich durch mangelnde Entschlußkraft oder den falschen Zeitpunkt scheitern. Als einfühlsame Künstler, die mit vorhandenen Ressourcen improvisieren können, brauchen sie in ihrer Jugend eine sorgfältige Anleitung. Der Doppelaspekt ihres Charakters gibt ihnen eine komplizierte, aber auch sehr bewegliche Wesensart, die ihnen einen großen Spielraum und Aktionsradius ermöglicht. Sie haben jedoch eine recht amorphe Eigenschaft, die sich schwer festlegen läßt, und bewahren sich eine fast »mystische Aura«.

Von Natur aus werden sie von der Phantasiewelt des Kinos und des Theaters angezogen – und von allem, was mit der Produktion von Filmen und Bühnenaufführungen zu tun hat. Dies macht hervorragende Kameraleute, Kostümbildner oder Bühnendarsteller aus ihnen. Vielleicht ist die Schauspielkunst ein Medium, bei dem sie am Ende bleiben, doch bei ihren wirklichen künstlerischen Begabungen und

Neigungen spielt dies nur eine untergeordnete Rolle. Oft haben sie eine wunderschöne Gesangsstimme, aber die große Sensibilität dieses Zeichens ist für die anstrengende Seite eines Lebens im Rampenlicht nicht unbedingt förderlich. Psychologisch gesehen sind sie glücklicher und gesünder, wenn sie hinter den Kulissen arbeiten, doch ihre rätselhafte Persönlichkeit wird stets die Aufmerksamkeit auf sich lenken.

Auch die Welt des Meeres wird sie anziehen. Es gibt jedoch zwei ganz unterschiedliche Typen der Eschen-Persönlichkeit: Die eine fühlt sich, fast wie hypnotisiert, von der See oder von Wasserlandschaften angezogen. Die andere fürchtet sich insgeheim vor der Konfrontation mit dem Wasser, denn es stellt eine weite unbekannte Ausdehnung oder eine Erfahrung dar, an der sie nicht teilhaben möchten. Der zweite Typus ist die überempfindliche Eschen-Persönlichkeit, die ihre innere Zwiegespaltenheit weniger unter Kontrolle hat und zu der mit diesem Zeichen verbundenen Dimension des »Chaos« neigt. In der kreativen Eschen-Persönlichkeit ist jedoch ein deutlicher Ausgleich der Dualität zu erkennen.

Die Karriere ist wichtig dafür, diese Stabilität zu erreichen, doch sollte sie keine allzu strenge Routine oder Einschränkungen mit sich bringen. Im allgemeinen sind die Künste ein gutes Medium für die Eschen-Persönlichkeit, aber mit ihrem mitfühlenden und fürsorglichen Wesen fühlt sie sich instinktiv auch zu einem medizinischen Beruf und zur Sozialarbeit hingezogen. Dazu gehören auch die Menschen, die dabei helfen, Wohltätigkeitsaktionen zu organisieren. Ungeachtet dessen, wie groß oder klein ihr Wirkungsbereich sein mag, wird ihre Präsenz die menschliche Note hinzufügen, die sonst bei der bürokratischen Durchführung fehlen kann. Sie selbst finden in dieser Art von Arbeit ein Ventil für ihre überschüssige emotionale Energie.

Bei der Eschen-Persönlichkeit handelt es sich grundsätzlich um sehr weiche Menschen, die leicht zu verletzen und doch dazu fähig sind, die negativen wie die positiven Lebenserfahrungen anzunehmen. Sie sind sehr liebenswürdige und rücksichtsvolle Freunde und im allgemeinen sehr zugänglich.

Das Liebesleben

In persönlichen Beziehungen kann der zwiegespaltene Charakter des Eschenzeichens deutlicher hervortreten. Sie haben ihr eigenes Wertesystem, das manchmal keinen rechten Bezug zur Realität einer Situation hat. Dies hat nichts damit zu tun, daß sie unpraktisch oder unrealistisch sind, sondern vielmehr damit, daß man ihre Motive falsch deutet, was zunächst außerordentliche Unklarheit bringen kann. Trotzdem sind sie großartige Liebespartner und treusorgende Eltern.

Ihr Beitrag zum Leben besteht darin, jeden Aspekt zu intensivieren. Das ist eine Zumutung, die in menschlichem Sinne ihren Tribut fordern kann – aber schließlich haben wir es hier mit Menschen zu tun, die mit einem Fuß im Land der *Sidhe*, des Feenvolks, stehen! Sie sind Romantiker und gehen verträumt durchs Leben, doch sie sind durchaus in der Lage dazu, die Gangart zu ändern, wenn es ihnen paßt.

Zusammenfassung

Ihr Lebensstil kann überraschend konventionell sein, da sie eigentlich nach einer Art von Ordnung oder Routine streben. Dies geschieht weitgehend deshalb, um ein Gegengewicht zu den recht unwirklichen Kräften oder Energien zu schaffen, die einen machtvollen Einfluß auf sie auszuüben scheinen. Sie werden niemals irgendwo wirklich seßhaft, neigen aber sehr dazu, in der Nähe von Wasser zu leben (was auch ein Fischteich im Garten sein kann). Nach menschlichem Ermessen gestaltet sich ihr Leben nach einem wunderbaren Muster, und sie werden andere mit ihren einfachen, aber eindrucksvollen Idealen inspirieren.

Kapitel 4

DIE ERLE

FEARN

18. März – 14. April

Symbol: *der Planet Mars*
Edelstein: *Rubin*
Pflanze: *Ginster*
Archetypische Gestalt: *Brân oder Arthur*

»Ich bin die leuchtende Träne aus der Sonne«

Die Illustration

In einer Jahreszeit, in der sich die Natur noch unter späten Frösten zusammenzieht, zeigt die Erle unerschrocken Farbe und Wärme. Die Kraft der Sonne hat gesiegt, wenn sie die Frühlings-Tagundnachtgleiche erreicht, denn von nun an werden die Tage über die Nacht herrschen. Der Geist des Baumes wird in der Gestalt von Brân erweckt, eines mächtigen Riesen und altkeltischen Königs Britanniens. Bewaffnet mit Speer und Schwert, die symbolisch die Dunkelheit des Winters zurückdrängen, hat er den grünen Drachen erschlagen, um seine Macht über die Jahreszeiten fest zu etablieren. Dieses Bild stellt symbolisch Auferstehung und neues Leben dar. Doch die jugendliche Energie des Sonnengottes Brân durchdringt alles heftig und unbesonnen, denn sie wird noch nicht durch Weisheit gemäßigt und ist nur mit Mut gewappnet. In der Astrologie wird der Planet Mars traditionell der Frühlings-Tagundnachtgleiche zugeordnet, deren Symbol das Pentagramm ist, der auf Brâns Brustharnisch abgebildete fünfeckige Stern. Als Sinnbild für den ruhelosen Geist dieses Zeichens kreist hoch in der Luft ein Jagdfalke auf der Suche nach Beute.

Der Rubin

Durch seine Seltenheit und Schönheit ist der Rubin mit vielen Sagen aus alter Zeit verknüpft. Im Osten, wo es hieß, daß er den ursprünglichen Lebensfunken enthalte, wurde er »Herr der Juwelen« genannt. Nach dem Diamanten ist er der härteste von allen Edelsteinen und wird geschliffen, um noch stärker als seine Form seine leuchtende Farbe hervortreten zu lassen.

Die Römer betrachteten den Rubin als den Stein ihres Kriegsgottes Mars; er bedeutete für sie Würde, Macht und gerechte Vergeltung. Der englische König Heinrich V. trug einen herrlichen Rubin in der entscheidenden Schlacht von Azincourt gegen die Franzosen und errang dort einen bedeutenden Sieg. Bei der Öffnung eines Hügelgrabes in der englischen Grafschaft Kent wurde der goldene Brustharnisch eines Erzdruiden gefunden; er war mit Edelsteinen besetzt, zu denen neben Granaten und Türkisen auch Rubine gehört haben sollen.

Der Rubin ist als Schutz gegen Seuchen und die Pest getragen worden, und seinen Kräften wird nachgesagt, daß sie Mut, Kühnheit und die Manneskraft stärken.

Die Frühlings-Tagundnachtgleiche

Der 21. März hieß bei den Druiden *Alban Eiler* und wurde mit dem Licht eines heiligen Feuers gefeiert, an dem dann alle übrigen Feuer entzündet wurden. Die Tagundnachtgleichen waren im jahreszeitlichen und spirituellen Kalender der Kelten wichtige Daten. Sie gaben den genauen Zeitpunkt an, wenn die Länge des Tages und der Nacht überall auf der Erde gleich waren. Spirituell gesehen handelte es sich um ein kurzes Zwischenspiel, wenn die beiden machtvollen Gottheiten von Sonne und Mond in jeder Hinsicht gleichgestellt waren. Doch es markierte auch die Trennlinie, die nun zwischen ihnen gezogen war; von diesem Tag an würde es so aussehen, wenn auch nur im exoterischen Sinne, als sei die Sonne dem Mond überlegen. Die Beziehung zwischen Sonne und Mond war nicht von Wettstreit, sondern von Vereinigung oder Integration geprägt, und darüber waren sich die Druiden völlig im klaren.

Brân

Brân gehörte zu den Göttern des Hauses Lir und wurde in der keltischen Mythologie zu einem Gott der Unterwelt. Es mag seltsam erscheinen, aus ihm

einen Sonnenherrscher zu machen, doch viele Sagen und mit diesem alten Gott verknüpfte Vorstellungen beziehen sich auf Sonnen- und Mondgottheiten, die während der verschiedenen Völkerinvasionen abgesetzt oder unterworfen wurden. Die Vermischung der Rassen führte natürlich auch zu einer Vermischung von Göttern und Göttinnen.

Wenn wir dies berücksichtigen, war Brân in erster Linie ein Gott der Heilung und Auferstehung, der später mit Sonnengottheiten in Verbindung gebracht wurde. In manchen alten Sagen wurde er auch mit der Erfindung des Feuers in Zusammenhang gebracht, was wiederum auf eine frühere Beziehung zur Sonne hinweist. Schließlich wurde Brân aber zu einem Gott im Exil, der den Regionen der Unterwelt zugeordnet wurde, und seine Taten lassen eine große Übereinstimmung mit Asklepios erkennen, dem altgriechischen Gott der Heilkunst und Sohn des Sonnengottes Apollon.

Der Jagdfalke

Dies ist einer der drei Vögel, die mit Brân assoziiert werden; die beiden anderen sind Eule und Krähe. Jeder von ihnen ist Teil einer interessanten Sagenüberlieferung. Der Falke ist ein Vogel der Vorzeichen, die nach den Augurien Cornwalls auf verdammte Seelen hinweisen.

Mit diesem Zeichen ist ein schicksalhafter Aspekt verbunden, doch hat dieser vor allem mit potentiellem Erfolg zu tun, der in kurzer Zeit erreicht wird. Dieser beherrschende und richtungsweisende Faktor scheint die Erlen-Persönlichkeit dazu anzutreiben, in kürzester Zeit soviel wie möglich erreichen zu wollen.

Der Ginsterzweig

Auch der Ginster ist mit einer sehr alten und faszinierenden Geschichte verbunden. Schon sehr früh wurde

er als heraldisches Sinnbild in das Wappen Britanniens aufgenommen. Gottfried von Anjou steckte sich auf dem Weg in die Schlacht munter ein Zweiglein an seinen Helm. Das von ihm abstammende englische Königshaus Plantagenet leitete aus der mittelalterlichen Bezeichnung des Ginsterbusches, *Planta genista*, seinen Namen ab.

Als Sinnbild für das Heldentum ihrer Vorfahren ist er auch das Abzeichen mehrerer bekannter Clans der schottischen Highlands und wurde dort an den Mützen getragen.

Der Ginster ist eine auffallende, in Westeuropa heimische Pflanze mit einer ganzen Reihe von Heilkräften und Verwendungszwecken. Die ersten grünen Blattspitzen wurden von den Druiden gesammelt und einem süßen Wein aus dem Saft der Birke hinzugefügt. Der Wein, der dadurch eine berauschendere Wirkung hatte, wurde zur Feier der Frühlings-Tagundnachtgleiche benutzt. Ginsterbüsche, die auf Felshängen oder natürlichen Erdhügeln wuchsen, sind auch mit Feenzauber in Verbindung gebracht worden; der schwere Duft der Ginsterblüten hat Menschen, die sich in der Nähe niedergelassen hatten, in einen schläfrigen Zustand versetzt. Alle diese Assoziationen besitzen ein Element der Magie und Mystik, das eng mit dem Wesen und der Geschichte des keltischen Volkes verwandt ist.

Die Erle

Der Name der Erle, englisch *alder*, leitet sich ab von altenglisch *ealdor*, »Haupt« oder »Anführer«, und verweist auf das Amt des *Aldermans* – in angelsächsischen Ländern ein älteres Mitglied und Vorsteher einer Gemeindeverwaltung, der von den anderen Ratsherren gewählt und dessen Amt noch immer als große Ehre angesehen wird.

Die Erle ist in weiten Teilen der Welt verbreitet. Sie ist mit der Birke und dem Haselstrauch verwandt, und wie bei diesen sind ihre Blüten und Samen in Kätzchen eingebettet. Sie ist gewöhnlich an einem langsam fließenden Bach oder Fluß anzutreffen, denn sie gedeiht nicht auf trockenem Boden. Sie wurde in alter Zeit viel benutzt, denn ihre Widerstandskraft gegen Wasser machte sie zu einem wertvollen Nutzholz für Pumpen, Tröge, Wasserleitungen und den Bau von Brücken. In noch älteren Zeiten wurden Erlenstämme für Stützpfähle verwendet, auf denen Häuser am Rande von Seen oder in feuchten Sumpfgebieten erbaut wurden.

Im vierten Mondmonat des Jahres verbrannten die Kelten sie zu Holzkohle für ihre Metallarbeiten. Jetzt war die Zeit, neue Waffen zu schärfen und zu schmieden, um sich darauf vorzubereiten, in einiger Entfernung von der Heimat auf die Jagd zu gehen und vielleicht vereinzelte Scharmützel mit Nachbarstämmen auszutragen. Auch die Rinde wurde für drei wertvolle Farbstoffe – Rot, Grün und Braun – genutzt, wovon Scharlachrot der bekannteste war. Dies war auch eine Lieblingsfarbe der Kelten, die zweifellos gut zu dem roten Planeten Mars paßt.

Entsprechend ist die Mythologie der Erle weitgehend mit Krieg und Kampf verbunden. In der *Schlacht der Bäume* kämpfte die Erle als Zeichen ihres Mutes und ihrer Kampfeslust in der vordersten Reihe. In Ossians irischem *Lied der Waldbäume* wird sie bezeichnet als »die wahre Kriegshexe unter allen Hölzern, der Baum, der in der Schlacht am hitzigsten ist«. Die Erle ist ein Feuersymbol, und ihre Vorzüge dienen als Beweis gegen die Zerstörungskraft des Wassers.

Die grünen Zweige aus dem Wipfel der Erle sind gut dafür geeignet, um Pfeifen daraus zu schnitzen. In gewisser Weise besteht hier eine musikalische Verbindung zu dem singenden Haupt von Brân, einem Erlengott. Ihre Knospen sind spiralförmig angeordnet und ein Symbol für die Auferstehung, das Leitprinzip ihrer Deutung.

Fearn

Dieser Name hat mythologische Anklänge. Die Erle war der heilige Baum von König Fearn, dem legendären Herrscher Irlands in der Bronzezeit und einer der Söhne des Königs Partholan von Milet. *Fearn* ist auch der irische Name für Erle, wobei das F wie W ausgesprochen wird.

Die Mars-Symbolik

Bei den Kelten stand Mars, den sie Merth nannten, in hohem Ansehen, doch seine kriegerischen Eigenschaften wurden durch ein mehr künstlerisches und beeindruckbares Temperament ausgeglichen, wie es mit Venus und Merkur assoziiert wird. Julius Cäsar machte einmal kritische Anmerkungen zu genau diesem Punkt und bezeichnete die Kelten Galliens und Britanniens als kampfeslustig, doch durch einen Rückschlag leicht zu verunsichern. Er stellte auch fest, daß sie gleichzeitig rasch etwas aufgriffen und jede Erfindung nachahmten, die sie nützlich fanden.

Er sprach mit großem Respekt von ihrer Tapferkeit und schrieb ihre Todesverachtung – wenigstens bis zu einem gewissen Grade – ihrem festen Glauben an die Unsterblichkeit der Seele zu.

Brân verkörpert die positiven marsischen Charaktereigenschaften eines starken Führers in der Gefahr, der die Schwachen verteidigt. Die mit Brân verbundene Mythologie enthüllt jedoch alle marsischen Wesenszüge, wozu Handlungen von großer Tapferkeit ebenso wie solche von brutaler Grausamkeit gehören.

Die Verbindung zu Mythen

Der keltischen Sage nach war Brân der alte Herrscher Britanniens und der Bruder von Mannanán, dem irischen Meeresgott. Seine beiden Halbbrüder, Nissyen und Evnissyen, verkörperten die dualistischen Energien oder Naturelemente und waren in jeder Hinsicht Gegensätze. Nissyen war ein sanfter Jüngling und immer bestrebt, Frieden zu stiften und Schiedsrichter zu sein, während sein Bruder Evnissyen nichts lieber tat, als Frieden in erneuten Streit zu verwandeln.

Brâns Schwester Branwen, die als die schönste Jungfrau der Welt angesehen wurde, heiratete nach einem großen Fest, das die beiden Länder vereinte, König Matholwych von Irland, Während der Feierlichkeiten schmiedete Evnissyen ein Komplott, um Zwietracht zu säen, und verstümmelte die Pferde von Matholwych. Jeden anderen hätte Brân wegen solch einer Schande hinrichten lassen; doch Evnissyen war der Sohn von Brâns Mutter und daher von heiliger Abstammung. Deshalb wurden die Pferde durch bessere Tiere ersetzt, und Matholwych erhielt viel Gold und Silber als Sühne, war jedoch nicht damit zufrieden und wollte den Schauplatz verlassen.

Brân war dazu gezwungen, ihm den magischen Kessel zu überlassen, der – einer früheren Sage zufolge – ursprünglich aus Irland stammte. Der Kessel ist selbst Thema und Quelle für viele Sagen und wurde später mit der berühmtesten aller keltischen Sagen, der Suche nach dem Heiligen Gral, gleichgesetzt. In der Geschichte von Brân und Matholwych wurde er dafür benutzt, um tote Krieger wiederzubeleben oder ein ganz neues Heer hervorzubringen; der einzige Nachteil daran war, daß die wieder auferstandenen Krieger schwer zu befehligen und so blutrünstig waren, daß sie weitere Kriege verursachten. Matholwych aber war sehr erfreut über eine solche Belohnung und kehrte mit seiner frisch angetrauten Frau Branwen nach Irland zurück.

Es ist unklar, was sich in der Folgezeit ereignete, doch offensichtlich wurde Branwen von Matholwych sehr schlecht behandelt und zum Küchendienst degradiert. Es gelang ihr, durch einen Staren, den sie gezähmt hatte, ihrem Bruder Brân eine Mitteilung zukommen zu lassen. Dieser zog sofort eine große Flotte und ein Heer zusammen und machte sich auf den Weg nach Irland, um seiner unglücklichen Schwester Recht widerfahren zu lassen. Als Matholwych ein derart großes und mächtiges Heer erblickte, suchte er Brân mit einem Festmahl zu beschwichtigen. Dann dachte er sich einen geschickten Hinterhalt aus und versteckte bewaffnete Krieger in Ledersäcken, die an die Steinpfeiler in der großen Halle gehängt wurden und vermeintlich Speisen enthielten. Während des Festmahls sollten die Krieger dann die unbewaffneten Gäste angreifen und Brân töten. Evnissyen stieß auf dieses Komplott, als er in der Halle umherging, bevor die übrigen aus dem Gefolge sich versammelt hatten. Selbst ein Meister der Täuschung, bemerkten seine scharfen Augen den tödlichen Betrug. Unter dem Vorwand, den Inhalt befühlen zu wollen, ging er zu jedem Sack und drückte die Köpfe der darin versteckten Männer zusammen, bis sie zermalmt waren.

Das Fest begann, und stolz stellte Matholwych seinen Sohn Gwern (oder Gwion), Brâns Neffen, vor. Das Kind wurde herumgereicht, um bewundert zu werden. Es war blond und lächelte und brachte den Zorn in Brâns Herzen zum Schmelzen – nicht aber den von Evnissyen, der das Kind plötzlich ergriff und in das lodernde Feuer warf. Branwen wäre ihm hinterhergesprungen, wenn Brân sie nicht inmitten von tumultartigen Rufen und lauten Verwünschungen zurückgehalten hätte. Daraufhin lieferten sich Iren und Britannier bis zum Einbruch der Dunkelheit eine blutige Schlacht.

Dann erhitzten die Iren den magischen Kessel und warfen ihre Toten hinein, die am nächsten Tag wieder daraus hervorkamen. Sie waren stärkere Krieger als vorher, aber alle stumm. Endlich verspürte Evnissyen große Reue über die schreckliche Tat, die er begangen, und die Gefahr, in die er sein Volk gebracht hatte. Deshalb versteckte er sich unter den irischen Toten und wurde ebenfalls in den brodelnden Kessel geworfen. Als er sich jedoch am nächsten Tag aus dem Kessel erhob, streckte er sich derart aus, daß der Kessel gleichzeitig mit seinem Herzen zerbrach.

Am Ende wurden alle irischen Krieger erschlagen, und außer Brân, der schwer verwundet war, überlebten nur sieben Britannier, darunter Pryderi, der Sohn von Rhiannon und Pwyll, und Manannán, der Sohn Lirs. Brân befahl ihnen, sein Haupt vom Rumpf abzutrennen und im »Weißen Hügel« (heute befindet sich hier der Tower von London) zu begraben. Es sollte mit dem Gesicht nach Frankreich blicken, denn damit war die Prophezeiung verbunden, daß kein Fremder in das Land eindringen könnte, solange es diese Stellung beibehielt. Die sieben nahmen das Haupt und machten sich gemeinsam mit Branwen auf den Weg. Doch als Branwen ihre Heimat erreicht hatte, klagte sie laut: »*Weh ist mir, daß ich jemals geboren wurde - zwei Inseln sind wegen mir verwüstet worden*«, und mit diesen Worten brach ihr das Herz. Sie wurde am Ufer des Flüßchens Alaw begraben, der Ort ist heute noch als »Ynis Branwen« bekannt.

Bei ihrer Rückkehr stellten die sieben Gefährten fest, daß während ihrer Abwesenheit Caswallan, der Sohn des belgischen Sonnengottes Beli, Britanien durch magische Künste und Täuschung erobert hatte. Damit begann Brâns Exil, doch seine Geschichte war noch lange nicht zu Ende. Auf dem Weg nach London begann sein Haupt zu singen und Prophezeiungen auszusprechen. Es zog Pilger an und war wegen seiner Heilkräfte berühmt. Schließlich wurde es vorschriftsmäßig in London begraben und wäre auch dort geblieben, um das Land gegen weitere Eindringlinge zu schützen – hätte nicht Arthur, eine andere Sonnengottheit, es ausgegraben, um damit den neu erworbenen christlichen Eifer zu bekunden, die alten Götter abzusetzen.

Die astrologische Bedeutung

Mars, der herrschende Planet des Erlenzeichens, ist in der traditionellen Astrologie eine beherrschende Kraft, mit der zu rechnen ist. Sowohl physisch als auch geistig werden ihm vitale Fähigkeiten zugeschrieben, die für wichtige Antriebskräfte im Leben maßgeblich sind und, wenn sie fehlen oder astrologisch schlecht aspektiert sind, einen Mangel an Selbstsicherheit und Selbstvertrauen anzeigen.

Zum Zeitpunkt der Frühlings-Tagundnachtgleiche tritt die Beziehung zwischen Sonne und Mond besonders in den Vordergrund. Sie stellen die ursprünglichen männlichen und weiblichen Energien dar, die das Universum erfüllen. Doch auch auf der Ebene von persönlichem und universellem Einfluß haben Planeten bestimmte Affinitäten und Polaritäten. Nach mundaner Deutung symbolisiert Mars den männlichen Aspekt (positive Energie) und hat eine starke Affinität zu Venus, die den weiblichen Aspekt (passive Energie) versinnbildlicht. In diesem Zusammenhang stehen sie mit den Leidenschaften, Begierden und Sehnsüchten des Menschen in Verbindung.

In der esoterischen Astrologie wird Mars der »Energetisierer« genannt – eine Kraft, die zum Guten oder Schlechten genutzt werden kann. Er wurde auch als Herrscher über Geburt und Tod, Zeugung und

Zerstörung angesehen; dies ist ein Hinweis darauf, daß die sexuelle und spirituelle Kraft sowohl befreien als auch zerstören kann. In der römischen Mytholo-gie personifizierte Mars, der Begründer der Stadt Rom und ihres Weltreiches, Ruhm und Größe ihrer Macht.

Die archetypische Gestalt

Brân ist der Archetyp des Erlenzeichens, das mit der alten keltischen Vorstellung verbunden ist, daß die Frühlings-Tagundnachtgleiche als eine Art Trennlinie zwischen den Kräften von Licht und Dunkelheit fun-giert. In dem mit seiner Schwester Branwen ver-knüpften Mythos spiegeln sich Sieg und Verlust wie-der. In symbolischem Sinne besiegt die Sonne, die nun durch Brân verkörpert wird, seine Feinde, spirituell gesehen verliert sie aber einen Teil von sich. Später wurde das Zeichen der Erle mit König Arthur und seiner Gemahlin Ginevra gleichgesetzt, und der Handlungsablauf war ganz ähnlich.

Psychologisch gedeutet setzt das Erlenzeichen Branwen und Ginevra mit der Anima gleich, dem weiblichen Prinzip in der Jungschen Psychonalyse der Persönlichkeitsentwicklung. Der Animus, das männ-liche Prinzip, spiegelt sich in den heldenhaften Eigen-schaften von Brân und König Arthur, welche die kraftvolleren Wesensaspekte ausüben oder auszuü-ben versuchen. Die Erlen-Persönlichkeit ist daher eine Mischung aus Stärke und Verletzlichkeit – ein legendärer Held mit einer Achillesferse.

Die Persönlichkeit des Baumzeichens

Erlen-Persönlichkeiten treten als kraftvolle Indivi-duen auf, die nicht mehr von versteckten Ängsten zurückgehalten werden, sondern dazu entschlossen sind, sich in der Welt durchzusetzen. Der vor ihnen liegende Weg ist jedoch immer noch voller Fallgru-ben, und daher hat der Mond seine Kinder mit der Kraft des Mutes versehen. Diese Individuen brennen so darauf, sich aufzumachen und das Leben zu erfor-schen, daß sie ihre Freunde und Gefährten oft hinter sich zurücklassen. Trotzdem sind sie treue Verbün-dete. Wenn sich die Gelegenheit dazu ergeben sollte, ziehen sie es jedoch vor, ihre eigenen Kämpfe auszu-fechten und das Tempo auch für andere festzusetzen. Ihre Bestimmung im Leben bleibt ebenso ungewiß wie ihr Geist ruhelos, da die Sonne ihren eigenen Schatten auf die Erde wirft. Zu den bekannten Erlen-Persönlichkeiten gehören David Livingstone, Mata Hari, Bismarck, Houdini und Émile Zola.

Positive Aspekte

Sie stellen sich mutig den schwierigen und möglicher-weise gefährlichen Situationen im Leben. Ihr Aben-teuersinn mag bisweilen als tollkühn angesehen wer-den, doch sie reißen die Grenzen nieder, die von ge-ringeren Sterblichen gesetzt worden sind. Sie verhal-ten sich sehr loyal gegenüber Freunden und Verwand-ten, wenn diese auf irgendeine Weise in Mißkredit ge-raten sollten. Ihre Begeisterung und Vitalität machen sie zu Führungspersönlichkeiten, die oft aus unteren Positionen aufsteigen, da sie die natürlichen Erben von Unternehmungsgeist und Eigeninitiative sind.

Negative Aspekte

Diese treten dann in Erscheinung, wenn das ungeduldige Verlangen der Erlen-Persönlichkeit, alles sofort zu wollen, sie anderen zu entfremden beginnt, denn dann drängt sie rücksichtslos vorwärts und macht sich viele Feinde. Rasch entsteht eine selbstsüchtige Einstellung, der ein aufbrausendes Wesen entspricht. Auch kann ihr Humor dann die beißende Schärfe des Satirikers annehmen.

Allgemeines

Erlen-Menschen sind stark körperbetont, voller Energie und haben das Bedürfnis, fast 24 Stunden am Tag aktiv zu sein. Sie sind ausgesprochen unternehmungslustig, und diese Bezeichnung paßt genau auf ihren auffallenden Lebensstil (wenn dem nicht so ist, dann stimmt etwas grundsätzlich nicht!). Risikoreiche Beschäftigungen sind ihre Stärke, und das nicht nur in physischer Hinsicht! Obwohl ein verhältnismäßig großer Prozentsatz von ihnen sich zu einem militärischen Aktionsbereich hingezogen fühlen könnte, wird sie auch die gnadenlose Wettbewerbswelt der Hochfinanz reizen. Ebenso findet man ausgezeichnete Chirurgen und erfahrene Hersteller von Präzisionswerkzeugen unter ihnen.

Im Bereich der Freundschaft zeigen sie ein stark ausgeprägtes Ego. In gleichem Maße haben sie jedoch auch eine höchst verletzliche Wesensseite, und das Bedürfnis nach Anerkennung macht sie anfällig für Schmeichelei und falsche Freunde; mit letzteren können sie nur äußerst schwer umgehen, da der echte Geist der Erlen-Persönlichkeit voller Vertrauen ist.

Es mag nicht leicht sein, mit Erlen-Persönlichkeiten zusammenzuleben, doch sie sorgen für die notwendige »Würze« des Lebens, an der es bei anderen Tierkreiszeichen mangeln kann. Gegensätze ziehen sich aus tiefgehenden Gründen an, denn sie bieten einander die fehlenden Eigenschaften oder Charakterstärken. Dies trifft bei diesem Zeichen besonders zu. Die stabilisierenden Einflüsse werden daher auch in persönlichen Beziehungen und nicht in der Kompensation der Karriere gefunden, wie dies bei Birken-Menschen der Fall ist.

Jedes Zeichen hat einen Gegenpol, der ein guter Hinweis darauf ist, wo diese ausgleichenden Eigenschaften zu finden sind. Für die völlig aus sich selbst schöpfende Antriebskraft des Erlenzeichens sind persönliche und bis zu einem gewissen Grade auch geschäftliche Partnerschaften wertvolle Ruhepunkte. Auch könnte sich dadurch eine gewisse Diplomatie im Umgang mit anderen Menschen stärker entwickeln, um die eigensinnigen Charakterzüge im Zaume zu halten. In diesem Zeichen Geborene sind hervorragende Mitstreiter in allen Aktivitätsbereichen, doch wenn sie nicht gewinnen oder eine Pechsträhne erleben, können sie sich zum Rückzug entschließen und eine völlig andere Karriere oder Unternehmung anfangen. Dies kann immer wieder geschehen und für ihre Familie oder andere, die nicht dieselbe Zähigkeit und Willenskraft haben, sehr ermüdend sein. Bei allem, was sie tun, haben sie die Neigung, sich selbst das Äußerste abzuverlangen.

Gelegentlich gibt es jedoch auch eine ganz andere Erlen-Persönlichkeit mit einem sanften und zuvorkommenden Charakter, die ihre Energie voll und ganz zum Nutzen anderer und häufig zu ihrem Nachteil einsetzen wird. Auf ihre eigene ruhige Art und Weise wird sie andere in hohem Maße beeinflussen. Diese Menschen sind die unbesungenen Helden, deren Weggang ein Gefühl von Leere oder ein Vakuum im Leben hervorruft, denn das, was sie erreicht haben, ist ebenso bemerkenswert wie die Leistung des eher eigenwilligen Charakters.

Beide Persönlichkeitstypen hinterlassen im Leben von Anfang an einen starken Eindruck. Ihr scharfer Verstand und ihre physische Beweglichkeit machen sie zu Kämpfern – und nicht zu Zuschauern! Es ist schwer, mit ihnen Schritt zu halten; viele werden in ihrem Kielwasser folgen und wahrscheinlich eine sehr holperige Fahrt erleben. Mit diesem Zeichen ist eine klare Struktur oder Aussage verknüpft, die nicht schwer zu verstehen ist. Psychologisch gesehen sind sie gewöhnlich sehr unkompliziert, da sie ihre Gefühle und Meinungen offen zum Ausdruck bringen.

Das Liebesleben

Bei diesem Zeichen ist das Bedürfnis nach persönlicher Freiheit stark, aber ebenso auch das Bedürfnis nach Liebe. Eine leidenschaftliche Natur kann nicht in Aktion treten und dabei isoliert sein. Daher machen sie unterwegs – und das fast im Galopp – Eroberungen, die ihre Aufmerksamkeit zumindest kurzzeitig ablenken. Sie neigen dazu, übereilt zu heiraten, bleiben aber bessere Geliebte als Ehepartner. Sie sind auch ausgezeichnete Väter oder Mütter, vielleicht, weil sie das Leben als eine Art »Kampfeszone« sehen und ihren Nachwuchs entsprechend anleiten.

Zusammenfassung

Das herausfordernde Auftreten der Erlen-Menschen ist bewundernswert, trägt jedoch dazu bei, daß die Anhänger auf den Zuschauerplätzen sich lichten. Auch ihr scharfsinniger Witz kann – mehr als ihr Sinn für Humor – seinen Tribut fordern, wird aber die Menschen, die ihn abbekommen, dazu zwingen, sich positiver zu verhalten. Jeder versucht, mit ihrem Lebensstil Schritt zu halten … zumindest am Anfang.

In diesem Zeichen Geborene sind prototypische Vertreter des extrovertierten Charakters. Wo ihre inneren Gefühle beteiligt sind, bewahren sie sich eine starke Leidenschaft. Ihre Wesensnatur mag schwer zu lenken sein, doch sie tun nichts kaltblütig oder mit einem Gefühl von Gleichgültigkeit. Wenn die Ebereschen-Menschen die Katalysatoren für Veränderung darstellen, dann verkörpern die Erlen-Menschen die Stimulantien, die keineswegs fehlen dürfen.

Kapitel 5

DIE WEIDE

SAILLE

15. April – 12. Mai

Symbol:	*der Mond*
Edelstein:	*Mondstein*
Blume:	*Primel (Schlüsselblume)*
Archetypische Gestalt:	*Morgan le Fay*

»Ich bin ein Habicht auf einer Klippe«

Die Illustration

Zu dieser Jahreszeit bietet die Weide mit ihren schwingenden Zweigen, die voll in Laub und Blüte stehen, einen anmutigen Anblick. Nach dem keltischen Mythos ist in ihren Zweigen eine Schlange verborgen, deren Windungen zwei scharlachrote Eier schützen, die das unendliche Schöpfungspotential der Welt in sich tragen. Sie stellen auch Sonne und Erde dar und bilden eine dreifache Verbindung mit dem Mond. Das Sonnensymbol wird, wenn auch nur kurz, durch den Mond verdunkelt, da sich die beiden Lichter umarmen, um eine spirituelle oder spiralförmige Vereinigung von universellen Energien einzugehen.

Die herunterhängenden Zweige der Weide bilden ein verschlungenes Muster, das die Komplexität des Zeichens versinnbildlicht. Sie werden von einem jungen, weißgekleideten Mädchen gehalten, das Blumen im Haar trägt. Sie ist zur Maikönigin gewählt worden, um den *Beltane*-Feiern vorzustehen, einem Feuerfest, das am 1. Mai abgehalten wird.

Die Wurzeln der Weide reichen an die heilige Quelle der Cailleach, die den zutiefst rätselhaften und ehrfurchtgebietenden Aspekt der Mondgöttin verkörpert. Mit tiefverschleiertem Gesicht sitzt sie auf einem Silberthron in der dunklen Höhle unter dem Baum. Zu ihren Füßen kauert ein großer Wolfshund; in seinem Halsband aus Mondsteinen spiegelt sich das rötliche Glitzern seiner furchterregenden Augen wider. In einer Atmosphäre der Verzauberung entdeckt der Sonnengeist seine Sexualität.

Der Mondstein

Der Mondstein oder Selenit ist ein opalisierender, durchscheinender Edelstein, dem nachgesagt wird, einem Regentropfen zu gleichen und eine ruhige, geheimnisvolle Schönheit zu besitzen. Seit alter Zeit wurde er in verschiedenen Teilen der Welt als Glücksbringer benutzt, und Wunderheilungen sind ihm zugeschrieben worden.

Die Römer glaubten, daß der Mondstein das Bild ihrer Mondgöttin Diana einschloß, die »den Mondscheinglanz der Nacht« verkörperte, und daß er die Macht besaß, seinem Träger Reichtum, Erfolg und Weisheit zu verleihen. Die Druiden hingen Mondsteine an Obstbäume, um für eine gute Ernte zu sorgen, und glaubten, daß der Stein mit zunehmendem und abnehmendem Mond seine Farbe verändere. Als Liebesstein soll er zärtliche Zuneigung erwecken, und wenn er bei Vollmond auf die Zunge gelegt wird, verleiht er die Gabe, Glück und Unglück vorauzusagen.

Beltane

Beltane (oder *Beltene*) zeigte im keltischen Jahreszeitenkalender den offiziellen Anfang des Sommers an. Die Feuerfeste entsprachen jedoch auch den spirituellen Zyklen, welche die Erde mit den chthonischen Kräften der Unterwelt verbanden.

Am Vorabend von Beltane wurden alle Feuer der Dorfgemeinschaft gelöscht, damit das Element Feuer nicht mehr auf der Erde vorhanden war. Die Kelten berechneten ihre Tage nicht nach Sonnenaufgang, sondern nach Sonnenuntergang, denn in ihrer Denkweise war die Nacht die ursprüngliche Lichtquelle. Unter diesem Blickwinkel betrachteten sie auch ihre eigene spirituelle Identität und Bewußtheit. Wenn sie sich daher auf ihrem heiligen Beltane-Hügel bei Sonnenuntergang versammelten, um in einem Ritual das Notfeuer wieder anzuzünden, erneuerten sie damit auch ihre eigene spirituelle Lebenskraft. In ihrem großen Freudenfeuer wurden neun heilige Hölzer verbrannt. Daran entzündete dann jeder wieder sein Herdfeuer, und anschließend wurde das Vieh in einem Ritus des Schutzes oder der Reinigung mittels Feuer durch den Rauch getrieben. Das Feuer wurde als eine göttliche Macht betrachtet. Auch die Menschen sprangen über die Flammen, denn darin wurde ein Akt der persönlichen Läuterung und geistigen Transformation gesehen.

Am Morgen des 1. Mai wurde die Maikönigin gewählt, um die Göttin in einem der drei Aspekte der Transformation darzustellen, nämlich in dem von der Jungfrau zur Mutter. Damit wurde der menschliche Bereich mit den ätherischen Kräften vereint, um eine neue Jahreszeit der Fruchtbarkeit und Reifung hervorzubringen. Der phallische Maibaum drang in die Erdgöttin ein, die geschlechtliche Vereinigung wurde in einem Ritual durch Musik und Tanz dargestellt; der Moriskentanz ist noch ein Überbleibsel dieser alten Tradition. Es war notwendig, der Erde ein Muster einzuprägen, und die vielfältigen alten Irrgärten und Labyrinthe, die weltweit in Tempeln abgebildet sind, stehen symbolisch für diese elementare Vereinigung, die auch die Suche nach Unsterblichkeit versinnbildlicht.

Im fünften Mondmonat des Jahres leiteten die Druiden die Menschen dazu an, »vor Sonnenaufgang aus einem heiligen Brunnen zu trinken, sich im Morgentau zu waschen und sich mit jungem Grün zu schmücken. Zu beobachten, wie die Sonne aufgeht, um den Maibaum zu tanzen und sich der Jahreszeit hinzugeben«. Es war eine Zeit lärmender Gelage und orgiastischer Riten, die der Fortdauer der fruchtbaren Jahreszeit dienten.

Der Tau am Morgen des 1. Mai wurde gesammelt und zu Ritualen verwendet. Tau bildet sich aus dem Niederschlag von Wasserdampf, der im Sommer von der warmen Erde aufsteigt, doch für die Kelten stellte er ein göttliches Element dar. Sie betrachteten Tau als eine magische Substanz, die durch Feuer destillierte Essenz der Erde, alchemistische Umwandlung ihrer spirituellen Natur.

Zu diesem Zeitpunkt wurde auch den heiligen Brunnen und Quellen besondere Aufmerksamkeit geschenkt. Sie stellten die weiblichen Organe der Erde mit ihren lebenspendenden und heiligen Eigenschaften dar. Die Erdgöttin wurde von den Kelten – und vielen anderen alten Völkern – als natürliche Gefährtin des Sonnengottes gesehen, da beide Leben gaben. Die Mondgöttin war die ursprüngliche Mutter der Schöpfung in den tieferen Mysterien des Lebens und hatte die Macht, Leben im esoterischen Sinne zu bewahren oder zu zerstören.

Die zwei scharlachroten Eier

Die zwei, in der Weide versteckten, scharlachroten Eier stehen nach den druidischen Geheimlehren mit der kosmischen Geburt und der Geburt der Menschheit in Verbindung. Die Druiden glaubten, daß das Universum aus zwei Schlangeneiern ausgeschlüpft sei, die Sonne und Erde enthielten. Das Ei, das die Sonne einschloß, hatte ein doppeltes Eigelb aus Gold und Silber, das die Doppelnatur von Sonne und Mond versinnbildlichte. An die Stelle der Schlangeneier traten dann Hühnereier, wurden der Sonne zu Ehren scharlachrot gefärbt und symbolisch als Teil des Beltane-Festmahls verzehrt. Dieser Akt wurde später auf das Osterfest im christlichen Kalender übertragen, und aus den Eiern wurden die Ostereier.

Das *glain* oder scharlachrote Ei der heiligen Schlange kann auch mit dem orphischen Welt-Ei im Schöpfungsmythos der alten Griechen gleichgesetzt werden. Ihre Große Göttin nahm die Form einer Schlange an und paarte sich mit der Welt-Schlange Ophion. Dann legte die Göttin das Welt-Ei, das unendliche Möglichkeiten in sich barg, aber unfruchtbar blieb, bis es von der hervorbrechenden Sonne aufgespalten wurde.

Die Schlange

In allen alten Schöpfungsmythen waren Schlangen eng mit dem eigenen spirituellen Wachstum des Menschen verbunden, und Schlangen-Sagen beziehen sich gewöhnlich auf den Transformationsaspekt, der mit den keltischen Feuerfesten assoziiert wird. Die heilige Schlange war der Mond in seinem Aspekt der Göttin Cerridwen, einer passiven, aber formgebenden geistigen Kraft.

Die Primel

Diese Blume wurde von den Druiden hochgeschätzt. Da sie in Wäldern und auf Wiesen in großer Fülle wuchs, war sie leicht zu sammeln. Ein Gedicht mit dem Titel »Der Stuhl des Taliesin« beschreibt die bei der Initiation eines Barden verwendeten zeremoniellen Mittel. Aus blühenden Primeln und Eisenkraut wurde ein Trank der Inspiration bereitet, und während dieses Rituals wurden Primeln von den Druidinnen als Schutz vor Unheil getragen. Druiden und Druidinnen rieben sich vor gewissen Ritualen auch den Körper mit dem duftenden Primelöl ein, um sich zu reinigen.

Die heilenden Eigenschaften der Pflanze wurden zur Linderung von Muskelrheumatismus sowie bei bestimmten Formen der Lähmung und Schlaflosigkeit genutzt. Auch alte Kräuterkundige wie Gerard und Culpeper priesen die Vorzüge der Primel. Gerard empfahl, einen Teeaufguß aus Primelblüten zu bereiten und im Monat Mai zur Heilung von »Tobsucht« oder nervöser Hysterie zu trinken (was für die Zecher äußerst passend gewesen sein könnte). Culpeper, der auch Kenntnisse in Astrologie besaß, unterstellte die Primel der Herrschaft der Venus und schrieb, daß er keine bessere Salbe für die Wundheilung kenne als die aus ihren Blättern hergestellte.

Die Weide

Die in Mittel- und Südeuropa vorkommende Weide wird wegen ihrer gräulichen Rinde als Weiß- oder Silberweide bezeichnet, während die amerikanische Art aufgrund ihrer schwärzlichen Rinde Schwarzweide heißt. Beide haben jedoch ähnliche Eigenschaften bzw. in der Rinde enthaltene Stoffe, die in der *Materia Medica* von praktizierenden Kräuterheilkundigen empfohlen werden. Zweifellos verwendeten auch die Druiden die adstringierende Rinde zur Behandlung von Würmern und Durchfällen, aber hauptsächlich wurde sie als betäubendes und schmerzstillendes Mittel bei Gelenkleiden und Gicht benutzt, die in dem feuchten Klima Britanniens stark verbreitet waren.

Im keltischen Mythos war die Weide der Dreifältigen Göttin geweiht und wurde mit der »Alten Verschleierten« oder Cailleach assoziiert. Sie war der Aspekt des »alten Weibes« oder der »weisen Alten« der dreifachen Mondgöttin; sie verkörperte die dunklere Kraft des Mondes und wurde später mit den Hexenkünsten der Zauberei gleichgesetzt. Die Cailleach war jedoch der alte Geist der Weisheit, die sich manchmal in der grotesken Erscheinung der Morrigan manifestierte, einem weiteren furchterregenden Aspekt der Göttin, um die Stärke und Klugheit der keltischen Anführer herauszufordern. Solche Konfrontationen halfen ihnen dabei, ihre verborgenen Ängste und Schwächen zu überwinden, und gehörten zur höheren spirituellen Einweihung des Feuers.

Wicca, das sich von *witchcraft* (»Hexenkraft«) ableitet und wiederum auf *willow*, den englischen Namen der »Weide« zurückgeht, hieß ein alter Kult, der den mit der Göttin verbundenen natürlichen Zyklus oder die rhythmischen Energien der Schöpfung nutzte. Mit dem Aufkommen des Christentums wurden diese Zusammenhänge jedoch völlig mißverstanden. Die frühchristliche Kirche behielt zunächst die mystischen Einflüsse bei, die direkt mit den Heilkräf-

ten der Göttin in Verbindung standen. Die den Aposteln und frühen Heiligen zugesprochenen Wunder haben eine auffällige Ähnlichkeit mit den magischen Wundertaten der Druiden und Druidinnen, die bis dahin die spirituellen Führer ihres Volkes waren. Doch die mit solchen »Wundern« verknüpfte weibliche Mystik brachte die strengen Theologen in der Kirchenhierarchie in Verlegenheit, und obwohl die Jungfrau Maria ein tröstlicher Ersatz war, degradierten sie systematisch den weiblichen Aspekt der Gottheit und tilgten ihn schließlich. Ihr patriarchalisches System hielt an einem völlig männlichen Schöpfer-Gott fest – ein unnatürliches Ungleichgewicht der Grundprinzipien des Lebens in seinem Ursprung und auf jeder Entwicklungsstufe. »Wicca«, die Hexen und ihre Künste, wurde daher unbeabsichtigt zu einem geheimen Orden des Widerstandes gegen das Christentum und eine männlich dominierte Gesellschaft. Später wurden Hexenprozesse abgehalten, um das zu unterdrücken, was als heidnische Praktiken angesehen wurde, doch die Grausamkeit und Terrorisierung, mit der sie durchgeführt wurden, übertrafen sogar noch die allerdunkelsten heidnischen Riten.

Die Weide ist seit jeher als Zauberbaum bekannt. In dem berühmten Tempel von Delphi zeigte ein Bildnis, wie Orpheus die mystische Gabe der Beredsamkeit empfing, indem er in dem heiligen Hain der Persephone eine Weide berührte. Auch die Kelten assoziierten sie mit Dichtern. Als Freier steckten sie sich einen Weidenzweig an, um sich als Zeichen dafür, daß sie ihre unverminderte Macht und Stellung anerkannten, vor der Eifersucht des »alten Weibes« zu schützen. Die Weide war auch die Wirtspflanze der heiligen Mistel, die häufiger auf Weiden und Pappeln als auf der berühmten Eiche wächst.

Saille

Das keltische Wort *saille* wurde zu »sally« anglisiert, was einen plötzlichen Ausbruch von Aktivität, Worten oder Gefühlen bezeichnet. Zu den weiteren Bedeutungen gehören ein witziger Einfall sowie ein Ausflug oder ein kurzer Abstecher, aber auch ein militärischer Ausfall von Truppen. Die gleiche Bedeutung hat auch französisch *saille* oder *saillir*, »plötzlich hervorstürmen«, was wiederum von dem lateinischen Wort *salire*, »springen«, abgeleitet ist. Diese Bezeichnungen fassen sehr treffend den Geist der Weide zusammen und spiegeln ihr nicht genau bestimmbares Potential wider.

Die Mondsymbolik

Die keltische Entsprechung einer machtvollen Mond-Zauberin ist Morgan le Fay (oder »Morgaine die Fee«), die Halbschwester von König Arthur. Ihre starken Kräfte, mit denen sie hinter den Kulissen gegen Arthur arbeitete, zerstörten schließlich die Einheit des Ritterordens der Tafelrunde. Die Rache für den Tod ihres Vaters, der von Uther Pendragon, Arthurs Vater, heimtückisch getötet worden war, diente als Auslöser. Doch in der keltischen Mythologie der Archetypen steht sie symbolisch für die dunkleren Seelenkräfte, die tieferes Verstehen und größere Anerkennung verlangen.

Die Verbindung zu Mythen

Die Mythologie der Weide steht vielleicht im Schatten des über sie herrschenden Mondes. Der Mond ist von einer derart weitreichenden und uralten Mythologie umgeben, daß es unmöglich wäre, jede einzelne bekannte Verbindung und Assoziation hier aufzunehmen. Vielleicht ist die für uns bedeutsame Mythologie in jenem Aspekt der Mondgöttin enthalten, der mit der Weide der »weisen Alten« oder Cailleach verknüpft ist. In der traditionellen griechisch-römischen Astrologie wird das erste und letzte Mondhaus der Hekate zugeordnet, »dem Dunklen Mond, Ihr, die aus der Ferne zuschlägt«. Wie die keltische Morrigan verkörpert Hekate den dunkelsten Aspekt der Mondgöttin.

In der griechischen Mythologie war sie auch als Königin des Hades, Gemahlin Plutos und eine der Hüterinnen der Unterwelt bekannt und damit ein anderer Aspekt der Persephone. Der französische Astrologe Alexandre Volguine, der eine eigene Untersuchung über diese Mondgöttin verfaßt hat, nannte sie »Die Dreifache Hekate« – eine rätselhafte griechische Göttin, die mit drei Tierköpfen dargestellt wurde. Er sagte, daß »alles, was wir über diese blutfarbene Göttin wissen, analog für die Personen gelten kann, deren Mond in ihrem Geburtshoroskop in diesen Häusern steht«. Hekate, die Enkelin der Sonne, war in allen Machenschaften des Bösen bewandert; sie benutzte Giftpflanzen wie »Wolfstod«, um sich ihrer Gegner zu entledigen, und kannte das Geheimnis von Kräutern, die Halluzinationen hervorriefen. Sie war in der Tat eine Göttin der Zauberei und dunkler Riten, und ein magisches Medaillon aus der Spätzeit des Römischen Reiches bildet sie von Schlangen flankiert ab. Der Einfluß der von Hekate beherrschten Mondhäuser ist mit der Tücke eines Schlangenbisses vergleichbar.

In unserem Mondtierkreis kommen diese Analogien glücklicherweise nicht zur Anwendung, doch die Verbindung von Hekate und der Morrigan mit dem Weidenzeichen hinterläßt einen Rest von Unberechenbarkeit oder Unbegreiflichkeit und ist als Hinweis auf ein Bedürfnis nach Zuneigung zu sehen, das schwer zu befriedigen ist.

Die astrologische Bedeutung

In der traditionellen Astrologie steht der Mond symbolisch für die Gestalt der Mutter und wird mit der mütterlichen Wesensart ebenso wie mit dem öffentlichen Leben in Verbindung gebracht. Er wird auch mit den Instinkten und der physischen Gestalt assoziiert. Eine umfassendere Untersuchung bietet Alice Bailey in ihrem Buch *Esoterische Astrologie*, wo sie den Mond als einen verhüllenden Planeten der schöpferischen Hierarchie beschreibt, der Uranus, Neptun und Vulkan in einem ineinandergreifenden, durch das Mutterprinzip des Mondes gebildeten Dreieck von Energien verhüllt, um das innere Seelenleben zu nähren und zu stärken. In ihrer *Abhandlung über Kosmisches Feuer* führt sie den Ursprung der Fehde zwischen Licht und Dunkelheit jedoch auf den Mond zurück.

Der Mond ist, ähnlich wie Neptun, stets als großes Symbol der Täuschung angesehen worden, denn nichts, was unter seinem Einfluß entsteht, ist von Dauer, da er ständig verändert und auflöst. Er verbindet jedoch mit den kraftvollen ererbten Charaktereigenschaften und den Erinnerungsresten.

Die archetypische Gestalt

Zweifellos verkörpert Morgan le Fay einen Aspekt des mit dem Weidezeichen verbundenen Archetypus. Das in diesen Monat fallende Beltane-Fest spiegelt auch den Transformationsprozeß der jungen Frau – den Jungfrau-Aspekt der Göttin – in die Mutter-Göttin wider. Dieser wichtige Faktor steht mit der Fortpflanzung in der Natur und der Sexualität des Menschen in Beziehung. Er betont die sinnliche Natur der Weiden-Persönlichkeit und die machtvolle Einwirkung des Mondes oder matriarchalischen Bildes. Der umfassende Einfluß liegt jedoch in der Transformation oder dem magischen Aspekt der Dreifachen Göttin, der intuitive Weisheit und tiefe Einsicht in das Wirken der Natur schenkt.

Die Persönlichkeit des Baumzeichens

Es ist schwierig, Weiden-Persönlichkeiten wirklich kennenzulernen. In diesem Zeichen Geborene stehen mit allen rätselhaften Aspekten der Natur in Kontakt, die mit dem Mond assoziiert werden. Ihre psychischen Antennen sind eingeschaltet, so daß sie die entferntesten Bereiche der Erinnerung abrufen können. Ihr Leben ist voller seltsamer Erfahrungen, und sie werden ganz instinktiv von den unerklärlichen Geheimnissen des Lebens angezogen. Sie können solche Geheimnisse äußerst beredt erklären, da sie aus Erfahrung sprechen. In allen Situationen handeln sie intuitiv, und ihr Einfallsreichtum ist ihre große Stärke. Sie sind starke Freunde, aber schlimme Feinde. Zu den bekannten Weiden-Persönlichkeiten gehören Karl Marx, Sigmund Freud, Charlotte Brontë und William Shakespeare.

Positive Aspekte

Diese zeigen sich in den Wesensmerkmalen einer passiven Beharrlichkeit und Schlauheit. Weiden-Persönlichkeiten sind kluge Eltern und Berater. Ihre instinktive mütterliche Wesensart, die sowohl beschützend als auch einfallsreich ist, übt im allgemeinen einen starken Einfluß aus. Trotz ihrer ausgesprochen traditionalistischen Einstellung sind sie auch für Veränderungen empfänglich und greifen bei günstigen Gelegenheiten rasch zu. Sie besitzen ein ausgezeichnetes Gedächtnis, und diese hervorstechende Eigenschaft ist bei Geschäftsverbindungen der Schlüssel für besondere persönliche Leistungen.

Negative Aspekte

Diese sind mit plötzlichen Stimmungsschwankungen verbunden, wodurch einige unzuverlässige Charakterzüge verstärkt werden; beispielsweise wird dann ihre Urteilskraft getrübt, und es mangelt ihnen an Glaubwürdigkeit. Es fällt ihnen auch schwer, zu vergeben und zu vergessen, was sie bitteren Groll hegen läßt und ihren künftigen Erfolg einschränkt. Wenn dies zu einem dominanten Charakterzug wird, können Weiden-Persönlichkeiten großes Unglück, besonders für ihre Familien, hervorrufen.

Allgemeines

Viel davon kann jedoch abgeschirmt oder im Alltagsleben überdeckt werden, denn gewöhnlich sind Weiden-Persönlichkeiten in sehr verantwortungsvollen Berufen und Positionen beschäftigt; unter anderem werden sie von beratenden und Lehrberufen angezogen. Anfänglich wird es diesen Menschen jedoch sehr schwerfallen, sich auf eine bestimmte Karriere festzulegen. Sie neigen dazu, in regelmäßigen Abständen umzuziehen, doch wenn sie sich schließlich niederlassen, werden sie oft zu tonangebenden Mitgliedern der Gesellschaft. Wie die Eschen-Persönlichkeiten sind sie aber auch dann noch von einer faszinierenden Rätselhaftigkeit umgeben.

Sie werden eine kontroverse Meinung vielleicht selten in der Öffentlichkeit äußern, doch privat und im Rahmen ihrer beruflichen Karriere neigen sie dazu, zu fast jedem Thema für umstrittene Ansichten einzutreten. Sie mögen deshalb als sehr offene Menschen erscheinen, doch in Wirklichkeit haben sie ein sehr sinnenbetontes Wesen, das leicht erregbar ist und zu Extremen neigt.

Einige Weiden-Persönlichkeiten werden in dieses Bild vielleicht überhaupt nicht hineinpassen, denn sie sind wirklich die großen Zauberer. Nach außen werden sie äußerst nüchtern und konventionell wirken, haben aber ein unglaubliches Innenleben voller Phantasie. Es wird jedoch eine Zeit kommen, in der diese latente Möglichkeit oder versteckte Energie unvermittelt hervorbricht. Möglicherweise schreiben sie dann an bekannte Persönlichkeiten oder treten selbst an die Öffentlichkeit, um das Für und Wider einer besonderen Streitfrage zu diskutieren. Sie sind in ihrem Denken jedoch nicht so radikal wie die Ebereschen-Menschen, denn ihre Argumente zeugen von einer ganz persönlichen Voreingenommenheit, die von engen Kontakten oder früheren Erfahrungen herrührt. Es wird auch Phasen geben, in denen die persönliche Motivation plötzlich erlischt und die intuitive Wesensart einen vollkommenen Bruch mit der Routine und den strengen Gewohnheiten des Alltagslebens zu brauchen scheint.

In puncto Gesundheit und Wohlbefinden sind Weiden-Menschen unglaublich belastbar, haben jedoch die Neigung, sich übertrieben um ihre Gesundheit zu sorgen. Auch hier arbeitet ihre Phantasie sozusagen auf Hochtouren. Durch ihr Interesse an der Gesundheit und dem Wohlbefinden anderer stellen sie sich oft selbst eine Diagnose und suchen auch nur selten einen Arzt auf. Statt dessen greifen sie zu Naturheilmitteln, die in der Familie weitergegeben worden sind, und es besteht die Gefahr, daß sie unter den Einfluß von Scharlatanen oder medizinischen Quacksalbern geraten.

Ihr Interesse an der Familiengeschichte läuft praktisch auf Ahnenverehrung hinaus, und oft stellen sie selbst eine Untersuchung über ihre Vorfahren an, um das Familienarchiv zu ergänzen. Diese Neigung macht sie auch zu Sammlern von Erinnerungsstücken. Mutterfiguren, oder Frauen allgemein, üben von der Geburt bis zum Tod den beherrschenden Einfluß auf dieses Zeichen aus. Eine Verbindung zur Vergangenheit zieht sich auch durch jeden Abschnitt ihres Lebens und prägt ihre allgemeine Lebenseinstellung.

Das Liebesleben

Bei diesem großen Interesse an der Familie ist vielleicht die Feststellung aufschlußreich, daß die zu dieser Jahreszeit geborenen Menschen gewöhnlich jung heiraten und sich entweder zu jüngeren oder älteren Partnern hingezogen fühlen. Dies entspricht dem Aspekt des Mondes, der entweder bemuttert werden oder selbst bemuttern will. Enge persönliche Beziehungen scheinen sich auf einem intensiven Gefühlsniveau abzuspielen, und nach der Heirat treten die Familie oder die Kinder an die erste Stelle.

Wird jedoch der richtige Partner gefunden, kann eine enge Verbindung entstehen, die eine große Übereinstimmung zwischen den Geschlechtern schafft. Mit diesem Zeichen ist eine Gefühlstiefe verbunden, die voller Sehnsucht und Leidenschaft ist und nicht immer leicht ausgedrückt oder auf positive Weise gelenkt werden kann.

Zusammenfassung

Die Mondenergie der Weiden-Persönlichkeit kann ihren positiven Ausdruck jedoch in den Künsten finden und ist dann mit großer Unterscheidungskraft und Erfindungsgabe verbunden. Sie kann auch plötzlich latente schöpferische Fähigkeiten aktivieren, welche die Persönlichkeit zu verändern scheinen.

Es ist unglaublich schwierig, an Weiden-Menschen näher heranzukommen, weil eine Art von Schleier über ihrer Persönlichkeit und ihrem Charakter zu liegen scheint. Daher ist auch ihr Sinn für Humor nicht leicht zu bestimmen, und es könnte sein, daß er entweder gelegentlich völlig fehlt oder außerordentlich treffend ist. Sie besitzen eine potentielle Weisheit, die sie zu klugen Ratgebern macht, und wenn dieser Charakteraspekt voll wirksam ist, gehören sie zu den am höchsten geachteten Mitgliedern der Gesellschaft.

Der Mond ist immer mit Menschen in Verbindung gebracht worden, die kraft ihrer Persönlichkeit Einfluß auf die Öffentlichkeit nehmen können – sei es zu deren Nutzen oder Schaden –, und mit dieser persönlichen Eigenschaft ist hier zu rechnen.

Kapitel 6

DER WEISSDORN

UATH

13. Mai – 9. Juni

Symbol:	*der Planet Vulkan*
Edelstein:	*Topas*
Pflanze:	*Sauerklee*
Archetypische Gestalt:	*der Schmied-Gott Govannan*

»Ich bin schön unter den Blumen«

Die Illustration

Der Weißdorn wächst aus dem Innern des Glastonbury Tor hervor. Die ganze Landschaft ist in ein blasses, magentarotes Licht getaucht, das symbolisch für die spirituelle Dimension des Baumes steht. Dieses Zeichen ist mit einer spirituellen Suche verbunden, die nach den vorangegangenen Lustbarkeiten im Monat Mai Enthaltsamkeit und Reinigung verlangt. Der strahlende Aspekt der Göttin, die den Geist des Tor versinnbildlicht, hält den Silberkelch des Heiligen Gral. Ein Krieger-Prinz hat seine Waffen abgelegt und beginnt den Aufstieg zum Gipfel des Berges, während die Sonne sich symbolisch auf seine höchste Opferhandlung zur Sommersonnwende zubewegt. Doch dieser Monat ist noch eine liebliche Zeit der Blüte, und die Natur hat ihre verführerischsten Gewänder angelegt, während die Göttin sich anschickt, von ihrem Gefährten Abschied zu nehmen. Ihre siebensternige Krone steht für das Sternbild der Plejaden, das Mitte Mai untergeht und Ende Oktober wieder aufgehen wird und für die Kelten – sowohl spirituell wie als Navigationshilfe – ein wichtiger Markierungspunkt war.

Der Topas

Diese Steine kommen in einer großen Vielfalt von Farben und Größen vor. Der Topas der Alten wird heute gewöhnlich Peridot genannt, doch die Juweliere bezeichnen die goldgelb gefärbte Varietät als den kostbaren Edelstein Topas (oder Goldtopas). Auch über den Ursprung des Namens herrscht Verwirrung. Das Sanskritwort *topas* bedeutet »Feuer« oder »leuchten«; das griechische Wort *topazos* heißt übersetzt »suchen und finden«. Plinius verwendete das Wort *topazos* für die Beschreibung einer Insel im Roten Meer, die häufig von Nebel umgeben und daher für Seeleute schwer zu finden war.

Die Eigenschaften, die der Topas seinem Träger verleihen soll, sind Gesundheit, Reichtum und Ehre sowie Langlebigkeit, Schönheit und Klugheit. Die Druiden betrachteten den Topas als einen Stein besonderer Stärke, der seine Kräfte von der Sonne erhielt.

Glastonbury

Die Legende um Joseph von Arimathia, wonach er den von Jesus beim letzten Abendmahl verwendeten Silberkelch nach Glastonbury brachte, trug mit dazu bei, die sagenumwobene Suche der Artusrunde nach dem Heiligen Gral auszulösen. Die Suche nach dem Gral läßt sich jedoch ursprünglich bis zu ihren frühesten Wurzeln in der keltischen Mystik zurückverfolgen. Der Kelch wurde, wie der Kessel der Cerridwen, zum Gefäß für den Heiligen Geist Gottes in der »communio«, seiner direkten Verbindung und Gemeinschaft mit dem Menschen. Dieser spirituelle Entwicklungsprozeß nahm tief im Innern der keltischen Psyche Gestalt an und brachte ihre mythischen Sagen und Legenden hervor. Die Ritter der Tafelrunde verkörperten die reineren Wesenselemente des Menschen im Kampf darum, die Integrität der Seele zu bewahren.

Eine der bemerkenswertesten, doch wenig bekannten Legenden aus Cornwall um Joseph von Arimathia betrifft das keltische Kloster von Place in der Nähe von St. Mawes, das ursprünglich St. Mary de Valle geweiht war. Es soll eines der ersten christlichen Bauwerke in Britannien gewesen und an einer Stelle errichtet worden sein, die vorher den Druiden heilig war. In der Tat wurden keltische Klöster nur an solchen heiligen Stätten errichtet. Die Ausrichtung dieser Orte wurde durch die Gestirnsposition bei Christi Geburt bestimmt, denn sie wies immer genau nach

Norden. Diese alte Konstruktionsmethode, die bereits in die vorchristliche Zeit zurückreicht, ist identisch mit der Ausrichtung von Steinen nach dem Sternbild der Plejaden, die in Stonehenge dazu verwendet wurde, um die nördliche Position des mittleren Mondzyklus zu bestimmen.

Das alte keltische Kloster vertrat auch die früheste Form des christlichen Kultes, die direkt aus Palästina und nicht über Rom nach Britannien gelangt war. Im Jahre 933 wurde das Kloster von dem sächsischen König Athelstane in eine kleine Kathedrale verwandelt. Er setzte auch einen Bischof ein und führte in Cornwall Pfarrbezirke ein. 1259 weihte ein neuer Bischof der Sachsen namens Bronsecoombe die Kirche dem St. Antonius, einem Heiligen aus Koma in Oberägypten, woraus sich wiederum eine Verbindung zum Vorderen Orient ergibt. Dieser Bischof soll für die Gestaltung des herrlichen Bogenfeldes über dem Südportal der Kirche verantwortlich sein. Noch einzigartiger als dessen Alter oder Schönheit ist die Geschichte, die in alten Bildzeichen zwischen den Hundzahnornamenten über den Besuch von Jesus und seinem Onkel, Joseph von Arimathia, in Place berichtet. Solche Bilderschriften sind sehr alten Ursprungs und beispielsweise auf der Eingangstür des altägyptischen Tempels von Dendera entdeckt worden. Es handelt sich dabei um esoterische Symbole, die mit der *Kabbala* verknüpft sind und später zu Freimaurerzeichen wurden.

Über die nicht historisch belegten Jahre, die Jesus als Jugendlicher und junger Mann verlebte, sind seit langem Mutmaßungen angestellt worden. Einige Historiker und Esoteriker aus Cornwall sind der Meinung, daß Jesus nicht nur Cornwall besuchte, sondern auch einen Teil seiner Ausbildung im druidischen Kollegium von Place erhielt. Wenn man die beiden Religionen miteinander vergleicht, ist diese Behauptung nicht ganz und gar widersinnig: Auch die Druiden glaubten an einen unsichtbaren Schöpfer

und die Unsterblichkeit der Seele – zwei Glaubenselemente, die zum Fundament beider Religionen gehörten bzw. gehören und sie von allen anderen Völkern in der alten Welt während dieser geschichtlichen Epoche unterschieden.

Joseph von Arimathia wird im *Talmud* als Onkel von Jesus bezeichnet, und seine Erwähnung als *Nobilis Decurio* in der Bibelübersetzung des heiligen Hieronymus wäre ein Hinweis darauf, daß er eine hohe Stellung im Römischen Senat innehatte und Aufseher über die Bergwerke war. Außerdem besaß er als wohlhabender Kaufmann eine große Schiffsflotte und Karawanen, die in viele fremde Häfen und Städte reisten. Dies führt uns zu einem weiteren auffallenden Merkmal der Kirche in Place, nämlich ihrer Glocke. Als sie vor einiger Zeit von Fachleuten untersucht wurde, entdeckten diese zu ihrem Erstaunen, daß es sich bei ihrem Material nicht um ein gehämmertes Metall, sondern um Gußbronze handelte. Dieses Metall, das unerklärlich hart ist und nicht rostet, läßt sich mit keinem modernen Metall vergleichen – ein Hinweis darauf, daß die damaligen Glockenbauer wahrscheinlich mehr über Metallurgie wußten als die modernen Wissenschaftler. Im Archäologischen Museum von Jerusalem gibt es eine Sammlung solcher Bronzen, die auf die Phönizier zurückgehen sollen, ein rätselhaftes Volk rothaariger Menschen, das in der mittleren Bronzezeit um 3000 v. Chr. lebte.

Die Phönizier trieben auch Handel mit den Kelten Cornwalls, und die Druidenstätte in Place soll genau die Stelle sein, wo die Phönizier während ihrer ausgedehnten Besuche ein kleines Fort mit einem Tempel errichteten; von dort aus überwachten sie das Schmelzen der Metalle zu Barren, die leichter zu transportieren waren. Wir wissen, daß die Kelten den Phöniziern Zinn, das Hauptmetall für die Bronzeherstellung, lieferten. Zinn, Kupfer und Zink, die drei Metalle, aus deren Verbindung Gußbronze bestand, wurden in Cornwall geschürft. So könnte die Glocke von Place entweder von den Kelten unter Anleitung der Phönizier gegossen oder ihnen als Geschenk oder Bezahlung übergeben worden sein. Die Formel dafür bleibt jedoch bis heute ein Geheimnis – vielleicht ist sie ein Relikt der untergegangenen Zivilisation von Atlantis?

Bergleute aus Cornwall haben im Laufe der Jahrhunderte immer wieder erklärt, daß Joseph von Arimathia ein Zinngießer gewesen sei. Der Beweis für eine solche Behauptung könnte auf einem Stein zu entdecken sein, der sich nun in der Kathedrale von Truro befindet. In den Stein, der in einer Zinngrube in Cornwall gefunden wurde, ist das Wort »Jesus« in Aramäisch, der Sprache Palästinas zur Zeit Christi, eingemeißelt. Um diese Zeit war Glastonbury eine Insel mit einem Hafen, von wo aus Blei aus den Mendip Hills in alle Teile des Römischen Reiches exportiert wurde.

Glastonbury war jedoch nicht nur ein blühender Handelshafen, sondern als »Insel Avalon« auch das Zentrum der druidischen Religion. Die Druiden hatten die Ankunft des Christentums vorausgesagt und wußten von Jesus als *Hesus*, wobei sich dieser Name von der alten Sonnengottheit Hu ableitete. Die Kelten von Cornwall und der Bretagne behaupteten außerdem, daß die heilige Anna, die Großmutter von Jesus, eine keltische Prinzessin gewesen sei. Dies würde ihre eifrige Bekehrung zum Christentum weitaus überzeugender erklären als der Einfluß der frühen Missionare. Und weshalb wohl verloren die Druiden ihren äußerst mächtigen Einfluß so plötzlich? Blutsverwandtschaft, besonders von der mütterlichen Seite her, besaß für die Kelten eine ganz besondere Bedeutung, und allein dieser Faktor könnte das Hauptmotiv für ihre rasche Bekehrung gewesen sein! Die wenigen Druiden, die sich anfangs der Verbreitung des Christentums widersetzten, gehörten vielleicht anderen Stämmen mit unterschiedlicher Loyalität und Abstammung an.

Der Sauerklee

Als St. Patrick den Kelten die Evangelien predigte, pflückte er den zarten Sauerklee als Symbol für die Dreieinigkeit. Er blühte zwischen Ostern und Pfingsten, einem Zeitraum also, in dem sich der Heilige Geist auf die ersten Apostel herabsenkte, die dann dazu autorisiert waren, in Gottes Namen die Lehre zu verkünden.

Es gibt eine Vielfalt von Sauerkleegewächsen, von denen einige seit alter Zeit wegen ihrer Verwendung in der Küche und als Heilmittel angebaut worden sind. Die irische Landbevölkerung stellt immer noch eine sehr beliebte »Grüne Sauce« aus den Blättern her, die mit Essig und Zucker zerstampft werden. Man ißt sie zu kaltem Braten. Im sechsten Mondmonat des Jahres wurde der winzigkleine blühende Sauerklee feierlich in den Wäldern gesammelt und auf die Fußböden gestreut, um das Haus vor Pest und Krankheit zu schützen. Die Druiden nutzten die heilenden Eigenschaften des auf Wiesen wachsenden Gemeinen Sauerklees zur Blutreinigung und zur Kräftigung eines schwachen Magens. Er wurde auch als Wundheilmittel verwendet, das entzündungshemmend wirkte und Schwellungen zurückgehen ließ.

Der Weißdorn

Die Mythologie des Weißdorns ist sowohl mit Heiligkeit wie mit Unglück verbunden. Wie beim Sauerklee besteht auch ein Zusammenhang mit St. Patrick, und in der irischen Grafschaft Wicklow wird der heilige Weißdorn, der über Quellen wächst, immer noch »St. Patrick's Thorn« genannt.

Im *Brehon Law*, dem Buch des altirischen Gewohnheitsrechts, wird der Weißdorn als *sceith* bezeichnet. Dieser Name hängt mit der indogermanischen Wurzel *sceath* oder *sceth* zusammen und bedeutet »schaden«; es besteht auch eine Verbindung zu dem altnordischen Wort *skathi*. Das englische *scathe*, das sich davon ableitet, bedeutet »verletzen« oder »angreifen«. Der Weißdorn bildet eine undurchdringliche Hecke, was in seinem Namen Hagedorn (engl. *hawthorn*) anklingt, und die englischen Bezeichnungen »pixie pears« und »cuckoo's beads« für seine roten Früchte erklären sich aus seiner Verbindung zum Feenvolk.

In der Legende, die den heiligen Aspekt des Weißdorns mit dem »Glastonbury Thorn« verbindet, der am alten Weihnachtstag (5. Januar) und dann wieder im Mai blühte, hieß es, daß er ursprünglich aus der Dornenkrone Christi entstanden sei. Eine andere Verbindung zu einer Krone betrifft die kleine Krone vom Helm Königs Richards III., die nach seinem Tod in der Schlacht von Bosworth in einem Weißdornbusch gefunden wurde. Als Zeichen für seinen Sieg wählte Heinrich VII. aus dem Hause Tudor daraufhin einen Weißdornbusch als Wappenemblem. Der Weißdorn findet sich auch in den Abzeichen, Wappenschilden und im Helmschmuck mehrerer schottischer Clans.

In der walisischen Mythologie erscheint der Weißdorn in der Gestalt des bösartigen Riesen Ysbaddaden Benkawr, dem Vater der Olwen. Kulhwch (oder Kilhwych), Sohn von Kilydd, will um die Hand von Olwen anhalten, doch der Weißdorn-Riese legt der Hochzeit allerlei Hindernisse in den Weg und verlangt eine Mitgift von dreizehn Schätzen, die alle schwer zu beschaffen sind. Der Riese haust in einer Festung, die von neun Pförtnern und neun Wachhunden bewacht wird – ein Zeugnis für die Stärke des Tabus gegen Hochzeiten im Monat des Weißdorns!

Der doppelte Aspekt des Monats Mai wird von der Unterteilung des keltischen Mondtierkreises sehr einsichtsvoll aufgegriffen. Die beiden letzten Wochen des vorangegangenen Weidenmonats waren eine Zeit der Gelage und orgiastischen Riten. Dadurch sollte die Fruchtbarkeit des Sommers gesichert werden, doch hatte dies nichts mit Heirat und Ehe zu tun. Die Heiligkeit der Ehe stand bei den Kelten in hohen Ehren. Der beste Zeitpunkt für eine Hochzeit war der Spätsommer und Herbst, wenn die Ebereschenbeeren vom Baum fielen und die Erde rot färbten, was als sehr kraftvolles Symbol für zukünftige Fruchtbarkeit galt. Der Monat des Weißdorns, der am 13. Mai begann, war jedoch eine Zeit der Reinigung und erzwungener Keuschheit. Diese Umlenkung von Energie war notwendig, um die Macht der elementaren Kräfte, die in den vorangegangenen zwei Wochen erweckt worden waren, wieder aufzuheben. Auch die Sonne, ein Symbol für die sie umgebende Lebenskraft, bereitete sich darauf vor, wieder in die Erde hinabzusinken. Die Menschen mußten sich daher auf die Arbeit vorbereiten, die noch vor ihnen lag – auf die Feldarbeit und die Jagd.

Der Weißdorn kommt in vielen Überlieferungen vor, doch die Landbevölkerung in einigen Teilen Britanniens assoziiert Weißdornblüten noch heute mit dem Geruch der Großen Pest von London. Deshalb (oder vielleicht aufgrund von noch älteren Erinnerungen) wird es heute noch für äußerst unheilvoll gehalten, blühenden Weißdorn ins Haus zu bringen, da er mit Todesgeruch assoziiert wird. Seine wirksamen Inhaltsstoffe sind von Kräuterkundigen jedoch seit Jahrhunderten als Herztonikum verwendet worden. Auch die Druiden nutzten diese Eigenschaften, um den durch das Alter gebrechlichen Körper zu kräftigen. Die Schmiede verwendeten das Holz für ein Feuer von großer Hitze, denn mit seiner Holzkohle konnten sie Roheisen ohne Zuhilfenahme eines Blasebalgs schmelzen.

Uath

In der englischen Übersetzung lautet dieses Wort *horror* (»Schrecken«) und verweist auf den altirischen Gott Uath Mac Immomuin (»Schreckenssohn des Entsetzens«), der sich in unendlich viele erschrek-

kende Gestalten verwandeln konnte. Es besteht auch ein Zusammenhang mit Uathach (»Gespenst«), einer Tochter von Scathach, der großen Krieger-Königin und Seherin, die den keltischen Helden Cúchulainn die todbringenden Kampfeskünste lehrte. Dagegen unterwies Uathach Cúchulainn auch in der sanfteren Kunst der Liebe. Ihre Heimat, die Isle of Skye, war jedoch als »Land der Schatten« bekannt, und nur die mutigsten Krieger begaben sich dorthin, um ihre Fertigkeiten zu vervollkommnen, wobei viele bei diesem Versuch starben. Sowohl Uathach als auch Scathach, die »Schattige«, verkörpern übernatürliche Kräfte, die dazu beitragen können, daß Frauen und Männer ihr Potential voll und ganz nutzbar machen.

Die Verbindung zu Mythen

In der griechischen Mythologie hieß Vulkan (oder Vulcanus), der Gott des Feuers und der Schmiede, auch Hephaistos und war ein Sohn von Zeus und Hera. Unglücklicherweise zog er den Zorn seines Vaters auf sich und wurde vom Berg Olymp, dem griechischen Götterhimmel, auf die Erde herabgeschleudert, wobei er sich am Bein verletzte. Daher wurde er später als »der Lahme« bezeichnet – ein Titel, der auch mit dem lahmen Fischerkönig aus den Legenden um den Heiligen Gral assoziiert wird und der in allen alten Weisheitslehren in einem heiligen Kontext steht und mit der Einweihung in höhere Mysterien zu tun hat. Auch die Phönizier setzten Vulkan mit ihrem Schmied-Gott Tubal Kain gleich, der in der Bibel aufgrund seines Namens als Nachkomme von Kain bezeichnet wird.

Zwischen Eisenbearbeitung und Alchemie besteht eine enge, geradezu übernatürliche Beziehung, die das Schmiedehandwerk mit der Einweihung in die Männergemeinschaften der keltischen Mythologie verbindet. In den jugendlichen Heldentaten von Cúchulainn und Finn spielt die Begegnung mit einem Schmied immer eine entscheidende Rolle als Einweihungsritual. In der walisischen Mythologie waren die Druiden des *Pheryllt*-Ordens Alchemisten und Metallurgen, die im Umgang mit Feuer geübt waren. Ihr Zentrum in der Stadt Emrys lag in einer verborgenen Burg auf dem Gipfel eines der höchsten Berge von Snowdon, an einem mystischen und magischen Ort, wo die höheren Mächte weilten. Der Weg dorthin bedeutete, die höchste Einweihung in die Mysterien zu erleben. Die verborgene Burg von Emrys ist auch mit der spiralförmig angelegten Burg von Arianrhod (Ariadne) verknüpft. Diese Mondgöttin trägt den Titel »Dame mit dem Silberrad«, und sie wird mit Arachne, der Spinnengöttin aus der griechischen Mythologie, gleichgesetzt.

James Vogh untersucht in seinem Buch *Arachne Rising* sehr kenntnisreich und detailliert die Vorstellung der 13 druidischen Mondzeichen. In seiner Gegenüberstellung von Parallelen entspricht der Monat des Weißdorns dem verborgenen dreizehnten Zeichen des ursprünglichen griechisch-römischen Tierkreises. Er stellt auch einige nützliche Beobachtungen über das Weißdornzeichen an. Demnach ist es für diese Menschen charakteristisch, über direkte Kommunikation Einfluß auszuüben (ob in der Politik oder in den darstellenden Künsten), wobei der Schlüssel hierfür in ihrer Fähigkeit des Mitempfindens liegt. Dann lenkt er die Aufmerksamkeit auf das Sternbild Auriga, das zwischen Stier und den Zwillingen liegt und dessen Hauptstern Capella von den Druiden genauer als jeder andere Stern am nördlichen Himmel beobachtet wurde. Auriga (»Fuhrmann«) war im griechischen Mythos auch das Sinnbild für Erichthonius, den deformierten Sohn des Hephaistos/Vulcanus.

Die astrologische Bedeutung

In der traditionellen Astrologie wird Vulkan immer noch als ein hypothetischer Planet angesehen, doch die Chaldäer und die altägyptischen Astronomen-Priester kannten ihn und bezogen sich auf ihn. Sie glaubten, daß Vulkan früher einmal eine wichtige Gottheit der Atlanter gewesen wäre und diese auch die vollständigen Tabellen über seine Bewegung besessen hätten, die jedoch in der Sintflut verlorengingen.

Alice Bailey hat in ihrem Buch *Esoterische Astrologie* viel über Vulkan zu berichten. Er wird als heiliger Planet angesehen, der das Zeichen Stier durch das Kehlkopfchakra regiert. Nach ihrer Ansicht ist das ganze Geheimnis der göttlichen Absicht und Vorsehung im Zeichen Stier verborgen, und zwar aufgrund seiner Beziehung zu den Plejaden und Vulkan. Die Polarität von Vulkan und Pluto, einem nicht-heiligen Planeten und Herrscher des Zeichens Skorpion, markiert das geozentrische Aufgehen der Plejaden Ende Oktober, während Vulkan ihren Untergang Mitte Mai anzeigt. Der Einfluß von Vulkan liegt darin, daß er bis in die tiefsten Tiefen des menschlichen Wesens dringt, während Pluto die Dinge an die Oberfläche zieht und alles zerstört, was in den niederen Bereichen hinderlich ist.

Die Bedeutung von Vulkan als Schmied-Gott in der Mythologie der Kelten ist ein wichtiger Faktor für die Deutung ihrer Kultur und Spiritualität. In der traditionellen Astrologie wird der innerhalb der Merkurbahn gelegene Planet Vulkan vielleicht eher übersehen und von den modernen Astrologen ignoriert. R. L. Weston beschreibt in seinem Buch über Vulkan dessen Wirkung im Horoskop als »feurig, explosiv und vergeistigt« – eine Zusammenfassung, die auf den keltischen Charakter zutrifft und das ihm eigene Merkmal von *élan* oder Feuer zum Ausdruck bringt.

Die archetypische Gestalt

Der keltische Schmied-Gott Govannan oder Goban ist die keltische Entsprechung zu Vulkan, obwohl ihr Sonnengott Lugh ebenfalls Waffen schmiedete. Diese alte Beziehung zum Schmiedehandwerk und zur Initiation durch Feuer ist ein Reinigungsaspekt, der sich sehr gut mit der besonderen Bedeutung des Weißdornmonats in Verbindung bringen läßt. Die gemeinsame Mythologie des Weißdorns und der Schmiede-Götter der Druiden bietet eine klare Analogie für die Deutung.

Die Verbindung zu der rätselhaften keltischen Göttin Arianrhod fügt eine latent vorhandene Charaktereigenschaft hinzu. Die Weißdorn-Persönlichkeit ist in erster Linie eine Kombination aus vielfältigen Anlagen, und das der Arianrhod zugeschriebene rätselhafte Element sorgt für den sechsten Sinn, der Ähnlichkeiten mit dem Weidenzeichen aufweist. Es gibt jedoch einen Unterschied im Temperament, denn der Weißdorn-Charakter wird weniger von Emotionen beeinflußt; dies weist auf den Aspekt der Einweihung in Vulkans Wissen und Fähigkeiten hin. Seine alte Abstammung und Mythologie liefert auch viele wichtige Informationen für die Deutung, ist vielleicht aber mehr symbolisch für das dunklere Element in der menschlichen Psyche zu verstehen.

Die Persönlichkeit des Baumzeichens

Weißdorn-Persönlichkeiten sind ausgesprochen charismatisch und stecken voller innovativer Ideen. Das Bedürfnis nach schöpferischer Aktivität drückt sich in einer Vielzahl von Interessen und Beschäftigungen aus. In diesem Zeichen Geborene sind vielseitig begabt und passen sich Veränderungen in ihrem Leben mühelos an. Sie sind den keltischen Barden und Druiden der alten Zeit verwandt, denn oft bieten sie hervorragende Leistungen in den darstellenden Künsten und werden ganz von selbst von diesen Wirkungsbereichen angezogen. Die Gabe, andere zu beeinflussen, wird durch die Fähigkeit des Mitempfindens, eine sehr positive Reaktion und persönliche Qualität, auf kluge Weise gemäßigt. Zu den bekannten Weißdorn-Persönlichkeiten gehören Marilyn Monroe, Lawrence Olivier, John F. Kennedy, Sir Arthur Conan Doyle, Florence Nightingale und Königin Victoria.

Positive Aspekte

Weißdorn-Persönlichkeiten besitzen eine lebendige Spontaneität und das Geschick, auf allen Ebenen zu kommunizieren. Sie verfügen über eine große Vielfalt persönlicher Fähigkeiten und ein glühendes Selbstvertrauen, das große Führer und Menschen hervorbringt, die andere inspirieren. Ihr mitfühlendes Wesen macht sie auch zu guten Zuhörern, und sie sind aufrichtige und treue Freunde.

Negative Aspekte

Sie haben jedoch auch ein sehr sprunghaftes Temperament, das wahrscheinlich ab und zu in Form von Zornesausbrüchen explodieren wird, die sich verbal mit großer Schärfe ihr Ziel suchen. Wenn sie sich irgendwann einmal bedroht fühlen, werden sie auch Pläne oder Intrigen ersinnen, um die Absichten ihrer Widersacher zu durchkreuzen, wobei sie einen scharfsinnigen Einblick in deren Schwächen haben.

Allgemeines

Ihre große Stärke liegt in der Tat darin, die Schwäche ihrer Gegner zu kennen. Sie sind aber keine skrupellosen Menschen, sondern lediglich kluge Strategen. Dabei handeln sie oft aufgrund von intuitiven Ahnungen, was vielleicht ein höheres persönliches Risiko einschließen wird. Deshalb passen sie sehr gut mit Erlen-Persönlichkeiten zusammen, da beide tatkräftige Menschen mit rascher Auffassungsgabe sind. Diese beiden Zeichen sind wie Richtungsweiser für andere und geben eher den Anstoß zur Bewegung, als Bestehendes zu sichern. Weißdorn-Menschen werden daher auch an fast allen sportlichen Aktivitäten teilnehmen und eine Vielzahl von öffentlichen Veranstaltungen eifrig unterstützen.

Ihr Humor kann scharf und voller Anspielungen sein, die weniger schlagfertige Menschen oft nicht mitbekommen. Diese Begabung erklärt auch ihre Neigung zur Schriftstellerei und zum Journalismus. Da sie auf allen Ebenen äußerst kommunikativ sind, stellen die öffentlichen Medien einen Lebensbereich dar, der sie wie ein Magnet anziehen wird. Sie passen sich jeder Situation an, die das Leben ihnen zu bieten hat, und werden ihre persönlichen Fähigkeiten zu einer besonderen Kunst umdefinieren. Welchen Hintergrund oder welche natürlichen Anlagen sie auch haben mögen, früher oder später werden sie oben angelangt sein.

Das Liebesleben

Persönliche Beziehungen drehen sich bei ihnen um die Frage, ob diese lange genug aufrechterhalten werden, um eine dauerhafte Verbindung daraus zu machen. Sie langweilen sich sehr schnell, was dazu beiträgt, daß sie sich aller Möglichkeiten im Leben bewußt bleiben. Ihre Lebhaftigkeit, die anziehend auf Menschen wirkt, macht sie zu zauberhaften Freunden, doch bisweilen vielleicht zu weniger guten Partnern. Sie haben – ähnlich wie die Weiden-Menschen – eine äußerst sinnliche Natur und persönliche Attraktivität, doch insgesamt ein geselligeres Temperament. Einige Weißdorn-Persönlichkeiten sind zwar weniger extrovertiert, aber auch sie scheuen sich davor, persönliche Verpflichtungen einzugehen.

Sie sind liebevolle, aber strenge Eltern – vielleicht deshalb, weil sie mögliche Tricks und Täuschungsversuche selbst nur allzugut kennen!

Zusammenfassung

Ihr Lebensstil ist abwechslungsreich und aufregend, zumindest nach außen. Privat sind sie oft weitaus ruhiger – oder möchten Ihnen diesen Eindruck jedenfalls vermitteln! Für den Weißdorn-Charakter ist das Leben eine Herausforderung, und er will von allem kosten, was im Angebot ist. Sein jugendliches Aussehen hat eine Art von Frische, die selbst bis ins Alter anzudauern scheint. Das Geheimnis dahinter ist sein beweglicher Geist und die Bereitschaft, das auszuprobieren, was das Leben zu bieten hat. Diese Merkur/Vulkan-Qualität hat alle Qualitäten eines Lebens in immerwährender Bewegung – in stetigem Fluß, niemals stillstehend. Wenn er einmal entspannt, dann steht vielleicht die ganze Erde für einen Augenblick still.

Kapitel 7

DIE EICHE

DUIR

10. Juni – 7. Juli

Symbol:	der Planet Jupiter
Edelstein:	Diamant
Pflanze:	Huflattich
Archetypische Gestalt:	Dagda

»Ich bin ein Gott, der Feuer im Kopf entzündet«

Die Illustration

Die Eiche ist ein prächtiges Sinnbild für große Stärke und königliche Würde. Tief in ihren Wurzeln liegt der Doppelkopf von Janus, dem zweigesichtigen Gott über Leben und Tod, der symbolisch für den Wendepunkt des Jahres vom Sommer zum Winter steht. Das dichte, grüne Laubdach verbirgt in seinen Zweigen die heilige Mistel, deren Zauberbeeren wie Perlen schimmern. Ein weißgekleideter Druide steht mit einer goldenen Sichel bereit, um dieses Symbol für Unsterblichkeit zu ernten – ein Symbol des Lebens, das nicht direkt aus der Erde wächst.

Der Baum steht in einem Feuerkreis, dessen Flammen den sich opfernden Eichenkönig verschlingen. Er sitzt rittlings auf einem weißen Pferd, das sich himmelwärts aufbäumt, während die lodernden Flammen einen Pfeilhagel in alle Richtungen senden. Das Goldene Rad der Kelten steht symbolisch für das sich wandelnde Antlitz der Sonne, die ihren höchsten Punkt am Himmel erreicht hat und deren Niedergang nun beginnt. Die Sommersonnwende, die am 21. Juni gefeiert wird, wurde im druidischen Kalender *Alban Heffyn* genannt. Sie markiert den Wendepunkt, an dem die Sonne vorübergehend stillzustehen scheint, wenn sie ihren nördlichsten Punkt erreicht.

Der Diamant

In den meisten Religionen gilt der Diamant als Symbol für eine erhabene Gottheit. In der Frühzeit des Christentums wurde er als ein Sinnbild für Christus gesehen. Schon sein Name verbindet ihn mit dem griechischen Wort *adamas*, »unbezwinglich« oder »unbesiegbar«. Die Griechen glaubten, daß weder Feuer noch Wasser ihm etwas anhaben konnten und daß er eine Art von Allheilmittel darstellte, das viele Wohltaten verleihen konnte. Ebenso sind mit den berühmtesten Diamanten, wie dem *Koh-i-Nor* (»Berg des Lichtes«) oder dem Hope-Diamanten, aber auch unheilvolle Geschichten verknüpft. Die Hindus glaubten, daß Diamanten entstanden, wenn der Blitz auf Gestein traf, und auch die Druiden assoziierten übernatürliche Kräfte mit ihm. Zu seinen beliebtesten Vorzügen gehört, daß er Treue und dauerhafte Liebe hervorrufen soll, und deshalb wird er noch heute in Verlobungsringen getragen.

Janus

In der römischen Mythologie ist Janus ein Gott der Vergangenheit, Gegenwart und Zukunft, der Tore und Eingänge, von Krieg und Frieden, der Herr aller Anfänge. Die Kelten scheinen sich diesen Gott während ihres Kontaktes mit den Römern offenbar »ausgeliehen« zu haben, doch da auch eine Beziehung zu den Trojanern bestand, könnte es sich um eine noch frühere Verbindung handeln. Janus verkörperte mehrere Aspekte ihrer eigenen Gottheiten, denn in ihrer Mythologie gab es eine Reihe von Göttern und Göttinnen, welche die Vermischung von Sterblichen mit unsterblichen Geistern repräsentierten. Die Kelten waren in dem Sinne »Opportunisten«, daß sie fremde kulturelle und religiöse Anschauungen eifrig annahmen und sie dann in ihre einzigartige und recht elitäre Religion der Druiden integrierten.

Hinweise auf Janus in der keltischen Mythologie, die Geoffrey of Monmouth in seinem Buch über die alten Herrscher Britanniens aufzeichnet, erwähnen eine keltische Prinzessin namens Cordelia, die ihren Vater, König Leir (Llyr), in einer unterirdischen Gruft unter dem Fluß Sore begrub, die ursprünglich zu Ehren von Janus erbaut wurde. Diese Geschichte hat vergleichbare Elemente mit dem singenden Haupt von Brân, das im Weißen Hügel von London als Schutz gegen Eindringlinge begraben wurde. Ein anderer Hinweis taucht in Merlins Prophezeiungen auf, wo er voraussagt, daß die alte, auf dem Eichenkult beruhende druidische Religion vom Christentum hinweggefegt werde. Merlin spielt mit den folgenden Worten auf Janus an: »Nach diesem soll Janus niemals wieder Priester haben. Seine Tür wird verschlossen und in Ariadnes Klüften versteckt bleiben.«

Janus versinnbildlichte die verborgene Weisheit der alten keltischen Götter und Göttinnen und war allen Kelten höchst heilig. Die sich opfernden Sonnengötter und früheren Eichenkönige wurden später bedeutungsgleich mit den archetypischen Gestalten in der Sage, wie beispielsweise König Arthur Pendragon. In ihm verkörperten sich sämtliche tugendhaften Eigenschaften, wie Wahrhaftigkeit, Ehrgefühl, Barmherzigkeit und Gerechtigkeit. König Arthur bildete das Verbindungsglied zwischen dem sich entwickelnden Geist des Menschen und den wundersamen Tugenden aller Sonnengottheiten, die vorher mit Hu Gadarn, dem Sohn des Schöpfers Celi und dem Barden-Gott Taliesin, gleichgesetzt worden waren. Andere Parallelen zu alten Weltenmythen zeigen ganz ähnliche Bezüge zu dem ägyptischen Gott Osiris und dem griechischen Gott Apollon, der Quelle aller spirituellen Entwicklung.

Das weiße Pferd

Dieses Symbol hat seinen heiligen Ursprung in einem Pferdekult Britanniens, der dort bereits lange vor der Ankunft der Kelten bestand und auf den die Steckenpferdmaskeraden in den englischen Weihnachtsspielen zurückgehen. Ein Überrest davon, während der britischen Steinzeit in Knochen geritzt und in der »Nadelloch-Höhle« in Derbyshire gefunden, zeigt einen Mann, der eine Pferdemaske trägt. Es gibt Zeugnisse für die Tierverehrung in der Eisen- und Bronzezeit, wobei das Pferd ein beliebter Totem-

Stammmesgott war. Pferde wurden auf den frühesten keltischen Münzen abgebildet, und die rätselhaften Figuren, die überall in England in die Kalkhügel eingeschnitten wurden, sind vorwiegend Pferdegestalten. Auch die Sachsen und Dänen verehrten das Pferd, und es gab ein Tabu, Pferdefleisch zu essen.

Huflattich

Der Huflattich ist eine Wildpflanze, die während des Eichenmonats blüht. Sie hat den passenden Namen, um die Mythologie des weißen Pferdes zu ergänzen. Ein alter Name für Huflattich lautet *filius ante patrem*, »der Sohn vor dem Vater«, weil die goldenen sternenartigen Blüten sich vor den breiten meergrünen Blättern zeigen.

Dieses Kraut wurde von den Druiden zumeist als Hustenmittel und gegen Kurzatmigkeit oder Asthma verwendet (volkstümliche Namen sind im Deutschen »Brustlattich« und im Englischen *coughwort*, »Hustenkraut« sowie auch »Pferdefuß« oder »Roßhuf«). In Frankreich werden die Blüten von *tussilage* noch immer auf die Firmenschilder von Apotheken gemalt.

Die Eiche

Die Eiche des keltischen Mondtierkreises ist der Baum von Zeus (römisch »Jupiter«) und Herakles in der griechischen Mythologie. In der keltischen Sage wird er mit dem Dagda, dem König der altirischen Götter, assoziiert. Alle Donnergötter, wie beispielsweise der altnordische Gott Thor, stehen mit der heiligen Eiche der Druiden in Verbindung, denn wie die Esche soll die Eiche den Blitzstrahl anziehen. Während des siebten Mondmonats schnitzten die Druiden als Schutz gegen Blitzeinschlag in die Eichenstämme einen Kreis, der in vier gleiche Teile geteilt wurde. Dieser Brauch ist bis heute bei einigen alten Förstern in England anzutreffen, die immer noch dieses Symbol in den Baum schnitzen, damit er nicht umstürzen soll.

Die Eiche ist untrennbar mit der Geschichte der Britischen Inseln verknüpft. Lange wurde ein Eichenzweig in die Münzen geprägt, und in der Heraldik wird dieser Baum am häufigsten als Wappenzeichen verwendet. Die Eiche ist auch das Pflanzenabzeichen einiger schottischer Highland-Clans mit berühmten keltischen Vorfahren, deren direkte Abstammungslinien seltsamerweise durch den frühzeitigen Tod ihrer Erben heute jedoch alle ausgestorben sind.

Die Eiche ist dafür bekannt, langsam zu wachsen, doch sie ist einer der größten und ältesten noch erhaltenen Bäume Europas. Ihre Stärke und Ausdauer geben ihr eine unzerstörbare Qualität, die sie zum bevorzugten Holz für den Bau großer Häuser und Kirchen sowie für den Schiffsbau machten. Eichenstämme, die tausend Jahre in Torfmooren versunken waren, sind in einem guten Zustand geborgen und dann zu Bauzwecken verwendet worden.

Viele alte Geschichten und Sagen drehen sich um Eichen. Von dem englischen König Charles II. wurde berichtet, bei der Verfolgung durch die puritanischen *Roundheads* habe er sich in einer Eiche versteckt. Es gibt »Bibeleichen« in England und vielen anderen christlichen Ländern, die immer noch als religiöse Versammlungsorte für die Predigt der Psalmen und Evangelien genutzt werden – Zeichen für eine wahrhaft druidische Verbindung!

Die Heilkräfte der Eiche waren allen alten Völkern wohlbekannt. Die adstringierenden Eigenschaften der Rinde wurden von den Kräuterkundigen zur Bekämpfung von Fieber und Blutungen eingesetzt. Eichenrinde, die zu feinem Pulver zerkleinert und dann inhaliert wurde, hatte sich auch für die Behandlung von Schwindsucht im Frühstadium als sehr nützlich erwiesen. Die Druiden vermischten eine Abkochung aus Eicheln und Eichenrinde mit Milch und verwendeten diese als Mittel gegen giftige Kräuter und Arzneien. Zur Blütezeit im Eichenmonat stellten sie auch ein destilliertes Wasser unter Zugabe der Blütenknospen für die innere Reinigung des Körpers her. Das Wasser, das sich in den Höhlungen des Eichenbaumes ansammelte, wurde rituell für die äußere Reinigung des Körpers während des Sonnwendfestes benutzt.

Dieses Feuerfest an Mittsommer, das im christlichen Kalender am Abend des Johannistages begangen wird, wurde von den Kelten ursprünglich gefeiert, um die Sommersonnwende nach den Opferritualen des Eichenkönigs hervorzuheben. In Irland gilt es immer noch als Fest der Aine, einer Feengöttin und Schutzherrin von Munster. Sie war auch eine Mondgöttin und erfüllte die Sterblichen mit Leidenschaft. Ihr Name, der sich von *an* ableitet, bedeutet »hell«, und die mit ihr verbundene Zeremonie diente dem Zweck, das Land von bösen Geistern zu befreien. Dazu wurden Fackeln von den jungen Mädchen in einem feierlichen Umzug um die Felder und das Vieh getragen. Zu gewissen Zeiten soll Aine angeblich auch gesehen worden sein, wie sie die heilige Prozession anführte.

Die Feiern am Abend des Johannistages sind vor kurzem in Cornwall wiederbelebt worden. Eine Kette von Leuchtfeuern oder großen Freudenfeuern zieht sich dann über die ganze Halbinsel. Die hier mit dem Sonnwendtag verknüpfte Sage bezieht sich auf eine geheimnisvolle Erdgöttin, die »Dame der Blumen«. In dem Bemühen, die alte keltische Sprache wiederzubeleben, versammeln sich die Menschen auf den Hügeln, bevor die Feuer entzündet werden, und sprechen ein Segensgebet in Kornisch. Alle bringen Kräuterbündel und Blumensträuße mit, die auf den Holzstoß geworfen werden, bevor dieser von einem lokalen Würdenträger angezündet wird. In der Tat eine seltsame Zeremonie – doch die Handlung, die Pflanzen auf das Feuer zu werfen, erinnert an die Opferblume der Eiche: den Eichenkönig.

Duir

Duir, der Buchstabe und das Wort für Eiche, bedeutet »Tür«. Es ist mit dem altgälischen *dorus*, dem lateinischen *foris* und griechisch *thura* verwandt, die sich alle von dem Sanskritwort *dwr* ableiten. In jeder Sprache existiert ein Wort, welches darauf schließen läßt, daß Türen aus Eichenholz die stärksten Wächter gegen das Böse sind.

Die Jupiter-Symbolik

Als Gottheit galt Jupiter als Symbol für rituelle Verehrung. In der druidischen Religion war er ein Opferpriester. Zum Zeitpunkt des Eichenmonats im Ritualjahr der Druiden wird die Sonne von ihrem dunklen Zwilling geopfert, der dann die Herrschaft über die Lebensquelle der Menschen antritt. Von nun an entfernt sich die Sonne von der Erde, die Tage werden kürzer und dunkler. Im spirituellen Sinn wurde dies als weitere Einweihung gesehen, doch der Wechsel der Jahreszeiten zeigte die Veränderungen im Sonnenlauf an, während die Mondkönigin immer gleich war.

Die Verbindung zu Mythen

Zwischen der Pferdegöttin Rhiannon aus der walisischen Mythologie, der gallischen Göttin Epona und der irischen Göttin Macha bestehen Zusammenhänge. Außerdem wird durch Rhiannon eine angemessene keltische Verbindung zu dem Gott Jupiter hergestellt, der mit dem weisen Kentauren Chiron assoziiert wird, einem Fabelwesen mit dem Oberkörper eines Menschen und dem Unterkörper eines Pferdes.

Rhiannon, die Tochter von Hevydd Henn, war die Gemahlin von Pwyll, dem Herrscher von Annwn (Hades); im späteren Sagenzyklus der keltischen Mythen ist sie danach aber mit Manannán, dem Sohn des Meeresgottes Lir, verheiratet. Während ihrer ersten Ehe wartete Pwyll ungeduldig auf einen Erben. Endlich war es soweit, doch nach einer langen und schmerzhaften Entbindung wurde das Kind von Gwawl, einem abgewiesenen Freier Rhiannons, gestohlen. Die bei der Geburt anwesenden Frauen waren eingeschlafen, und aus Angst um ihr Leben heckten sie nun einen furchtbaren Plan aus. Sie töteten ein Hündchen und schmierten sein Blut über Gesicht und Hände der schlafenden Rhiannon. Als diese erwachte und nach ihrem Kind fragte, erzählten sie ihr, sie selbst habe sie alle in der Nacht mit ihrer unbändigen Kraft überwältigt und das Kind verzehrt. Sie wiederholten die unwahre Geschichte auch gegenüber Pwyll, der ihnen zwar glaubte, aber Rhiannon nicht hinrichten lassen wollte, wie sein Hof es forderte. Statt dessen verhängte er eine schreckliche Bestrafung über sie, die als »Rhiannons Buße« bekannt wurde: Sie sollte sieben Jahre lang an den Toren der Festung sitzen, jedem vorüberziehenden Fremden ihre Geschichte erzählen und ihm dann anbieten, ihn auf ihrem Rücken in den Palast zu tragen.

Nicht weit davon entfernt und zur gleichen Zeit hatte ein Mann namens Teirnyon von Gwent Is Coed, der die schönste Stute der Welt besaß, ebenfalls erlebt, daß ihm etwas auf rätselhafte Weise abhanden kam. Nachts wurden die neugeborenen Fohlen der Stute gestohlen. Teirnyon war entschlossen, die Wahrheit herauszufinden. Als die Stute das nächste Mal ein Fohlen warf, versteckte er sich im Stall und hielt Wache. Ein langer Arm mit Klauen griff durch das Fenster, um das Fohlen zu schnappen, doch da schlug Teirnyon augenblicklich mit seinem Schwert zu und trennte den Arm bis zum Ellbogen ab. Als er nach draußen eilte, konnte er niemanden sehen und nur ein lautes Wehklagen hören, das sich in der Dunkelheit entfernte.

Als er zum Stall zurückkehrte, lag an der Türschwelle, in einen Satinumhang gehüllt, ein neugeborenes Kind. Teirnyon und seine Gemahlin waren kinderlos. Daher wurde das Kind liebevoll aufgezogen, und das in derselben Nacht geborene Fohlen wurde zu seinem treuen Gefährten. Als das Kind heranwuchs, hörten Teirnyon und seine Gemahlin jedoch von der Bestrafung Rhiannons und erkannten die deutlichen Gesichtszüge des Königs in ihrem Pflegekind. Schweren Herzens beschlossen sie, das Kind zum Palast zu bringen und ihre Geschichte zu erzählen. Auf diese Weise wurde Pryderi, der Sohn Pwylls, seinen erfreuten Eltern zurückgegeben. Die hinterhältigen Kammerfrauen wurden hingerichtet, und Rhiannon wurde unter großen Festlichkeiten wieder in ihre rechtmäßige Stellung eingesetzt.

Die astrologische Bedeutung

In der griechischen Mythologie, der Quelle für die traditionelle astrologische Deutung, verdrängt Zeus (Jupiter), der Sohn von Kronos (Saturn), seinen eigenen Vater, ebenso wie Kronos selbst seinen Vater Uranos entmachtet hatte. Zeus/Jupiter focht dann einen langen Kampf mit den Titanen aus, um als höchste Gottheit über den Himmel zu herrschen. Das Opferelement in seiner tieferen mythologischen Bedeutung entspricht der Hervorbringung von Licht als fortgesetztem Kampf mit den dunkleren Kräften oder, wie im Falle von Kronos, mit den begrenzenden und einschränkenden Kräften der Zeit.

In der traditionellen Astrologie ist Jupiter als »Wohltäter« bezeichnet worden, der nach oben zieht. Als Planeteneinfluß übt er symbolisch eine sehr günstige und nutzbringende Wirkung aus. Doch alle Planeten haben eine Doppelnatur, die positiv oder negativ sein kann. Das zu Übertreibung oder Maßlosigkeit neigende Wesen Jupiters steht symbolisch für ein extrem genußsüchtiges Verhalten des Menschen. In der *Esoterischen Astrologie* wird diese Zweigeteiltheit von Alice Bailey sehr deutlich erklärt. Bei der Beschreibung der Polaritätszeichen Zwillinge und Schütze, die von Merkur und Jupiter regiert werden, spricht sie davon, daß diese nicht auf die materielle Ebene, sondern auf den Aspekt des sterblichen bzw. unsterblichen Bruders fokussiert sind. Jupiter hat die Funktion, diese beiden Qualitäten zu entwickeln und den Kopf und das Herz, den Geist mit der Liebe zu verbinden.

Die archetypische Gestalt

Alle Eichenkönige stehen, wie bereits erwähnt, in Beziehung zu Jupiter und Zeus. Als Planetenherrscher wird daher Jupiter diesem Zeichen zugeordnet, das in der keltischen Astrologie mit dem Gedanken des Opfers verbunden ist. Der Dagda, der »Gute Gott«, ist der keltische Archetyp, der am besten die individuellen Eigenschaften zusammenfaßt, die mit dem Eichenzeichen assoziiert werden. Der Dagda bewirkte alle möglichen Wunder, um den Menschen zu helfen, und nahm Einfluß auf das Wetter, um eine gute Ernte herbeizuführen. Er war der druidische Gott der Tuatha de Danann und wurde zu ihrem Hauptgott in der Schlacht von Mag Tuired, als er erklärte, er werde alle Taten ausführen, welche die anwesende Ratsversammlung der Götter versprochen habe. Er war auch unter den Namen *Samildanach*, »der Vielbegabte«, bekannt und teilte diesen Titel mit dem keltischen Sonnengott Lugh.

Die Eichen-Persönlichkeit ist daher mit den vielfältigen Talenten ausgestattet, die auch dem Weißdorn-Charakter zugeschrieben werden; doch das Element des Opfers, das in allen Mythen in Verbindung mit diesem Zeichen erwähnt wird, entspricht einer gänzlich anderen Lebenseinstellung. Auch die Verbindungen zu Janus, einem Sinnbild für entthronte Götter, und die Bedeutung des rätselhaften Kultes der Pferdegöttin Rhiannon verweisen auf den Aspekt des Opfers und sorgen für das spirituelle Gleichgewicht eines Sonnen- und Mondtierkreises. Da Rhiannon nach dem Tode Pwylls Manannán heiratete, einen Meeresgott und Zauberer, würde dies ebenfalls darauf hindeuten, daß die Macht der Göttin in einem stärker magischen und mystischen Gewand fortbestand. Die mit allen Zeichen in Verbindung stehenden Mythen wurden ausgewählt, um Sonnenqualitäten mit Mondaspekten zu integrieren.

Die Persönlichkeit des Baumzeichens

Eichen-Persönlichkeiten sind sehr unternehmungslustig. In diesem Zeichen Geborene haben einen großen Weitblick und Humor, der den Ernst einer schwierigen Situation entschärfen kann. Ihr größter persönlicher Vorzug ist ihr Optimismus und die Fähigkeit, die Wahrheit auszusprechen ohne Rücksicht darauf, welche Folgen dies haben mag. Dieses Element der Selbstaufopferung trägt dazu bei, sie zu Sündenböcken oder Märtyrern zu machen, kann aber auch Teilnahme erwecken und ihre Sache fördern. Mangelnde Zurückhaltung und Besonnenheit ist jedoch ihr Schwachpunkt. In finanzieller Hinsicht neigen sie dazu, Risiken oder voreilige persönliche Verpflichtungen einzugehen. Durch ihre natürlichen Führungsqualitäten erregen sie Aufmerksamkeit und inspirieren andere. Zu den bekannten Eichen-Persönlichkeiten gehören Stanley, Lord Kitchener, Cecil Rhodes, W. B. Yeats und John Wesley.

Positive Aspekte

Sie besitzen eine große persönliche Anziehungskraft, die Ähnlichkeit mit dem Charisma der Weißdorn-Persönlichkeiten hat. Dieses Moment trägt sehr viel zu ihrem äußeren Liebreiz und ihrem Charme bei. In schwierigen oder gefährlichen Situationen werden sie instinktiv mit großer persönlicher Lauterkeit reagieren. Sie sind sehr philosophisch veranlagte Menschen und großzügige Freunde.

Negative Aspekte

Sie übertreiben leicht, was sie gelegentlich ausgesprochen unberechenbar und taktlos machen kann. Außerdem neigen sie zu Eitelkeit und Ruhmsucht. Ein ruheloser Geist kann oft ihre besten Leistungen gefährden oder zunichte machen und sie zu blindem Optimismus verführen.

Allgemeines

Eichen-Persönlichkeiten gehören zu dem Typ von Menschen, in denen sich die denkbar besten persönlichen Eigenschaften verkörpern. Sie werden daher zwangsläufig von anspruchsvollen Berufen und verantwortlichen Positionen im Leben angezogen. Oft üben sie über ihre berufliche Stellung großen Einfluß aus, doch wird diese Macht durch ein Bewußtsein von »Fairplay« im allgemeinen auf positive Weise gemildert. Sie können aber auch heftige Konkurrenten im Geschäftsleben sein und sind darin den Birken-Persönlichkeiten ähnlich; der Unterschied besteht darin, daß sie Gefallen am Wettstreit oder an den Konfrontationen im Leben finden und dazu bereit sind, im Sieg ebenso wie in der Niederlage großmütig zu sein.

In ihrem gesamten strategischen Vorgehen ist jedoch eine gewisse Naivität vorhanden, die sie angreifbar macht. Dies kann eine tiefere Bedeutung haben und steht damit in Verbindung, daß sie dem Urteil anderer Menschen vertrauen und nachlässig darin sind, die genaueren Einzelheiten eines Projekts oder Plans zu überprüfen. Im allgemeinen scheinen Eichen-Menschen jedoch mit großem Stil und Selbstvertrauen durchs Leben zu gleiten. Sie gewinnen einflußreiche und loyale Freunde für sich.

Das Liebesleben

Im Hinblick auf persönliche Beziehungen und ihr familiäres oder häusliches Leben besitzen sie manche bemerkenswerten Qualitäten, die sie zu idealen Partnern und Eltern machen. Der bereits erwähnte »blinde Fleck«, ihr manchmal zu vertrauensvolles Wesen, macht sie bei Streitigkeiten eher zu Opfern als zu Tätern.

An persönliches Verhalten legen sie hohe Maßstäbe, denen andere manchmal schwer gerecht werden können. Wenn diese Anforderungen zu Hause oder in der Ehe untergraben werden, wird zeitweise sehr viel von ihrer Motivation abgezogen oder fehlgeleitet werden. Wenn man dies berücksichtigt, haben sie auch die notwendige Stärke und Willenskraft, die meisten Hindernisse und Rückschläge zu überwinden – vorausgesetzt, ihr Herz ist daran beteiligt. Vielleicht sind sie in Herzensangelegenheiten verletzlicher als jedes andere Zeichen.

Zusammenfassung

Die moralischen Kernfragen im Lebens sind für die Eichen-Persönlichkeiten von großer Bedeutung. Dieser besondere Wesenszug wird möglicherweise Anlaß für ein Amt in der Lokalpolitik oder Kommunalverwaltung sein. Vielleicht werden sie auch Ratsmitglieder, Geistliche oder Laienprediger. Dies wird nicht allzu früh in ihrem Leben der Fall sein, denn zuerst müssen sie manche großartigen Projekte und Pläne vollenden. Sie werden immer bemüht sein, den Nutzen aus ihren Lebenserfahrungen mit Gespür und Großherzigkeit einzusetzen, denn alles, was sie tun, dient in ihren Augen einem Ziel. Die Zeit hat für sie insofern eine andere Bedeutung, als daß sie nie ein einschränkender Faktor ist, sondern nur an die Vollendung erinnert.

Während ihres ganzen Lebens wird es ihnen gelingen, viele Ziele zu erreichen und viele weitere Dinge in Gang zu bringen, die andere vollenden werden. Ihre bravourösen und aufopferungsvollen Taten können jedoch dazu führen, daß sie die wichtigeren und praktischeren Realitäten des Lebens vernachlässigen. Doch sie ziehen es vor, ohne Rücksicht darauf weiterzumachen – ein starker Charakterzug, der sie von allen anderen Zeichen unterscheidet.

Kapitel 8

DIE STECHPALME

TINNE

8. Juli – 4. August

Symbol:	*der Planet Erde*
Edelstein:	*roter Karneol*
Pflanze:	*Mädesüß*
Archetypische Gestalt:	*Danu*

»Ich bin eine Speerspitze im Kampf«

Die Illustration

Die Stechpalme steht symbolisch für den »immergrünen«, unsterblichen Aspekt der Seele in ihrer Ganzheit. Von dem Baum strahlt ein rotes lebensvolles Leuchten aus. Er wächst auf einem alten Grabhügel, der für die Transformation der Sonnenenergie in die Energie der Erdmutter steht. Als Symbol für die Zeit der Reifung und den Herbstanfang ist die Erdgöttin scharlachrot gekleidet. Sie sitzt auf einem schwarzen Onyxthron und hält das dreifache Symbol von Sonne, Mond und Erde in der Hand. Der Mondaspekt der Göttin ist zu dem hellsten Lichtsymbol aufgestiegen; die Sonnenenergie ist nun vollständig gebändigt, und die Erdmutter hat ganz die Herrschaft übernommen.

Ein flammender Speer hat sich zu Füßen der Göttin in die Erde gebohrt, während sie am keltischen *Lammas*-Fest ihre Macht symbolisch erneuert. Dies war ein altes Feuerfest, das am 1. August gefeiert wurde und mit der Vorstellung von der Umwandlung der magischen Kräfte des Weiblichen in Verbindung stand. Das heilige Sinnbild für die Erde – ein Kreis, der ein Kreuz mit vier gleich langen Armen umschließt – bildet das astrologische Symbol, in dem sich die magischen Energien des Zeichens widerspiegeln.

Der rote Karneol

Es handelt sich hierbei um eine rote oder rötlichgelbe Varietät des Chalcedons, der zu der Familie der Quarze gehört. Die magische Symbolik der Farbe Rot hat seit prähistorischen Zeiten überdauert. In Gräbern aus der Steinzeit wurden Menschenknochen gefunden, die mit rotem Ocker bemalt waren, der auch in altägyptischen Begräbnisriten eine noch kunstvollere Verwendung fand. Man glaubte, er werde sicherstellen, daß die Seele nach dem physischen Tod in den Körper zurückkehren und damit den unsterblichen Geist erhalten werde.

Der geschliffene und polierte Karneol war ein bevorzugter Stein für das Einschneiden von religiösen Symbolen; von den Babyloniern und Römern wurde er für Helmschmuck und Siegel verwendet. Die Druiden glaubten, daß er davor schütze, vom Blitz getroffen zu werden. Sie benutzten ihn auch als Schutz, wenn sie Dämonen oder Geister der Unterwelt anriefen.

Lammas

Lammas oder *Lugnassad* war das Jahreszeitenfest, das im keltischen Kalender den Herbstanfang und die Umwandlung des Mutter-Aspektes der Göttin anzeigte. Nachdem sie an Lammas durch den Eintritt in die Erde zur Reife gelangt ist, wird sie allmählich in die Alte Frau oder die Gestalt der *Cailleach* verwandelt, die am *Samhain*-Fest hervortreten wird. Die Erdgöttin hat im keltischen Mythos viele Namen; bei den alten Iren hieß sie Tailtiu oder Tailte und war die Pflegemutter ihres Sonnengottes Lugh. Ihr zu Ehren wurden am Lammas-Fest Spiele und kriegerische Wettkämpfe abgehalten, die den alten Olympischen Spielen glichen. Auch Hochzeiten gehörten zu den Besonderheiten dieses Festes – ein Brauch, der bis heute bewahrt geblieben ist.

Auch für die britannischen Kelten gab es eine Beziehung zwischen Lammas und Hochzeit, vor allem durch die mythische Hochzeit von Lugh (Lleu) und Blodeuwedd, die eine der anmutigsten Gestalten der Erdgöttin verkörpert. Die Geschichte von Blodeuwedd ist jedoch traurig, denn sie berichtet von einer treulosen Gattin. Ihre Bedeutung für den Monat der Stechpalme bezieht sich auf die Funktion von Gegensätzen, die durch Widrigkeiten neues Wachstum ermöglichen. Lleu Llaw Gyffes war der Sohn der Mondgöttin Arianrhod, die offensichtlich ihre Rolle als Mutter ablehnte und dem Glück ihres Sohnes jedes erdenkliche Hindernis in den Weg legte. Ihr Bruder Gwydion, ein Meisterzauberer, und die schattenhafte Gestalt von Math, einem Gott großen Reichtums, wurden zu Lleus Beschützern und Wohltätern. Als Arianrhod bestimmte, daß ihr Sohn »niemals eine Frau von der Rasse besitzen soll, die nun diese Erde bewohnt«, zauberten sie aus den Blüten der Eiche, des Besenginsters und des Mädesüß die anmutige Blodeuwedd.

Zum Unglück für Lleu verliebte sich Blodeuwedd jedoch in Gronw, den Herrn von Penllyn, und schmiedete mit ihrem Liebhaber ein Komplott, um ihren Gemahl zu töten. Es war nicht leicht, Lleu, der unter dem Schutz von Gwydion und Math stand, wie einen Sterblichen zu töten, doch auch er hatte – wie alle Sonnengötter und Helden der alten Mythen – eine Schwachstelle oder Achillesferse. Blodeuwedd überlistete Lleu, ihr seine geheimnisvolle Verletzbarkeit zu verraten, und unternahm dann mit Gronw den Versuch, ihn zu töten. Verwundet und fast leblos, gelang es ihm, in der Gestalt eines Adlers zu flüchten. Nach langer Suche entdeckte Gwydion ihn in einer Eiche, im keltischen Mythos »das Heiligtum eines edlen Herrn«, und gab ihm mittels seiner Magie seine menschliche Gestalt zurück. Gronw erlitt das Schicksal, das er Lleu zugedacht hatte, und Lleu wurde schließlich zum Herrn über Gwynydd.

Das Reich von Gwynydd war im druidischen Evolutionssystem der Ort, an den alle Menschen gelangen wollten. Der Übergang zwischen den Monaten der Eiche und der Stechpalme markiert den Eingang oder das Portal zu ihm. Blodeuwedd wurde in eine Eule verwandelt und flog davon, um fortan wie ein Geist durch die Nacht zu spuken. Auch Lleu wird im Ritualjahr wieder in der Gestalt von Taliesin, dem neugeborenen Kind der Cerridwen, auftauchen.

Mädesüß

Mädesüß, Wasserminze und Eisenkraut waren die drei Kräuter, welche von den Druiden in höchsten Ehren gehalten wurden. Sie benutzten Mädesüß als einfaches, aber äußerst wirksames schmerzstillendes oder schmerzlinderndes Mittel. Der lateinische Name *spiraea*, der aus dem Griechischen kommt, ist die Wurzel für das moderne Wort »Aspirin«. Seine aromatischen und adstringierenden Inhaltsstoffe machen es zu einem äußerst wertvollen Heilmittel für eine ganze Reihe von Beschwerden, bei denen Fieber und Schmerzen auftreten. Vielleicht ließen seine medizinischen Anwendungsformen dieses Kraut besonders heilig werden, und das Wissen der Druiden um solche Kräuter trug zu ihrer einflußreichen Stellung bei.

Duftende Kräuter, wie Mädesüß, Minze, Baldrian und Veilchen, wurden im Zeitalter Elisabeths I. von England auf die Fußböden in Brautgemächern gestreut. Sie alle waren der Venus oder – mit keltischem Namen – der Gwena geweiht. Ein volkstümlicher englischer Name für das duftende Mädesüß lautet *bridewort*, »Brautkraut«. Seine gelblich-weißen Blüten, die von Juni bis September blühen, zeigen einen beliebten Zeitpunkt für Eheschließungen an, was auf die Bräuche der Druiden zurückgeht.

Die Stechpalme

Die Stechpalme (*Ilex*) ist in den meisten Teilen Mittel- und Südeuropas heimisch. Sie wächst langsam, ist aber beispielsweise auf den Britischen Inseln der am weitesten verbreitete immergrüne Baum. (Die Stechpalme, deren Name sich aus ihrem stachligen Laub und ihrer Verwendung als Palm erklärt, ist *nicht* identisch mit der *Steineiche*, engl. »holly oak«, womit sie in der Literatur häufig verwechselt wird. Die Steineiche ist zwar immergrün, hat aber beispielsweise keine roten Beeren. Anm. d. Übers.)

Ihre Verwendung als Weihnachtsschmuck geht auf römische Zeiten zurück, denn bei den Römern gab es den Brauch, sich zur Feier der Saturnalien zusammen mit anderen Geschenken Stechpalmenzweige zu schicken. Der Ursprung läßt sich jedoch noch weiter zurückverfolgen bis zu den Druiden, die ihre Hütten während des Winters mit immergrünen Pflanzen als Aufenthaltsort für die Waldgeister schmückten. Sie nutzten auch die Heilkräfte der Stechpalmenblätter zur Linderung von Wechselfieber und rheumatischen Beschwerden.

Die immergrüne Stechpalme, die im Juli blüht und während der ganzen Wintermonate Früchte trägt, hat eine wundersame Abstammung und ist Gegenstand vieler alter Mythen und Sagen. In einer alten Legende wird sie »Christusdorn« genannt und soll aus den Fußspuren Christi entstanden sein, als er über die Erde wandelte. Ihre stachligen Blätter und die roten Beeren, die an Blutstropfen erinnern, wurden als Symbole für die Leidensgeschichte des Heilands angesehen. Diese Geschichte löst die Stechpalme aus den ursprünglichen heidnischen Bräuchen und bietet eine sanktionierte Form der Verehrung.

Tinne

Tinne, der Buchstabe und das Wort für die Stechpalme und den mit ihr verbundenen Monat, ist die Entsprechung von *dann* oder *tan*, womit im Keltischen jeder heilige Baum bezeichnet wird (vgl. unsere Tanne!). Es steht auch in Verbindung mit Tannua, einem gallischen Donnergott, der mit dem dunklen Tanist-Gott der Unterwelt in Verbindung gebracht wurde und unter einer Vielzahl von Namen bekannt war, wie beispielsweise der Grüne Mann, Jack-in-the-Green und Robin Hood. Sie alle verkörpern die dualistische Vorstellung, daß durch die schöpferische Kraft von alter Baummagie auf Tod Leben folgt.

Die Erdsymbolik

Häufig ranken sich Mythen um grundlegende Wahrheiten. Die mit der Stechpalme verbundene Sage vom Grünen Ritter hat mit dem unsterblichen Geist der Menschheit zu tun. Dieser wird verkörpert durch die Eichenkönige, die von den Stechpalmenkönigen, der Verkörperung des Heiligen Göttlichen Geistes, auf die Probe gestellt, aber verschont werden. (*Holly*, das englische Wort für »Stechpalme«, hat Anklänge an *holy*, »heilig«. Anm. d. Übers.) In der keltischen Mythologie der Stechpalme wird dieser Heilige Geist mit der Erdmutter-Göttin gleichgesetzt. Sie ist scharlachrot gekleidet und bewahrt das Geheimnis von Leben und Tod. In der Arthur-Sage wurde sie später mit der archetypischen Funktion von Morgan le Fay assoziiert, einer Zauberin, die wiederum die geheimnisvollen Kräfte des Weiblichen verkörpert. Morgan (Morgaine) steht auch für die Magie der *Sidhe*, des Feenvolkes, dessen Präsenz ein wichtiges Verbindungsglied zum eigenen Wesen und Ursprung der Kelten bildet.

Es gibt jedoch zwei unterschiedliche Aspekte der großen Muttergöttin, die in den keltischen Festen *Beltane* und *Lammas* deutlich hervorgehoben werden. Morgan le Fay ist in erster Linie eine Mondgöttin, deren Einfluß in sexueller Beziehung äußerst herausfordernd und verführerisch ist. Ihre Verbindung zu Beltane besteht in dem Aspekt von Umwandlung und Wachstum *über* der Erde, was mit einer spirituellen Empfängnis zu tun hat. Auch Lammas ist eine Zeit der Umwandlung der Muttergöttin, diesmal aber in den Aspekt der Mutter *in* der Erde oder der Erdmutter, und dies hat mit einem spirituellen Höhepunkt zu tun.

Die Verbindung zu Mythen

Der keltische Mythos, der am besten zum Zeichen der Stechpalme paßt und das magische Element des Baumes sowie die Tugend der Ehre beschreibt, ist die Geschichte vom Grünen Ritter in der irischen *Romance of Gawain and the Green Knight*. Später gelangt diese Erzählung in Form des alljährlichen Kampfes zwischen dem Stechpalmen- und dem Eichen-Ritter in die Arthur-Sage.

Während auf Camelot die Feierlichkeiten zum Neujahrstag begangen werden, erscheint dort ein grimmiger, rotäugiger Riese, der mit einer großen Axt bewaffnet ist. Sein breiter, buschiger Bart bedeckt seine Brust, doch er trägt weder eine Rüstung noch andere Waffen außer seiner scharfen Axt. Er ist völlig in Grün gekleidet, nur seine Sporen sind aus glänzendem Gold; er sitzt auf einem grünen Pferd, dessen festliches grünes Geschirr mit goldenen Glöckchen geschmückt ist. Ein solcher Anblick verschlägt allen die Sprache.

Der Riese fordert mit der Frage heraus, ob jemand kühn genug sei, ihm mit der Axt einen Hieb zu versetzen – und zwar unter der Bedingung, daß er am Neujahrstag des folgenden Jahres einem Hieb von seiner Hand standhält. Da bleiben alle Ritter stumm, und der Riese erklärt höhnisch, daß die Ritter der Tafelrunde sich besser ihrer mutigen Taten rühmen können, als sie auszuführen. Bei diesen Worten wird der König von großer Scham und Zorn geplagt und tritt zur Ehre seiner eigenen Ritterschaft vor, um die Herausforderung anzunehmen. Er wird jedoch von seinen Rittern zurückgehalten, die nun alle erschrocken sind über die gefährliche Lage, in die er geraten ist.

Mitten im Getöse verschafft Gawain, Arthurs junger Neffe, sich Gehör und bittet um die Chance, sich als Ritter auszeichnen zu dürfen. Zögernd willigt Arthur ein. Der Grüne Ritter aber lächelt grimmig und erkundigt sich nach dem Namen des jungen Mannes, der solchen Mut besitzt. Gawain nennt ihm seinen Namen und schwört, daß er den Grünen Ritter binnen Jahresfrist aufsuchen wird, um einen ähnlichen Hieb zu erhalten. Dann führt er mit der Axt einen heftigen Streich gegen den Hals des Riesen, dessen Kopf zu Boden fällt. Dennoch bleibt der Riese, der mit keiner Wimper gezuckt hat, aufrecht stehen, hebt dann in aller Ruhe seinen Kopf auf und schwingt sich wieder auf sein Pferd. Mit dem Kopf unter dem Arm erinnert er Gawain daran, ihn am nächsten Neujahrstag bei der Grünen Kapelle zu treffen.

Ein Jahr vergeht, und an Allerheiligen (*Samhain*) feiert der König ein großes Fest. Der ganze Hof nimmt Abschied von Gawain, denn alle glauben, daß sie ihn vielleicht nie mehr wiedersehen werden. Der Neujahrstag rückt näher. Gawain, der nicht feige oder unwillig erscheinen will, reitet mehrere Tage vor dem festgesetzten Zeitpunkt fort, um die Grüne Kapelle zu finden. Er reitet schnell durch die Nacht und versucht, seinen Ängsten nicht nachzugeben. Nachdem er durch einen dunklen Wald geritten ist, gewahrt er plötzlich auf einem Hügel über sich eine Burg. Er beschließt, dort um Obdach für die Nacht zu bitten, gibt seinem erschöpften Pferd die Sporen und erreicht die Burg, kurz bevor die Zugbrücke heruntergelassen wird.

Der Torwächter bringt ihn zum Burgherrn, einen großen, stämmigen Ritter, der ihn herzlich willkommen heißt. In jeder erdenklichen Weise wird für sein Wohlbefinden gesorgt, und später am Abend wird er zu einem Bankettsaal geleitet, wo sich eine fröhliche Gesellschaft von Rittern und Damen eingefunden hat. Gawain ist beeindruckt von der reichen Ausstattung und der warmherzigen Gastfreundschaft und denkt, daß seine letzten Tage wirklich vergnüglich verlaufen werden! Er erkundigt sich nach der Grünen

Kapelle und erfährt, daß sie zu Pferd in weniger als einer Stunde zu erreichen ist; doch er sagt keinem etwas von seinem Auftrag.

Gern nimmt er die freundliche Einladung seines Gastgebers an, in der Burg zu bleiben. Schon in der ersten Nacht ist er jedoch bestürzt, als er die schöne Burgherrin, die Gemahlin seines Gastgebers, in seinem Schlafgemach entdeckt. Ohne Erfolg versucht sie drei Nächte lang, ihn zum Liebesspiel zu verführen, doch er widersteht ihr mit großer Höflichkeit und Zurückhaltung.

Zur festgesetzten Zeit reitet er davon, um den Grünen Riesen zu suchen, und findet ihn wartend in der Kapelle. Als er seinen Hals auf den vorbereiteten Holzblock legt, schreckt er leicht vor dem geplanten Hieb zurück. Der Riese herrscht ihn an, sich ruhig zu halten, und führt dann einen mächtigen Hieb aus, der Gawains Hals zu versengen scheint, während die Axt tief in dem Holzblock steckt. Gawain ist gleichzeitig erstaunt und erschüttert darüber, mit knapper Not davongekommen zu sein. Der Riese stützt sich auf die Axt, die er wieder aus dem Block herausgezogen hat, und beginnt zu lächeln, während er seine haarige Verkleidung entfernt, um seine wirkliche Identität zu enthüllen – die des Burgherrn!

Der Grüne Ritter erklärt, daß Gawain, weil er die Liebesbezeugungen der Burgherrin abgelehnt und sein Versprechen gehalten hat, die Ehre der Tafelrunde wiederhergestellt hat. Er berichtet Gawain, die mächtige Morgan le Fay, die auch auf der Burg lebe, habe dies alles arrangiert, um ihren Bruder, König Arthur, auf die Probe zu stellen und ihm ihre Kräfte zu zeigen. Bevor Gawain sich auf den Weg macht, schwört er dem Grünen Ritter noch ewige Freundschaft und den Treueid.

Die astrologische Bedeutung

Astrologisch gesehen wird der Planet Erde durch seine alte Verbindung zum keltischen Lammas-Fest zu einem authentischen Herrscher dieses Zeichens. Die Erde ist lange Zeit als möglicher Herrscherplanet für mehrere Tierkreiszeichen vorgeschlagen worden, vor allem für die beiden Erdzeichen Stier und Jungfrau. Beide entsprechen aber nicht der in der nördlichen Hemisphäre fruchtbarsten Jahreszeit. In der traditionellen Astrologie, die auf griechisch-römische Quellen zurückgreift, fehlt die Erde. Dies ist äußerst fragwürdig, wenn man ihre Rolle während der Eklipsen und die großen Verschiebungen der Erdachse bedenkt, wodurch umwälzende Veränderungen hervorgerufen wurden, welche unbestreitbar die ganze Menschheit betroffen haben.

Die Wissenschaft der Astrologie beruht weitgehend auf geozentrischen Beobachtungen, wodurch die Erde symbolisch zum Mittelpunkt des Universums gemacht wird. Was man dabei aber nicht vergessen sollte, ist: Die Position der Sonne kann nur durch die Position oder Umlaufbewegung der Erde ermittelt werden. Möglicherweise ist das heliozentrische System, bei dem die Sonne im Mittelpunkt steht, von den Atlantern und anderen alten Rassen erforscht worden; heute wird es jedoch nur von sehr wenigen Astrologen verwendet. Die nautischen Jahrbücher geben die heliozentrischen Positionen aller Himmelskörper an, und genau dieser Punkt bestätigt ihren Wert für seefahrende Völker. Sowohl die Atlanter als auch die Kelten haben rätselhafte Ursprünge, die mit dem Meer in Verbindung stehen und die ihre allgemeinen Beobachtungen in erheblichem Maße beeinflußt haben können.

Die esoterische Astrologie und – wie es den Anschein hat – auch die keltische Astrologie versuchen beide, die Erde in sämtliche Aspekte spirituellen Wachstums einzubeziehen. Alice Bailey erwähnt genau diesen Punkt im Eingangskapitel ihrer Abhandlung *Esoterische Astrologie*:

> *Die Astrologie hat schon immer das Schwergewicht auf die einströmenden Energien und Einflüsse gelegt, die auf unseren kleinen Planeten prallen und ihn durchpulsen; aber man hat es unterlassen, auch jene ausströmenden Qualitäten und Kräfte entsprechend in Betracht zu ziehen, die unser irdischer Ätherkörper zum größeren Ganzen beisteuert.*

Das Erdzeichen im keltischen Mondtierkreis, das den alten Gestirnszeichen entspricht, die von etwa 15° Krebs bis 12° Löwe reichen, wird bei künftigen Deutungen vielleicht mehr zu beachten sein. Planeten auf diesen Graden können »erdhafter« wirken, und die Berechnung von Halbsummen aus dem Kern des Zeichens (auf der Häuserspitze zwischen Krebs und Löwe) werden vielleicht – wie das galaktische Zentrum – auch das wirkliche Zentrum oder die Radnabe des Geburtshoroskops darstellen. Diese Grade schließen auch die himmlischen Zwillinge ein: den sterblichen Kastor und den unsterblichen Pollux. Der Doppelaspekt dieser alten Mythologie bietet nicht nur eine Parallele zur Geschichte des Eichen- und des Stechpalmen-Königs, sondern enthüllt wiederum einen gemeinsamen Ursprung, der sich durch alle Mythen zu ziehen scheint.

Die archetypische Gestalt

Die archetypische keltische Gottheit der Erdmutter, die am besten zum Monat der Stechpalme paßt, ist Danu, die als Mutter aller irischen Götter bekannt ist. Der Name Danu wurde schließlich zu Dôn oder Donnus vermännlicht, doch ursprünglich verkörperte sie die machtvolle matrilineare (mutterrechtliche) Erbfolge des Königtums. Tailte oder Tailtiu war auch die Pflegemutter des Sonnengotts Lugh, die sich um seine Erziehung kümmerte und ihn in den Prinzipien des Regierens und in der Kultivierung der schönen Wissenschaften unterwies. Beide Aspekte der Muttergöttin entsprechen einer Wohltäterin, die symbolisch für die positiven Charakterseiten des Zeichens der Stechpalme steht.

Die Persönlichkeit des Baumzeichens

Stechpalmen-Menschen besitzen eine persönliche Integrität, eine besondere Qualität von Würde, die der Hierarchie des keltischen Mondtierkreises vorbehalten ist. Vielleicht sind sie unauffälliger als die Eichen-Persönlichkeiten, doch sie üben einen starken Einfluß hinter den Kulissen aus. Ihr Wort ist ihnen eine bindende Verpflichtung, die Tugend der Ehre ihr Leitprinzip. Ihre Charakterstärke wird selten einmal unterminiert, doch ihre Achillesferse ist ihre äußerste Empfindlichkeit gegenüber persönlicher Kritik. Trotzdem wecken sie bei Freunden und Kollegen große Loyalität und Zuneigung. Zu den bekannten Stechpalmen-Persönlichkeiten gehören Königin Elisabeth und die englische Königinmutter, Helena Blavatsky, C. G. Jung, Mary Baker Eddy und Henry Ford.

Positive Aspekte

Diese Menschen haben ein festes Wertesystem. Sie besitzen große Willenskraft, sind liebevoll und zuverlässig. Sie haben eine unglaubliche physische Ausdauer und werden von einem anderen niemals Dinge erwarten, die sie selbst nicht leisten können. Ihre Charakterstärke und ihre taktvolle Zurückhaltung machen sie zu ausgezeichneten Vertrauenspersonen und Mitwissern.

Negative Aspekte

Sie können dogmatisch, großspurig und gönnerhaft werden. Ein Bedürfnis nach ständiger Aufmerksamkeit oder Zuneigung kann sie auch zu Eltern und Partnern werden lassen, die übertriebene Forderungen und Ansprüche stellen. Sie wollen sich generell in Dinge einmischen und rufen Zwietracht hervor. Auch eine knauserige Haltung wird ihnen unnötiges Leiden und persönliche Härten zufügen.

Allgemeines

In diesem Zeichen Geborene neigen im Unterschied zu den Eichen-Persönlichkeiten weniger dazu, irgendwelche Risiken einzugehen, bevor sie die Chancen nicht sorgfältig geprüft haben. Sie werden sich vielleicht trotzdem in grandiose Projekte hineinziehen lassen, gleichzeitig aber auch den Daumen fester auf dem Geldbeutel halten. Durch diesen besonderen Charakterzug und einen angeborenen Geschäftssinn fühlen sie sich zum Bank- und Versicherungswesen hingezogen. Häufig sind sie Gründungsmitglieder von Gesellschaften oder großen Unternehmen. Dies gehört zu ihrer äußerst praktischen und nüchternen Charakterart sowie ihrer Fähigkeit, schwierige Probleme durch einfache Logik zu lösen. Ihrem Wesen entspricht jedoch eine spirituelle Zufriedenheit, und die meisten Stechpalmen-Menschen haben einen tiefen und beständigen Glauben.

In ihnen verbinden sich viele persönliche Qualitäten zu einer harmonischen Einheit, was eine große Charakterstärke anzeigt, worin sie der entschlossenen Birken-Persönlichkeit ähneln. Sie sind jedoch zugänglicher und äußerst großzügige Menschen, die für das sorgen, was gerade notwendig ist – ob es sich nun um Gastfreundschaft oder Unterstützung handelt. Stechpalmen-Persönlichkeiten sind in der Tat, wie die Eichen-Menschen, große Wohltäter. Sie erwarten jedoch, daß die betreffenden Personen ebenso hart wie sie selbst dafür arbeiten; auch darin sind sie den Birken-Menschen ähnlich, während die Eichen-Menschen dazu neigen, die Verpflichtungen anderer zu übernehmen.

Wie die Weiden-Menschen, sind auch die Stechpalmen-Persönlichkeiten große Sammler, und ihr Zuhause ist oft voller ungewöhnlicher Kunstgegenstände. Sie heben gern eine bestimmte Anzahl von Erinnerungsstücken auf und haben ein scharfes Auge für Gelegenheitskäufe; ihre Sammlung wird aus recht obskuren Gegenständen bestehen, die eine besondere Geschichte haben und von einmaligem Wert sind. Ihr Gefühl für Geschichte oder Tradition übt einen wichtigen Einfluß auf ihre gesamte Lebenseinstellung aus.

Das Liebesleben

In persönlichen Beziehungen sind sie in jeder Hinsicht liebevolle Partner, wenn auch manchmal übertrieben fürsorglich. Sie neigen in keiner Phase ihres Lebens zu Affären und heiraten oft ihre Jugendliebe. Sie unterhalten jedoch eine Reihe von sehr herzlichen Freundschaften zu beiden Geschlechtern. Weil sie sehr diskrete Menschen sind, bleibt ihr Liebesleben manchmal sogar engen Freunden ein Rätsel. Sie sind ideale Eltern, da sie tolerant, liebevoll und eine große Stütze sind.

Zusammenfassung

Ihr Wesen hat eine sehr ernsthafte Seite, wodurch sie den Eindruck erwecken können, es fehle ihnen an Humor. Sie mögen keine spitzfindigen Anzüglichkeiten oder Gelächter über das Mißgeschick anderer, doch über die traditionellen Possen von Zirkusclowns und altmodische Komödien werden sie Tränen lachen.

Sie leben oft an abgelegenen Orten, abseits der ausgetretenen Pfade und schwer zu finden. Auch in alten oder historischen Gebäuden wird man sie antreffen; ihr Lebensstil ist mehr auf die Vergangenheit als auf die Zukunft gerichtet. Die in diesem Zeichen Geborenen sind jedoch sehr lebenserfahren, und ihre Rückzugstendenzen sind dazu da, um Bilanz zu ziehen oder für eine notwendige Ruhepause zu sorgen. Sie brauchen diese Perspektive, um die außerordentlich große Verantwortung auszuhalten, die oft auf ihren Schultern lastet.

Kapitel 9

DER HASELSTRAUCH

COLL

5. August – 1. September

Symbol:	*der Planet Merkur*
Edelstein:	*Amethyst*
Pflanze:	*Eisenkraut (Verbene)*
Archetypische Gestalt:	*Ogma*

»Ich bin ein Salm in einem Teich«

Die Illustration

Die Hasel ist eher ein Strauch als ein Baum, dabei aber äußerst ertragreich. Zu dieser Jahreszeit werden ihre Blätter langsam golden, und die Nüsse haben sich schon zu Dreiergruppen gebildet. Die Drei ist die heilige Zahl der universellen Göttin. Der Baum wächst über einer wunderschönen natürlichen Quelle, die in einen kristallklaren Teich fließt. Die Haselnüsse fallen in das Wasser und dienen dem Salm, der ein magisches Weisheitssymbol der Künste und Wissenschaften ist, zur Nahrung.

Ein hübscher junger Mann sitzt an der Quelle. Er ist in Grün und Silber gekleidet. Neben ihm liegt ein aufgeschlagenes Buch, während er unverwandt in den Teich blickt. Weisheit ist nicht in Büchern zu finden, kann jedoch in dem verschleiernden Aspekt von geheimen Bildzeichen und alten Symbolen entdeckt werden. Überall im Universum gibt es solche Zeichen, zu denen auch die astrologischen Symbole gehören, und bisweilen lehren sie den Geist des Menschen auf unterbewußter Ebene.

Ganz aufrecht steht der Kranich da, ein eleganter Eindringling, dem es mit seinen scharfen Augen gelungen ist, sich eine herrliche Salm-Mahlzeit zu fangen.

Der Amethyst

Dieser Stein hat wunderschöne Farbvariationen, die von Violett bis zu tiefem Purpur reichen. Er war in früheren Zeiten wohlbekannt und soll der Lieblingsstein von Kleopatra gewesen sein. Die alten Ägypter glaubten, daß er eine Kraft zum Guten besitze, und daher wurde er in die Gräber der Pharaonen gelegt. Es gibt auch religiöse Bezüge zu diesem Stein: Er war in die Brusttasche von Aaron, dem ersten Hohepriester der Israeliten, eingesetzt und wird heute noch von katholischen Kardinälen ebenso wie von anglika-

nischen Bischöfen getragen. Auch britische Monarchen und arabische Sultane haben ihn getragen, denn er ist ein Stein königlicher Würde und göttlichen Segens. Die Druiden glaubten ebenso wie die Priester im antiken Griechenland, daß er seinen Träger vor Trunkenheit schütze und das Gedächtnis verbessere.

Der Kranich

Im keltischen Mythos wird dieser Name in Verbindung gebracht mit Gwyddno Garanhair, dem Herrn von Ceredigion. In der walisischen Sage von Taliesin fischt Gwyddnos Sohn Elphin das Kind, das von seiner Mutter Cerridwen in einem Kranichsack ins Meer geworfen worden war, aus einem Salmwehr. In seiner Initiation oder Geburt als Gwion hatte Taliesin unwissentlich die Weisheit aus dem Kessel der Cerridwen erlangt, die für ihren erstgeborenen Sohn Avagddu bestimmt war. Auf der Flucht vor ihr hatte Gwion sich in ein Weizenkorn verwandelt, und die Muttergöttin hatte ihn verschlungen, um ihn dann als Taliesin (»helle Stirn«) wieder zu gebären. Dieser Transformationsaspekt in der Mythologie der Kelten ist mit ihrem Glauben an Gestaltwechsel und die Einweihung in die tieferen Mysterien des Lebens verbunden.

Taliesin wurde zum walisischen Meister-Barden der Kymren. Der bardische Orden hatte die Funktion, die mündliche Tradition des Geschichtenerzählens zu erhalten und neues Material als Zeugnis ihrer Geschichte, Kultur und Religion zu verarbeiten. Die Druiden hatten im Grunde nur eine mündliche Überlieferung, doch es wurden auch drei Systeme von Schrift und Kommunikation verwendet; außerdem gab es den früheren Brauch, griechische Buchstaben zu benutzen.

Das erste druidische Schriftsystem entstand in

Irland und wird als *Ogham*-Alphabet bezeichnet. Der Name stammt von Ogma oder Ogmios, einem altkeltischen Gott der Gelehrsamkeit. Robert von Ranke-Graves erwähnt in seinem Buch *Die Weiße Göttin* eine Verbindung zwischen dem Ogham und den Inschriften eines griechischen Alphabets aus Etrurien etwa aus dem 5. Jahrhundert v. Chr. Ogma verkörpert offenbar eine Mischung aus den griechischen Göttern Kronos, Herakles und Apollon. Ranke-Graves äußert ferner die Vermutung, daß der Ursprung des griechischen Alphabets bei dem rätselhaften Volk der Phönizier liegt, die auch Reisen zu den Britischen Inseln unternahmen.

Das Alphabet der Ogham-Buchstaben bestand aus einer Reihe von Strichen mit einer Trennungslinie und war sehr leicht zu erlernen, ließ jedoch keinerlei literarische Ausdruckstiefe zu. Es war vielmehr eine Form der magischen Beschwörung und wurde ausschließlich von den Druiden Irlands, Cornwalls und Schottlands benutzt. Die Druiden erfanden auch eine Fingersprache, die auf dem Ogham beruhte und als geheime Zeichensprache unter Eingeweihten verwendet wurde.

Ein anderes Schriftsystem der Druiden hieß *Boibel-Loth*, altgälisch *Beth-Luis-Nion*. Dabei handelte es sich um ein Baumalphabet, dessen Buchstaben von den Namen ihrer heiligen Bäume abgeleitet waren. Aus diesem Alphabet wurde ein ganzes System der Baummagie entwickelt und zu einem Bestandteil des keltischen Mondkalenders, auf dem die keltische Astrologie beruht.

Der Salm

Der Ursprung der poetischen Schau und des literarischen Stils, wie sie in der irischen Mythologie anzutreffen sind, soll der Brunnen von Segais, »*Connla's Well*«, gewesen sein, dessen eigene Quelle ein Fluß, die nach der Göttin Boann benannte Boyne war. Eine Sage berichtet, daß die Göttin die Macht des Brunnens herausfordern wollte und bei diesem Versuch ertrank. Die Boyne besaß für die irischen Dichter eine mystische Aura. Ihr Held Finn (Fionn) Mac Cumhaill erlangte dadurch Wissen, daß er den Salm der Weisheit aus diesem Fluß aß – eine ähnliche Einweihung wie diejenige Taliesins, der vom Inhalt des heiligen Kessels der Cerridwen kostete.

In den Mythen der Welt ist der Verzehr von Salm oder Fisch allgemein lange Zeit damit in Verbindung gebracht worden, Wissen oder besondere Gaben zu empfangen. Nachdem Finn den Salm gegessen hatte, brauchte er nur den Daumen in den Mund stecken, um Zugang zu prophetischem Wissen zu bekommen und konnte dann – wie Taliesin – alle Gegner mit Wort und Tat besiegen. Wie es sich für einen großen Barden gehört, pflegte Taliesin seine Widersacher durch Beredsamkeit zu verwirren, doch auch Tonhöhe oder Wortklang einer Beschwörung konnte die Sinne der Feinde lähmen und sie physisch wie geistig außer Gefecht setzen.

Gälische Verwünschungen, die dunklere Seite solchen Wissens, sind in den schottischen Highlands mit einer fast unheimlichen Genauigkeit bezeugt, und verhältnismäßig viele Familien führen dort irgendeine Verwünschung in ihrer Geschichte mit sich. Anscheinend ist oder war das Verwünschen (ohne eine Blasphemie zu sein) in den Highlands überlieferter Brauch! Es galt als hohe Kunst und erforderte Mut, denn es mußte von Angesicht zu Angesicht ausgeführt werden; außerdem verlangte es eine gewisse Geduld, Erfindungsgabe und Sprachgewandtheit. In fast allen Fällen gehörte derjenige, der die Verwünschung aussprach, zu den Opfern großer Ungerechtigkeit und handelte gewöhnlich an der Schwelle des Todes, wenn er in diesem Leben nichts mehr zu gewinnen oder zu verlieren hatte. Der mit dem Fluch Belegte mußte dann den Rest seines Lebens mit einer schweren Last verbringen, denn er wußte, daß die Verwünschung fast immer an seine Familie und seine Nachkommen gebunden war. Verwünschungen waren auch mit bestimmten Orten assoziiert, beispielsweise mit verwunschenen Schlössern, in denen es spukte. Es konnte oft sehr lange dauern, bis solche Verwünschungen in Erfüllung gingen, und manche von ihnen sind offenbar immer noch wirksam.

Eisenkraut

Vervain, der englische Name für Eisenkraut oder Verbene, leitet sich von keltisch *ferfaen* ab; *fer* bedeutet »vertreiben« und *faen* »Stein«. Alte Kräuterkundige verwendeten das Eisenkraut als Aphrodisiakum und glaubten, daß es gut für die Augen sei. Es wurde auch für eine Anzahl anderer Beschwerden empfohlen – von der Behandlung von Geschwüren bis zur Linderung von Brust- bzw. Rippenfellentzündung und schweren Kopfschmerzen. Nach einer alten Legende soll es auf Golgatha gewachsen und zum Blutstillen von Christi Wunden verwendet worden sein. Von den Druiden wurde Eisenkraut als Amulett oder Talisman zur Abwehr von Unglück oder Verwünschungen benutzt. Es gehörte zu ihren heiligsten Kräutern; sie verwendeten es in ihrem geweihten Wasser zur Reinigung ihrer Schreine und warfen das Los um seinen Gebrauch in der Weissagung.

Alle Kräuter und heiligen Pflanzen wurden von den Druiden immer in Form einer Zeremonie mit gebührender Achtung der Mondphasen und anderer astronomischer Einflüsse gesammelt. Eisenkraut wurde beispielsweise nur beim Aufgang des Hundssterns Sirius zu einem Zeitpunkt gesammelt, wenn weder Sonne noch Mond schienen. Es wurde mit der linken Hand ausgegraben, und die Erde wurde durch ein Honig-Trankopfer versöhnt. Eisenkraut wurde auch von den druidischen Herolden getragen, um sie vor Schlangenbissen zu schützen und sie mit ihrer Botschaft schneller ans Ziel zu bringen.

Der Haselstrauch

Im neunten Mondmonat benutzten die Druiden Haselruten für alle Arten von Weissagung, hauptsächlich aber, um verborgene Brunnen zu finden. Auf den Britischen Inseln und in anderen Ländern überall auf der Welt arbeiten Wünschelrutengänger mit Haselgerten als der zuverlässigsten Methode, um an Orten Wasser zu finden, wo es tief in der Erde verborgen ist – eine Tradition, die auf die Druiden zurückgehen könnte! Kaledonien (Caledonia), der alte Name für Schottland, soll sich von *cal dun*, dem »Hügel der Haselsträucher«, ableiten. In den Highlands werden Haselruten immer noch zum Angeln verwendet – ein Brauch, der wahrscheinlich auf die Verbindung zum Salm der Weisheit zurückgeht. Auch in der Heraldik finden sich Blätter vom Haselstrauch in verschiedenen Wappenzeichen.

In der keltischen Sage ist die Haselnuß stets ein Symbol für Weisheit in konzentrierter Form gewesen. Sie versinnbildlicht etwas Süßes und Kompaktes, das in einer kleinen, harten Schale eingeschlossen ist. Im Englischen gibt es für unseren Ausdruck, etwas kurz und bündig zusammenzufassen, die bezeichnende Redewendung: »This is the matter in a nutshell.« In der englischen und schottischen Volksüberlieferung war es Brauch, in der Nacht von Allerheiligen, dem keltischen *Samhain*, Haselnüsse zu verbrennen. Dafür wurden zwei Nüsse, die symbolisch für zwei Freunde standen, zusammen in ein helles, rotglühendes Feuer gelegt. Wenn sie ruhig und gleichmäßig brannten, war fest mit einer glücklichen Zukunft zu rechnen; wenn sie jedoch heftig aufflackerten oder mit einem lauten Knall aufplatzten, hieß es, daß sich Unglück aus dieser Freundschaft ergebe.

In England wurde ein gegabelter Haselzweig bis zum 17. Jahrhundert nicht nur zum Aufspüren vergrabener Schätze und verborgener Wasseradern verwendet, sondern auch, um die Schuld von Personen festzustellen, denen Mord oder Diebstahl zur Last gelegt wurde. In dem *Book of St. Albans* (ca. 1496) ist eine Zauberformel angegeben, wie man sich unsichtbar machen kann, indem man nur eine Haselrute bei sich trägt und Farnsamen ißt. Im irischen Sagenkreis um Finn war der »Alte Tropfende Haselstrauch« ein Baum der Weisheit, der zerstörerischen Zwecken dienen konnte. Aus ihm tropfte giftige Milch hervor, er hatte kein Laub und war ein Hort von Geiern und Raben, den Vögeln der Weissagung. Finn verwendete sein Holz für einen Kampfschild, dessen giftige Dämpfe Tausende seiner Feinde töteten. Wie die gälischen Verwünschungen konnte auch die zerstörerische Macht des Wissens als tödliche Waffe eingesetzt werden.

Coll

Der Buchstabe *Coll* diente als bardische Ziffer Neun. Sie war eine weitere heilige Zahl der Göttin, da sie durch Multiplizieren zu einem Vielfachen der Drei wird, und auch, weil der Haselstrauch nach neun Jahren Früchte trägt. Dieser gab seinen Namen auch dem Gott Mac Coll oder Mac Cuill (»Sohn des Haselstrauchs«), der Sage nach einer der frühesten Herrscher Irlands. Seine Brüder waren Mac Cécht (»Sohn des Pfluges«) und Mac Greine (»Sohn der Sonne«). Gemeinsam feierten sie eine dreifache Hochzeit und schlossen ein Bündnis mit der Dreifältigen Göttin Irlands: Eire, Fodhla und Banbha.

Die Merkur-Symbolik

Nach Julius Cäsar hatten die Kelten Götter, die den römischen Gottheiten entsprachen. Von seinen eigenen Geschichtsschreibern hatte er gehört, daß die britischen Kelten Nachkommen des trojanischen Volkes und daher entfernte Verwandte waren. Bei dem Versuch, ihre Religion einzuschätzen, vertrat er die Meinung, daß Merkur ihr oberster Gott sei, obwohl alle Kelten ihre Abstammung von Dis oder Pluto, dem Gott der Unterwelt, herleiteten. Die Römer hatten eine Anzahl von Göttern und waren anderen Religionen gegenüber ziemlich tolerant.

Cäsar machte einige interessante Bemerkungen über die Kelten. Obwohl er dazu neigte, sie als eine halbwilde Rasse abzutun, bewunderte er offensichtlich ihren Wagemut im Kampf. Besonders beeindruckt war er von ihrem Einfallsreichtum bei der Bekämpfung seiner eigenen imponierenden Kriegsmaschinerie. Er stellte auch ihren plötzlichen Gesinnungswechsel fest, wenn sich die Dinge gegen sie richteten; dies schrieb er ihrer abergläubischen Religion zu und tadelte die Druiden, daß ihr Einfluß stärker als guter Kampfgeist sei.

Dieser merkurische Charakteraspekt, den Cäsar so scharfsinnig erkannt hatte, war vielleicht ihr auffälligster Wesenszug. Obwohl er die Barbarei der Druiden mit ihren finsteren Opferriten verachtete, war er dennoch von ihren Kenntnissen in den Künsten und Wissenschaften beeindruckt. Die mit Bildung und Gelehrsamkeit verbundenen Fähigkeiten entsprachen einer weiteren merkurischen Eigenschaft.

Die Verbindung zu Mythen

Vielleicht ist die Heranziehung mehrerer Götter eine geeignete Methode für die Beschreibung einer merkurischen Gottheit. Von Lugh, dem Sonnengott der Kelten, hieß es, er besitze eine Vielzahl von Kenntnissen, die ihn zu einem meisterlichen Handwerker/Künstler und Barden machten – einer Art merkurischer Sonnengott. Die Funktion von Merkur oder Mugher bestand jedoch in mehr als nur einer vielseitig begabten Gottheit. Der merkurische Meeresgott Manannán, Sohn von Lir, war der Bote und Führer zu den Reichen der Unterwelt. Er war auch ein Meister der Zauberkunststücke und Täuschungen, und ihm gehörten die verschiedensten magischen Besitztümer. Daher bietet die mit Ogma, Lugh, Taliesin und Manannán verknüpfte Mythologie wichtiges Material für die Erklärung und Deutung dieses Zeichens.

Die astrologische Bedeutung

Astrologisch gesehen ist der Planet Merkur der für dieses Zeichen vorgesehene Herrscher. Seine Verbindung zum Haselstrauch ist fester Bestandteil der keltischen Mythologie und Sage. In der traditionellen Astrologie ist Merkur auch ein Doppelgott und wird mit den Geisteskräften, allen Formen der Wahrnehmung, mit Sprache, Vernunft, Intelligenz und einem guten Gedächtnis gleichgesetzt. Je nach seiner Stellung im Geburtshoroskop wird Merkur aus reiner Vernunft oder abstraktem Scharfsinn heraus wirksam. Im Hinblick auf seine Deutung ist Merkur genaugenommen in dem Sinne ein neutraler Vermittler, als er von den Neigungen des betreffenden Individuums beeinflußt wird oder mit den vorherrschenden Kräften arbeitet, was in diesem Fall mit der Mythologie des Haselstrauches und den damit verbundenen Archetypen in Zusammenhang steht.

Die archetypische Gestalt

Für die Iren war die keltische Liebe zur Dichtung und Rhetorik aus dem erfinderischen Wesen ihres alten Gottes Ogma Sonnengesicht entstanden. Er galt als Gott der Beredsamkeit, denn er war in Sprache und Dichtung bewandert und hatte die ersten Schriftzeichen erfunden. Als diese zum erstenmal Verwendung fanden, geschah dies in Form einer warnenden Nachricht an den Sonnengott Lugh, seine Gemahlin werde von dem Feenvolk entführt, wenn nicht die Birke zu ihrer Bewachung eingesetzt würde. Ogma verkörpert daher den frühen archetypischen Gott und steht mit dem Monat und dem Zeichen des Haselstrauches in Verbindung, einem Symbol für alle Aspekte des gelehrten Wissens.

Manannán, der Sohn Lirs, ist der merkurische Meeresgott, der die Schätze des Meeres, das geheime Alphabet der »Völker des Meeres«, in einem Beutel aus Kranichhaut bei sich trug. Dies ist eine Anspielung auf die ferne Herkunft der Kelten und ein Hinweis auf die wirkliche Stellung von Manannán als Hüter der Wahrheit und Wächter über die alten Quellen. Er verkörpert daher einen weiteren archetypischen Gott, der dem Zeichen des Haselstrauches zugeordnet ist, und dieser Zwillings- oder Doppelaspekt ist von einiger Wichtigkeit für die Deutung. Während Manannán den verborgenen Aspekt des Wissens, die intuitive Weisheit, verkörpert, steht Ogma für die Beredsamkeit und Gelehrtheit der großen Barden.

Die Persönlichkeit des Baumzeichens

Menschen des Haselstrauch-Zeichens besitzen ein sehr großes persönliches Potential. Sie fungieren als Schiedsrichter bei Streitgesprächen oder Diskussionen und sind klug genug, keine Partei zu ergreifen, sondern sich genau an die Wahrheit zu halten. Sie haben Kenntnisse in den Künsten und Wissenschaften und sind gute Erzieher und Schriftsteller. Wissen ist der Schlüssel zur Weisheit, und dieses Wort ist wichtig für das Verständnis der Haselstrauch-Persönlichkeit. Sie sind begeisterte Geschichtsforscher und sammeln meist über alle klassischen Themen Informationen. Mit ihrem Scharfblick können sie eine Situation in einem kurzen Moment einschätzen, und sie besitzen, ähnlich wie die Vertreter des Weiden- und Stechpalmen-Zeichens, ein außerordentlich gutes Gedächtnis. Zu den bekannten Haselstrauch-Persönlichkeiten gehören »Lawrence of Arabia« (T. E. Lawrence), Goethe, Tennyson und Napoleon.

Positive Aspekte

Sie sind gescheite, einsichtsvolle Menschen mit guter Urteilskraft. Ihr scharfer Verstand macht sie zu hervorragenden Diskussionsrednern und Schriftstellern. Sie können auch gut, bis ins kleinste Detail, planen und organisieren. Ihr Wissensdrang macht sie in ihrem Fachgebiet zu großen Gelehrten und Experten.

Negative Aspekte

Sie können übertrieben kritisch, streitlustig und zynisch werden. Ihr wißbegieriges Wesen kann sie auch neugierig und hinterhältig machen. Es besteht eine Neigung zu Wahnvorstellungen und mangelndem Selbstwertgefühl. Ihre hohe nervöse Energie, die ständig gelenkt und kanalisiert werden muß, ist ein Spiegelbild ihres angespannten geistigen und gefühlsmäßigen Zustands.

Allgemeines

Sie haben eine Abneigung gegenüber falschen Werten, oft aber selbst verborgene persönliche Schwächen. Ihr kritisches Wesenselement läßt sie recht kühl oder reserviert erscheinen und gibt ihnen die Möglichkeit, außerhalb des emotionalen Einflußbereiches zu bleiben. Ihre eigenen Emotionen haben sie jedoch nur an der Oberfläche unter Kontrolle – vielleicht deshalb, um ihr darunter verstecktes, höchst empfindliches Wesen zu überdecken. Mit diesem Zeichen ist eine Zweigeteiltheit verbunden, was dazu führt, ein Schwarzweißbild von Charaktereigenschaften zu malen. Das Vorhandensein dieses Doppelbildes bedeutet aber, daß diese Menschen – ähnlich wie die Eschen-Persönlichkeiten – wie zwei deutlich verschiedenartige Charaktertypen wirken können, was von den persönlichen Neigungen abhängt.

Sie können unter nervöser Spannung stehen und sind oft anfällig für plötzliche Kopfschmerzen oder Migräne. Ihr physischer Körper ist im allgemeinen nicht so widerstandskräftig wie ihre geistige Stabilität und persönliche Ausdauer. Sie lassen sich dadurch jedoch von nichts abhalten und sind hervorragende Beispiele für die Macht des Geistes über die Materie.

Sie haben auch eine künstlerische Veranlagung, die sich als natürliche Begabung bemerkbar macht, doch wird sie durch ein praktisches Bedürfnis ausgeglichen. Dazu kann beispielsweise gehören, nützliche Gebrauchsgegenstände zu entwerfen und dafür vorhandenes Material zu verwenden, denn sie hassen jede Art von Verschwendung. Ihre Fähigkeit, im Hintergrund zu bleiben oder sich auf eine bestimmte Situation einzustellen, hat wiederum mit dem Doppelaspekt ihres Charakters zu tun. Während es äußerst unwahrscheinlich ist, daß sie eine Führungsrolle übernehmen, sind sie geschickte Planer für die Logistik oder strategische Maßnahmen.

In diesem Zeichen Geborene sind wahrscheinlich die am stärksten vernunftbetonten Menschen des keltischen Mondtierkreises. Sie sehen die Realitäten des Lebens nur allzu deutlich und können, als Folge davon, eine pessimistische Haltung annehmen. Zum Glück kann ihr beweglicher Geist aber jede extreme oder unabänderliche Situation bewältigen, und vielleicht sind sie ihren eigenen Fehlern gegenüber am kritischsten.

Das Liebesleben

Sie sind treue Partner und treusorgende Eltern, können jedoch dazu neigen, ihre Kinder und Partner sehr kostenaufwendig und zum Nachteil ihrer eigenen finanziellen Sicherheit zu verwöhnen – ein kompensierender Wesenszug als Ausgleich für ihr Schuldgefühl oder Unbehagen, ihre eigenen Gefühle oder ihre Zuneigung nicht immer offen ausdrücken zu können. Obwohl Haselstrauch-Persönlichkeiten nicht gerade überschwenglich sind, sind sie zutiefst aufrichtig, und diese besondere Eigenschaft weckt bei anderen große Loyalität.

Zusammenfassung

Sie haben in der Regel einen hektischen Lebensstil, auch wenn es nicht danach aussieht. Sie verwenden ziemlich viel Zeit auf ihre eigenen Dinge, was ein bloßer Zeitvertreib sein kann, und ihr Privatleben verläuft oft weitaus eintöniger. Das Bedürfnis, sich ständig zu beschäftigen, kommt von ihrer großen Nervosität und ihrer tiefen Neugier auf das Leben. Weil sie lieber zurückgezogen leben, können sie lange irgendwo wohnen, ohne ihre Nachbarn wirklich zu kennen. Ein Strom von Menschen scheint sie jedoch ständig zu besuchen, und ihre persönlichen Kontakte oder Bekanntschaften sind zahlreich und vielfältig.

Sie haben die Seele eines Nomaden. Dies führt sie auf viele Reisen, und sie werden niemals müde, nach neuem Wissen zu suchen. Sie leben fast immer in der Nähe von Bahnhöfen oder Flughäfen – auch wenn sie mit diesen schnellen Verkehrsmitteln selbst nie irgendwo hinreisen! Die meisten Haselstrauch-Persönlichkeiten neigen jedoch dazu, in regelmäßigen Abständen umzuziehen, und sie werden sich überall ihren ganz persönlichen Lebensstil schaffen. Im Hinblick auf ihre Karriere scheinen sie sich ihren annehmbaren, wenn auch etwas unsicheren Lebensunterhalt dadurch zu verdienen, daß sie sich mehr auf ihren wachen Geist und ihre Erfindungsgabe als auf eine festere Anstellung verlassen.

Es ist unglaublich interessant, diese Menschen zu kennen und sich mit ihnen zu unterhalten. Da sie die Theorien und Meinungen anderer ständig in Frage stellen, wird ihr eigener Beitrag – wenn er positiv genutzt wird – die strittigen Punkte mit Sicherheit neu definieren.

Kapitel 10

DER WEINSTOCK

MUIN

2. September – 29. September

Symbol:	*der Planet Venus*
Edelstein:	*Smaragd*
Pflanze:	*Baldrian*
Archetypische Gestalt:	*Branwen oder Ginevra*

»Ich bin ein Berg der Dichtung«

Die Illustration

Die Abbildung zeigt den Weinstock als Kletterpflanze, die über einem Toreingang wächst, der zu einem Rundturm führt. Dieser gehört zu der geheimnisvollen Burg von Arianrhod, in dessen Tiefen sich der Sitz von *Annwn* befindet – Mittelpunkt der keltischen Mysterien auf der Astralebene. Vier weiße Schwäne mit goldenen Kronen schwimmen in dem Wassergraben, der die Burg umgibt. Sie stehen symbolisch für den strahlenden Aspekt der Seele, die auf eine weitere Offenbarung und Einweihung zugeht. In den Früchten des Weinstocks ist dieses spirituelle Potential enthalten. Es besteht eine Verbindung zu dem keltischen Fest der Herbst-Tagundnachtgleiche am 23. September, von den Druiden als *Alban Elved* bezeichnet. Die ganze Stimmung ist eindringlich, fast evokativ: Der wilde blühende Baldrian wächst ebenso üppig wie der Wein, kein Sterblicher stört durch seine Präsenz das Reich von Arianrhod, der »Dame mit dem Silberrad«. Der in die vier Schwäne verwandelte Sonnengeist verweist auf den altkeltischen Mythos der vier Kinder Lirs, einer Gottheit der Tuatha de Danann.

Der Smaragd

Der Smaragd ist einer der bezauberndsten Edelsteine. Seine Verbindung zu Königshäusern reicht weit ins Altertum zurück. Königin Kleopatra soll als Kombination von Edelsteinen bevorzugt Smaragde und Perlen getragen haben. Eine der berühmtesten, jemals angefertigten Smaragdkronen gehörte Atahualpa, dem letzten Inkakönig von Peru. Im Museum von Oxford befindet sich heute der mit Halbedelsteinen und Smaragden verzierte »King Alfred Cup«, den der angelsächsische König Alfred der Große im 9. Jahrhundert n. Chr. benutzte. Er trägt an den Seiten in gälischen Goldbuchstaben die Worte: »Alfred befahl,

mich anzufertigen.« Vielleicht wurde er dem König von den irischen Kelten, die hervorragende Juweliere und Goldschmiede waren, als Zeichen der Freundschaft gesandt? Die irischen Druiden hielten den Smaragd für ein kraftvolles Mittel gegen alle Arten von Gift, und daher ist die Beziehung zu einem Trinkbecher durchaus bedeutsam. Mit dem Smaragd werden ähnliche Assoziationen wie mit dem Diamanten verbunden, denn auch er soll bei seinem Träger Liebe und Verständnis verstärken.

Die vier weißen Schwäne

Die Schwäne versinnbildlichen die Kinder des Meeresgottes Lir, der auch der Vater des irischen Meeresgottes Manannán war. In diesem Sagenkreis aus der Zeit der Milesier heiratete Lir nach dem Verlust seiner ersten Gemahlin nacheinander zwei Schwestern – Eve und Aoife, die Pflegetöchter von Boy Dearg, dem König von Südirland. Zwischen Lir und dem neugewählten König des Südens gab es eine Verstimmung, und um diese beizulegen, bot Boy Dearg ihm eine seiner drei Töchter zur Ehe an. Alle waren von unübertroffener Schönheit, doch Lir wählte Eve, weil sie die älteste und weiseste war.

Binnen eines Jahres gebar Eve ihm Zwillinge, ein Mädchen und einen Jungen, Fionnuala und Aedh. Ein Jahr verging, und sie gebar wieder Zwillinge, die beiden Jungen Fiachra und Conn. Diesmal aber war es eine schwere Geburt gewesen, bei der Eve starb. Lir hatte Eve inniger als seine erste Gemahlin geliebt, und sein Schmerz war so heftig wie die tosende See, die gegen die nördlichen Küsten schlug. Als die Kinder heranwuchsen, waren sie von einer so strahlenden Schönheit, wie sie die Tuatha de Danann noch nie gesehen hatten, und dies half den Schmerz des Vaters und seines Volkes zu lindern. Jeder bewunderte ihre außergewöhnlich schöne Singstimme, ihren anmutigen Körper und ihr sanftes, liebevolles Wesen, und allmählich heilte Lirs Herz.

Nach einer angemessenen Trauerzeit sandte der König des Südens Boten zu Lir und schlug ihm eine neue Heirat vor – und wer hätte als Stiefmutter der Kinder besser geeignet sein können als seine zweite Tochter Aoife, die den Tod ihrer Schwester tief betrauert hatte? Am Anfang liebte Aoife die Kinder zweifellos, und sie waren eine glückliche Familie. Doch die starke Liebe, die Lir für seine Kinder zeigte, machte Aoife schließlich krankhaft eifersüchtig, und ihr Herz wurde vergiftet von verzehrender Wut.

Obwohl sie diese Sinnesänderung sorgfältig verbarg, wurde sie von der Tochter Fionnuala bemerkt, die fortan auf der Hut vor ihrer Tante war und um die Sicherheit ihrer Brüder fürchtete. Aoife, die erkannte, daß Fionnuala zu einer gefährlichen Gegnerin werden könnte, schmiedete rasch einen Plan. Eines Tages weckte sie die Kinder früh morgens und sagte ihnen, daß sie gemeinsam den König Boy Dearg besuchen wollten. Vergeblich versuchte Fionnuala, ihren Vater vor der Gefahr zu warnen. Schon nach einer kurzen Wegstrecke bestätigte sich ihr Verdacht, denn Aoife befahl ihren Dienern, die Kinder zu töten. Die Diener weigerten sich zwar, fürchteten sich aber vor ihrer Königin, die Zauberkräfte besaß. Um ihre Ängste zu beschwichtigen, griff Aoife zu der List, vorgetäuschte Reue zu zeigen, und sie setzten ihre lange Reise fort.

Als sie das Ufer des Sees von Derryvarach, einen einsamen Landstrich mitten in Irland, erreichten, befahl sie dem Wagenlenker, erneut anzuhalten und hieß die Kinder, sich im Wasser zu waschen und zu erfrischen. Als sie jedoch in das Wasser wateten, legte sie einen Zauber auf sie, verwandelte sie in vier weiße Schwäne und sprach den folgenden Bann über sie: »Dreihundert Jahre sollen sie auf dem See von Derryvarach verbringen, dreihundert Jahre auf der Meerenge von Moyle (zwischen Irland und Schottland) und dreihundert Jahre auf dem Atlantik in der Nähe von Erris Head und Inishglory (im Nordwesten Irlands). Wenn die Frau aus dem Süden mit dem Mann aus dem Norden die Ehe eingeht, wird der Zauber beendet sein!«

Aufgrund der Kräfte von Fionnuala oder, wie es in anderen Versionen der Sage hieß, wegen ihrer eigenen plötzlichen Gewissensbisse war Aoife jedoch nicht dazu imstande, die Kinder-Schwäne stumm zu machen. Durch die zeitliche Frist, die sie ihrem Schicksal setzte, erlöste sie auch die musikalische Begabung der Tuatha de Danann. Die Kinder Lirs würden dann die Kraft haben, sich aus den Nebeln zu erheben und die Traditionen der Tuatha de Danann wiederherzustellen.

Als Lir und Boy Dearg Aoifes Bosheit entdeckten, verwandelte der König des Südens sie in einen »Dämon der Luft« – einen kalten, pfeifenden Ostwind, in dem sie bis heute weilen soll. Was aber wurde aus den vier weißen Schwänen? Sie bewahrten die Gabe der Tuatha de Danann, schwermütige, aber liebliche Weisen zu singen, die über den See hallten und bis zu den Sternen aufstiegen. Die Kelten wußten von dem Einfluß der Musik auf die Heilung, und jedesmal, wenn Lir und Boy Dearg die Kinder besuchten, wurde ihr Schmerz durch die magische Wirkung dieser Lieder besänftigt. Sie linderten auch den Schmerz und die Last ihres Volkes, das die Kinder Lirs noch jahrhundertelang verehrte.

Die Ankunft des Christentums fiel mit der sich erfüllenden Prophezeiung zusammen, als eine Prinzessin von Munster mit dem Herrscher von Connacht vermählt wurde. Die vier Schwäne landeten in der Nähe der Zelle eines heiligen Einsiedlers; in einigen Legenden heißt es sogar, der Klang der von dem christlichen Mönch geläuteten Glocke habe endlich den Zauberbann der Aoife gebrochen! Doch sie verwandelten sich nur kurz in ihre frühere strahlende

Gestalt zurück, faßten sich dann an den Händen und starben, während der heilige Mann sie segnete und ihnen die christliche Taufe gab.

Singschwäne gibt es in Irland heute noch. Ebenso wie die Sage um König Arthur den Geist des keltischen Rittertums wachruft, so erinnert der klagende Ruf des Schwans beim Tode seines lebenslangen Partners an die letzten Tage der Kinder Lirs.

Baldrian

Baldrian ist ein Wildkraut, das im Monat der Herbst-Tagundnachtgleiche noch in Blüte steht. Die Druiden haben es ausgiebig benutzt und als »All-Heil« bezeichnet – ein Name, der seine erstaunlichen Vorzüge am besten beschreibt.

Es gibt zahlreiche Arten von Baldrian, die in den gemäßigten Klimazonen der Welt weitverbreitet sind. Alte Völker von Indien bis Äthiopien und von Ägypten bis in die Türkei verwendeten seine Duftessenzen für ihre Bäder. Die Druiden sammelten den wildwachsenden Baldrian, der nicht so stark roch, und benutzten ihn hauptsächlich als Abführmittel und bei hysterischen Beschwerden. Baldrian wird auch heute noch von Kräuterkundigen als leichtes Beruhigungsmittel verordnet.

Der Weinstock

Der Name des Weinstocks, englisch *vine*, leitet sich ab von *viere*, »sich winden«, und bezieht sich auf seinen spiralförmigen Wuchs. Obwohl der Weinstock in Britannien nicht heimisch ist, war er in der britischen Bronzezeit-Kunst ein wichtiges Motiv, das auch in der britischen Heraldik auftaucht. Wahrscheinlich wurde er vom Volk der Tuatha de Danann bei ihrer Invasion Irlands mitgebracht. Anfangs wurde er in einigen geschützten Regionen im Süden angebaut, doch da er sich als wildwachsende Pflanze nicht durchsetzen konnte, wurde er offensichtlich durch den robusteren Brombeerstrauch ersetzt. Die Farbe der Beeren und die Form der Blätter bei beiden Pflanzen entsprechen sich, und Brombeerwein ist ein ebenso berauschendes Getränk wie Traubenwein.

In allen keltischen Ländern scheint es immer noch ein Tabu zu geben, Brombeeren zu essen, und dieses Tabu bezog sich ursprünglich auf Weintrauben. In der Bretagne und Cornwall wird als Grund dafür angegeben, dies sei »wegen der Feen«. In der Volksüberlieferung von Südwestengland sollten Brombeeren nicht mehr nach dem letzten Septembertag verzehrt werden, weil es hieß, daß dann der Teufel in sie hineinfahre! Ähnliche Tabus existieren auch in Wales und Irland, obwohl die medizinischen Eigenschaften von den irischen Druiden als Mittel gegen Durchfall genutzt wurden. Im zehnten Mondmonat wurden die Heilfähigkeiten des Brombeerstrauchs für besonders wirksam gehalten, und Kinder wurden durch einen Ring aus Brombeerranken geführt, um Knochenbrüche und Geweberisse zu heilen.

Muin

Muin ist der *Ogham*-Buchstabe und Name für den Brombeerstrauch. Die mit dem Weinstock verbundenen Mythen – auch wenn es in Britannien der Brombeerstrauch war – sind sehr alten Ursprungs und gehen auf frühe Passagen in der Bibel zurück. Der Weinstock wurde häufig zur Zeit Noahs erwähnt und ist auch ein Symbol für Jesus.

Die Verbindung zu Mythen

Die musikalischen Fähigkeiten der Tuatha de Danann und ihr Wissen um die Heilwirkung von Musik sind verbunden mit dem Mythos von Orpheus, einem Gott der Musik, der sein eigenes Schicksal entdeckt, als er Dionysos (Bacchus), dem griechischen Gott des Weines, begegnet. Orpheus, der Sohn des Apollon und der schönen Muse Kalliope, hatte von seinen Eltern alle musikalischen und dichterischen Talente geerbt. Er verliebte sich in die bezaubernde Eurydike, doch kurz nach ihrer Hochzeit wurde sie von einer Giftschlange gebissen und ihr Geist in das düstere Reich des Hades hinabgeführt. Orpheus' herzzerreißende Klagen machten das Leben für Sterbliche wie Unsterbliche unerträglich. Daher gab Zeus ihm schließlich die Erlaubnis, Eurydike in der Unterwelt zu suchen, schärfte ihm aber ein, sich an jedes von Hades/Pluto verfügte Urteil zu halten.

So geschah es, daß die magischen Klänge von Orpheus' Leier in den Tartaros, die fernen Tiefen der Unterwelt, drangen, wo selbst die Schatten der Verdammten zu stöhnen aufhörten und augenblicklich in ihren Mühen innehielten. Der Höllenhund Kerberos (Zerberus), der die Tore des Hades bewachte, setzte sich nieder und ließ Orpheus vorbeigehen. Kein lebendes Wesen hatte jemals zuvor diese Reiche betreten. Selbst Hades saß schweigend mit seiner Gemahlin Persephone da, beide waren durch die höchst verzaubernde Melodie zu Tränen gerührt. Gnädig gaben sie ihre Zustimmung, Eurydike zurückzuholen, doch Hades stellte zwei strenge Bedingungen: Orpheus durfte sich in der Unterwelt weder nach seiner Gemahlin umschauen noch versuchen, auf dem Rückweg mit ihr zu sprechen.

Erfreut willigte Orpheus in diese Bedingungen ein. Doch seine Freude verwandelte sich unvermeidlich in Neugier, und als sie schon fast den Ausgang erreicht hatten, blickte er zurück, um zu sehen, ob Eurydike noch immer so schön wie in seiner Erinnerung war. Da löste sich die Gestalt seiner geliebten Gemahlin vor seinen Augen auf. Voller Verzweiflung zog er sich in die Einsamkeit eines Waldes zurück. Hier wurde es ihm zum Verhängnis, daß er unerwartet in die Dionysos-Orgien hineingeriet. Als er sich weigerte, für sie zu spielen, rissen ihn die Furien in Stücke und warfen seine Überreste in den Hebros. Sein Kopf, der immer noch den Namen der Eurydike murmelte, wurde stromabwärts zum Hades getrieben, während sein Geist sich mit ihr vereinigte – ein bittersüßes Ende!

Die Geschichte von Orpheus und Eurydike wurde von den alten Griechen als Personifizierung der wilden Musik des Windes und des Morgens mit seiner kurzlebigen Schönheit gesehen. Orpheus wurde auch als die Sonne gesehen, die in der Hoffnung, die entschwindende Dämmerung in der Gestalt von Eurydike einzuholen, in den Abgrund der Finsternis taucht. Gemeinsam verkörpern sie das Licht, das von den Schlangen der Dunkelheit im Zwielicht getötet wird.

Die Kelten sahen die Herbst-Tagundnachtgleiche (*Alban Elved*) als eine Entsprechung für das Zwielicht ihres Sonnengottes. Daher ist das Zeichen des Weinstocks ebenso mit großer Freude wie mit Traurigkeit verbunden. Am Fest von *Alban Elved* erneuern Sonne und Mond ihre Beziehung, um gleich wieder Abschied voneinander zu nehmen, da das Licht der Sonne seinen letzten Abstieg im Jahreszyklus beginnt.

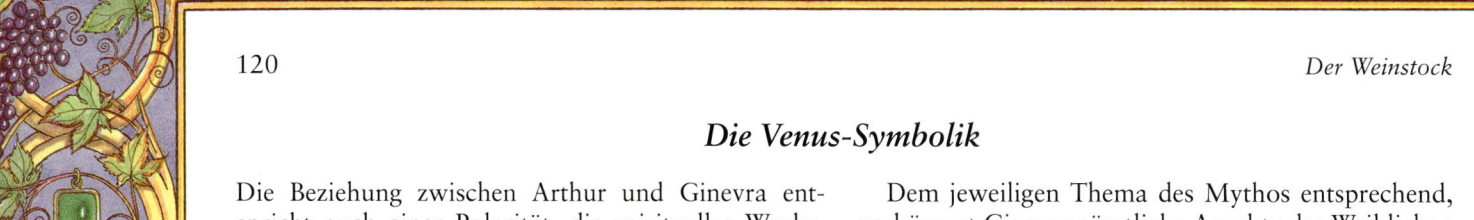

Die Venus-Symbolik

Die Beziehung zwischen Arthur und Ginevra entspricht auch einer Polarität, die spirituelles Wachstum verlangt. Sie befinden sich in einer unhaltbaren Situation, was erklärt, warum Arthur sich die Liebe seiner Gemahlin nicht bewahren kann. Ebenso wie sie in der *Vita von St. Gildas* aus dem 12. Jahrhundert von Melwas, dem König des Sommerlandes (Somerset), geraubt wird, so wird sie auch in der Arthur-Sage von ihrem Liebhaber Lancelot entführt. Zuvor entkommt sie den unwillkommenen Liebesbezeugungen Mordreds, indem sie sich in einer Festung einschließt.

Dem jeweiligen Thema des Mythos entsprechend, verkörpert Ginevra sämtliche Aspekte des Weiblichen – von der unschuldigen Jungfrau bis zur treulosen Ehefrau. Wenn sie Arthur an der Scheidelinie der Tagundnachtgleichen gegenübersteht, kann er nur einen flüchtigen Blick auf sie werfen und, wie Orpheus, die Vereinigung mit seiner Braut nur kurz auskosten; als er sie gerade an seine Seite zurückholen will, wird sie ihm wieder entrissen. Somit stehen Arthur und Ginevra symbolisch für die unversöhnlichen Kräfte von Sommer und Winter, von Licht und Dunkelheit.

Die astrologische Bedeutung

Der Planet Venus wird auch in der traditionellen Astrologie mit der Herbst-Tagundnachtgleiche assoziiert. Ihre Polarität wird in der Partnerschaft zu Mars, dem Herrscher über die Frühlings-Tagundnachtgleiche, gesehen. Für die druidischen Astronomen war Venus unter dem Namen Gwena bekannt und wurde später mit Branwen, der Schwester Brâns, und Königin Ginevra, der Gemahlin König Arthurs, in Verbindung gebracht. Da Arthur die Frühlings-Tagundnachtgleiche verkörperte, stand ihre flüchtige Partnerschaft symbolisch für die Trennung der Jahreszeiten. Die transformierenden Energien der Jahreszeiten wurden als männliche und weibliche Grundprinzipien gesehen. Die Tagundnachtgleichen und die Sonnwenden waren männlichen Gottheiten zugeordnet und wurden durch diese aktiviert, während die Feuerfeste ihrer Natur nach weiblich waren und das Ritualjahr symbolisierten.

Von dem Astrologen Alan Leo ist Venus als »vereinigend« bezeichnet worden. Sie soll die menschliche Seele repräsentieren, während Mars die tierische oder animalische Seele des Menschen verkörpert. Mit dem Planeten Venus ist jedoch auch eine vielschichtigere esoterische Mythologie verknüpft, welche nachdrücklich die Dualität ihres Wesens betont, die als »Venus-Lucifer-Effekt« bezeichnet worden ist. Vielleicht vermittelt sich diese besondere Dualität in der folgenden Beschreibung: »Venus ist ein Symbol für äußeren Glanz und innere Verderbnis.«

In der traditionellen Astrologie wird der Planet Venus jedoch als »Wohltäter« angesehen, was gleichbedeutend mit einem äußerst günstigen Einfluß ist. In diesem positiven Sinne gilt Venus als Symbol für Harmonie und Verfeinerung, eine große Empfänglichkeit für Schönheit und Kunst, ein sanftes Wesen und allgemein für eine feinsinnige Energie oder einen kultivierten Einfluß. Die negativen Eigenschaften entsprechen nicht dem Gegensatz, sondern einem extremen Ausmaß all dieser Wesenszüge, denn Venus ist kennzeichnend für ein empfängliches, passives Prinzip, das nach innen projiziert wird.

Die archetypische Gestalt

Ginevra und Branwen sind die keltischen Archetypen, die dem Zeichen des Weinstocks zugeordnet werden. Dagegen stellt der Mythos von Lirs Kindern die glänzenden, aber schwer faßbaren potentiellen Möglichkeiten dar. Der Mythos von Orpheus ist Ausdruck für die ängstliche oder sorgenvolle Seite dieses Zeichens. Dies hängt mit dem jahreszeitlichen Aspekt des Monats zusammen, der durch unvermeidliche Veränderung Unsicherheit oder furchtsame Besorgnis mit sich bringt und ein weiterer wichtiger Anhaltspunkt für die Charakterdeutung ist. Der Charakter Ginevras ist zwar vielschichtig, doch nach menschlichen Gesichtspunkten nicht schwer zu deuten.

Der Weinstock selbst hat im Brombeerstrauch ein Ersatzsymbol. Eine weitere Bedeutung hat der Aspekt, die leibliche Mutter zu ersetzen (Aoife) oder die Kinder und ehrgeizigen Wünsche von anderen zu nähren.

Die Persönlichkeit des Baumzeichens

Weinstock-Persönlichkeiten können heftigen Gefühlsschwankungen unterworfen sein. Gerade noch sind sie voller Begeisterung und Heiterkeit und im nächsten Moment voller unterdrücktem Ärger oder Traurigkeit. Die Gemütsbewegungen der in diesem Zeichen Geborenen laufen immer auf Hochtouren, doch können sie angesichts von Widerständen auffallend gelassen wirken. Es wäre ein großer Fehler, diese Menschen zu unterschätzen; sie haben nämlich einen guten Instinkt für die Organisation des Lebens und sind den anderen immer dabei voraus, wenn es um Pläne für unvorhergesehene Ereignisse geht. Auf der anderen Seite müssen sie jedoch auch Barmherzigkeit und die Fähigkeit entwickeln, mit echtem Mitgefühl vergeben zu können, denn es fällt ihnen schwer, sich mit bestimmten Aspekten ihres Lebens abzufinden. Zu den bekannten Weinstock-Persönlichkeiten gehören Leo Tolstoi, Königin Elisabeth I. von England, Admiral Nelson und Greta Garbo.

Positive Aspekte

Es gibt viel Bewundernswertes an ihnen, wenn die positiven Aspekte vorherrschend sind. Weinstock-Menschen können gütig und sanftmütig, erfahren in der Liebe und im sozialen Umgang sein. Ihre schöpferischen Talente verraten großes Gespür und Stil. Sie tragen auch dazu bei, Harmonie und Stabilität zu schaffen.

Negative Aspekte

Zu diesen Charakteraspekten gehören übermäßige Genußsucht und Trägheit. Sie neigen dazu, sich gehenzulassen, und können in ihrer Kleidung und ihrem Verhalten achtlos oder nachlässig werden. Ebenso können sie sich rücksichtslos gegenüber den Gefühlen anderer Menschen zeigen oder aber sich völlig abhängig von anderen machen, was sie fast als Schmarotzer erscheinen läßt.

Allgemeines

Oft fühlen sie sich von einer Karriere im Staatsdienst angezogen, denn sie haben großes Pflichtgefühl und eine patriotische Gesinnung. Ihre beruflichen und persönlichen Verhältnisse können sich jedoch über Nacht verändern, und dann werden sie sich vielleicht plötzlich in einer völlig anderen Umgebung oder Situation befinden. Dieses offenkundige Auf und Ab in ihrem Leben ist vielleicht für ihr Bedürfnis verantwortlich, immer Pläne für eventuelle unvorhergesehene Ereignisse parat zu haben. Ein ähnlicher Wesenszug wird übrigens auch dem genau entgegengesetzten Erlenzeichen zugeschrieben, für das bedeutsame Veränderungen charakteristisch sind. Ihr seelisch-geistiges Wesen ist von Ruhelosigkeit geprägt, und es erfordert ziemlich viel emotionale und materielle Sicherheit, damit sie sich zufrieden fühlen.

Hinter ihrer kühlen Zurückhaltung und Leistungsfähigkeit verbirgt sich eine äußerst starke Sinnlichkeit. Die Art und Weise, wie es ihnen gelingt, dieses leidenschaftliche Naturell zu beherrschen, ist vielleicht der Schlüssel für die Stärke oder Schwäche ihres Charakters. Ohne Zweifel scheinen sie einen besonderen persönlichen Schutz zu genießen, so daß sie auch dann noch eine Anstellung behalten, wenn jeder andere schon die Kündigung bekommen hat! Diese ausdauernde Charaktereigenschaft ist ihre Trumpfkarte im Konkurrenzspiel des Lebens. Sie sind aber nicht unbedingt ehrgeizig, denn ihre Bedürfnisse oder Ziele im Leben sind in der Regel recht einfach. Unter der Voraussetzung, daß sie einen gewissen Lebensstandard beibehalten, begnügen sie sich oft damit, sich zurückzulehnen und der Welt keine sonderliche Beachtung zu schenken.

Diese Art von Trägheit oder fehlender Motivation kann der Schwachpunkt ihres Charakters sein, und dieser plötzliche Umschwung oder Mangel an Begeisterung ist ein sich ernstlich negativ auf ihr Leben auswirkender Wesenszug. Weinstock-Menschen müssen es lernen, im Leben sowohl zu säen als auch zu ernten. Weinstock-Persönlichkeiten sind jedoch die besten Beispiele dafür, *was* man leisten kann – und häufig entgegen jeder Wahrscheinlichkeit!

Das Liebesleben

In partnerschaftlichen Beziehungen macht ihr leidenschaftliches Naturell sich unverhohlen Luft. Dies kann bisweilen aufgrund eines Gefühls von persönlicher Frustration sein, denn für sie sind im Leben viele Dinge zu lösen. Es fällt ihnen schwer, eine eheliche Beziehung auszuhalten, und vielleicht bleiben Weinstock-Menschen von allen Zeichen des keltischen Mondtierkreises am häufigsten unverheiratet. Viel wird hier von der Wahl ihres Partners abhängen. Die Emotionen und Gefühle eines venusbetonten Charakters sind nicht immer leicht beherrschbar, denn es handelt sich um die heftigen Gemütsbewegungen von Liebe oder Haß. Es ist auch eine sehr erdhafte Art mit Weinstock-Persönlichkeiten verbunden, die manche Menschen äußerst sinnlich und sexuell anziehend finden, doch sie können merkwürdig reserviert bleiben und sehr desinteressiert oder gleichgültig darauf reagieren.

Zusammenfassung

Die Veränderungen durch verschiedene Lebenszyklen verlaufen selten ruhig und glatt, doch Weinstock-Menschen scheinen von Anfang an eine Reihe von schwierigen Anpassungsprozessen zu erleben. Die positivsten Aspekte, die sich daraus ergeben, sind große innere Heiterkeit und Gemütsruhe. Auch ihr Sinn für Humor schwankt zwischen Extremen; ihr Lachen kann sich ohne weiteres in Tränen verwandeln und umgekehrt. Im allgemeinen sind sie sehr kultiviert und mögen keine groben Scherze oder ungehobelten Menschen. Doch ein venusbetonter Charakter hat auch eine andere Seite, die gleichzeitig plump und vulgär sein kann.

Im häuslichen Bereich ändern sich diese Eigenschaften wieder. Ihr Zuhause ist gewöhnlich gut eingerichtet und komfortabel. Sie leben gern an landschaftlich schönen Orten, nicht allzu isoliert, sondern in der Nähe von gesellschaftlichen Annehmlichkeiten. Sie gehen gern ins Theater oder Kino und fördern im allgemeinen die Künste; manche von ihnen haben eine äußerst spezielle musikalische Begabung.

Weinstock-Menschen kaufen gern für ihre Freunde und ihre Familie ein. Dies ist, bei Männern wie Frauen, eine sehr weibliche Wesensseite, die von einer großen Feinfühligkeit zeugt. Mangelnde Gefühle bei anderen können sie daher leicht verletzen oder traurig machen. Die Mythologie der Venus verdient eine genauere Untersuchung, um den weiblichen Charakter zu verstehen. Es gibt darin eine helle und eine dunkle Seite, was eine ganze Menge an Ausgleich oder Kontrolle verlangt. Wenn das Gleichgewicht jedoch gefunden wird, gehören Weinstock-Persönlichkeiten zu einigen der vorbildlichsten Vertreter des Menschseins.

Kapitel 11

DER EFEU

GORT

30. September – 27. Oktober

Symbol:	*Persephone und der sie verhüllende Mond*
Edelstein:	*Opal*
Pflanze:	*Bittersüßer Nachtschatten*
Archetypische Gestalt:	*Arianrhod*

»Ich bin ein unbarmherziger Eber«

Die Illustration

Der Efeu ist eine Kletterpflanze, doch im Unterschied zum Weinstock immergrün. Fast unter einer Efeubewachsung verborgen, sind die Ruinen eines alten Tempels zu erkennen, und die winzigen Gestalten der *Sidhe* tanzen ausgelassen im Mondschein. Die *Sidhe*, das Feenvolk, wurden in der keltischen Mythologie mit den auf ihre Wiedergeburt wartenden Seelen der Toten assoziiert, und die ganze Atmosphäre vermittelt ein Gefühl von Tod und Auferstehung. Der Schmetterling ist ein Symbol für die *Sidhe* und versinnbildlicht die Metamorphose dieses Übergangs. Die *Sidhe* werden häufig auf Schmetterlingen reitend oder fliegend dargestellt, um an diesen Transformationsaspekt der Seele zu erinnern. Das astrologische Symbol von Persephone ist Teil der Zeichnung auf einem Schmetterlingsflügel.

Die leuchtendroten Beeren des Bittersüßen Nachtschattens bieten einen späten Festschmaus für das Wintergoldhähnchen, einen heiligen Vogel der Druiden, der sich auch in den Efeuranken verbirgt. Das Sternbild der Plejaden feiert eine glanzvolle Wiederkehr und zeigt durch seinen symbolischen Aufgang einen wichtigen astronomischen Faktor an, der mit einer zukünftigen Eklipse verbunden ist.

Der Opal

Dieser Stein ist von einer fast unirdischen Schönheit, und doch hat sein Ruf als Unglücksbringer dazu geführt, daß er auf der ganzen Welt gemieden wird. Früher aber wurde der Opal als Glücksstein betrachtet und in Asien als »Hoffnungsanker« bezeichnet. Die Araber glaubten, daß Opale als Zeichen himmlischer Freude vom Himmel fielen. Es bleibt ein Geheimnis, wie der Stein zu einem solch schlechten Ansehen kam, doch der Glaube daran begann in Europa während der Zeit des »Schwarzen Todes«, der Pest.

Das Schimmern des Opals soll den Gesundheitszustand dessen widerspiegeln, der in trägt, und in jener Zeit wurde beobachtet, daß er im Augenblick des Todes glänzend wurde und dann sein Schimmern völlig verlor. Daher dachte man, der Stein habe den Tod verursacht, doch tatsächlich wirkte die plötzliche Veränderung der Körpertemperatur von heiß (Fieber) zu kalt (Tod) auf den Opal ein, weil dieser nämlich leicht porös ist.

Obwohl er bis heute als ein Symbol der Unbeständigkeit angesehen wird, galt er für die Druiden auch als ein Symbol der Hoffnung.

Der Steintempel

Der »Men-an-Tol«-Stein in Cornwall wird als einziger Überrest eines zerstörten Grabmals oder Tempels angesehen, der – ebenso wie Stonehenge – von dem Megalithvolk erbaut wurde, das die Britischen Inseln vor den Kelten bewohnte. Die Druiden nutzten dieselben Stätten und verstanden offensichtlich die Bedeutung der alten Steine. In einige Steine meißelten sie ihre eigenen Symbole, und später errichteten sie selbst Steinsäulen mit *Ogham*-Inschriften. Die Kunstfertigkeit der Bearbeitung von Stein wurde auch mit der neuen Religion des Christentums weiter fortgesetzt, und viele alte Markierungssteine, die auf *Ley-Lines* standen, wurden so verändert, daß sie einem Kreuz ähnlich sahen. Nicht zuletzt entwickelte der neue Glaube seine eigene Identität auch dadurch, daß zu Hunderten kunstvoll behauene Keltische Kreuze auftauchten, so als sollten sie die Macht der schweigenden Steinriesen in Frage stellen.

Noch heute gibt es jedoch überall in England, Irland und in der Bretagne zahlreiche Steinkreise und riesige, in Gruppen angeordnete Granitblöcke, die als *Kromlech* bzw. *Dolmen* bezeichnet werden. Die

Dolmen sind die Überreste von alten Grabkammern, während die Steinkreise astronomischen und zeremoniellen Zwecken dienten. *Holeystones*, Steine mit einem – natürlichen oder durchbohrten – Loch in der Mitte, waren mit Fruchtbarkeitsriten verbunden, doch der »Men-an-Tol«-Stein hatte noch eine andere, mysteriösere Eigenschaft.

Wie die alten Sagen berichten, waren alle Steine nach den durch die Erde verlaufenden Kraftströmen ausgerichtet, und bei Lochsteinen, wie dem »Men-an-Tol«, war das Loch der Brennpunkt dieser Energie. Demnach durchströmte den Körper eine heilende Kraft erneuerter Vitalität, wenn man durch dieses Loch kletterte. Diese energetisierende Kraft ist laut der einheimischen Bevölkerung psychischer Natur, und man sagt, daß sich zwei Messingnadeln, die oben auf den Stein gelegt werden, auf rätselhafte Weise bewegen, um dadurch auf Fragen zu antworten.

Der »Men-an-Tol«-Stein ist von Westen nach Osten ausgerichtet und steht vermutlich auch auf derselben *Ley-Line* wie die Kapelle von Bosiggran Castle auf Logan Rock, die mit dem mittelalterlichen Orden der Johanniter verknüpft ist. In der Nähe befindet sich noch ein weiterer Steinkreis aus Monolithen, der den Namen »Neun Jungfrauen« trägt.

Das Wissen um die harmonische Nutzung der Erdenergien hat überall auf der Welt Anhänger gefunden. Die Naturphilosophie und Religion der alten Griechen war von ihren Naturbeobachtungen beseelt. In jedem Stein, in jedem Baum sahen sie einen lebendigen Geist, im Wasser die anmutigen Formen und Gestalten der Najaden und Satyrn. In China wird die Wissenschaft von den Naturenergien noch immer streng beachtet; sie ist offiziell anerkannt und wird *Feng-Shui* genannt, was übersetzt »Wind und Wasser« bedeutet. Für die Chinesen zieht sich durch alle Formen der Schöpfung ein spirituelles goldenes Band. Ihre Drachenmänner, die Vertreter der alten Kunst und Wissenschaft des *Feng-Shui*, setzen ihre Fähig-

keiten dafür ein, um die Plätze für alle Gebäude und die Gräber ihrer Ahnen zu bestimmen.

Die gleiche Verehrung wurde der Naturenergie und den Elementen von den Druiden erwiesen, die solche Energien ebenfalls zu Drachen- oder Schlangensymbolen in Beziehung setzten. Ihr Symbol der widderköpfigen Schlange mit spiralförmig gewundenen Hörnern wurde mit Kernunnos, einem gehörnten und fruchtbaren Naturgott, assoziiert. Die Drachenenergie bezieht sich auf die *Ley-Lines*, die besondere Verbindungsstrecken anzeigen; doch die Druiden sprachen auch von den *wouivres* als unsichtbaren Energiebahnen, die unter der Erdoberfläche verliefen und sich an bestimmten Stellen kreuzten. Diese besonderen Stellen wurden natürlich als heilige Stätten betrachtet, und in manchen Sagen wurden diese Bahnen als »Feenpfade« bezeichnet.

Das Feenvolk

Feen werden in vielen literarischen Quellen der europäischen Volksüberlieferung erwähnt, und in den keltischen Gebieten stellt dies ein kulturelles Erbe dar, das sorgsam bewahrt wird. In Irland, wo die *Daoine Maithe* oder das »gute Volk« noch immer ein respektvolles Nicken gebieten, handelt sich jeder, der töricht genug ist, ein Haus mitten auf einer Feenfährte zu bauen, Ärger ein! Die Türen und Fenster an der Vorder- und Rückseite des Hauses dürfen nicht zugemacht oder verschlossen werden, sondern müssen als Durchgang für die Feen offenbleiben. Dieses Wegerecht ist kein bloßer phantasievoller Aberglaube, sondern bezieht sich auf den Gesamtaspekt der mit den Feen verbundenen Erscheinungen.

Die Feen stellen eine Zeitdimension ererbter Erinnerungen dar, die mit dem übersinnlichen Phänomen von Gespenstern, Geistern, dem Zweiten Gesicht und anderen unerklärlichen Dingen gleichgesetzt wurden, wozu heute noch das Sichten von UFOs hinzukommt. Das Volk der Feen oder *Sidhe* (»shie« ausgesprochen) bildete in der keltischen Mythologie ein Verbindungsglied zu den alten Göttern, den Tuatha de Danann, einem Volk von Unsterblichen, die vor der Ankunft der Kelten in Irland und Britannien lebten. Die Kelten, die auch als Milesier bezeichnet wurden, drangen um das Jahr 1015 v. Chr. in Irland ein und setzten die Tuatha de Danann nach heftigem Kampf als Herrscher ab. Sie zwangen sie jedoch nicht, sich zu zerstreuen oder das Land, das sie liebten, zu verlassen. Statt dessen wendeten die Tuatha de Danann ihre magischen Künste an, machten sich unsichtbar und zogen sich in ihre kunstvollen Erdwälle oder Feenhügel zurück, wo sie eine Quelle für altes Wissen, mythische Begabung und die Musik blieben.

Was könnte sich in Wirklichkeit ereignet haben? Die Tuatha de Danann wurden von der Stärke und Anzahl der keltischen Eindringlinge überwältigt und zogen sich in ihre unterirdischen Hügelfestungen zurück, um weiteren Konfrontationen aus dem Weg zu gehen.

Die Kelten wollten keine Volksrasse vernichten, die sie unbestreitbar faszinierte. Daraus entstand in der Folge ein ganzer Sagenzyklus, der darauf schließen läßt, daß allmählich eine Vermischung beider Völker und ihrer Religionen stattgefunden hat. Im Laufe der Zeit wurden die alten Hügelfestungen verlassen, und die üriggebliebenen Tuatha de Danann starben entweder aus oder tauchten verkleidet als begabte Spielleute und Barden in der keltischen Gesellschaft unter. Körperlich ähnelten die *Sidhe* den Menschen in jeder Hinsicht, doch sie alle waren außerordentlich schöne und begabte Wesen, die nicht auf natürliche Weise starben, und verdankten ihre Kräfte der Zauberei. Diese Eigenschaft der Unsterblichkeit legt einen rätselhaften und magischen Schleier über ihre eigene Herkunft. In den Arthur-Sagen sind sie als die Damen vom See, als Merlin und Morgan le Fay zu erkennen.

In späterer Zeit wurde die Erinnerung an ihre Kultur durch den sogenannten »Feenglauben« lebendig gehalten und dehnte sich schließlich auf einen weiten Bereich von Bräuchen und Glaubensvorstellungen aus. In einigen irischen Mythen existierte ein etwas böswilliger Typus von Elfen, die von den Fomoriern abstammten, einem Geschlecht von mißgestalteten Riesen. Diese waren vorher durch das Volk des Partholón geschlagen worden, blieben jedoch jenseits der nördlichen Meere und belästigten auch weiterhin das irische Volk. Dies scheint die anfängliche Unterteilung in gute und böse Feen zu erklären, doch offenbar können auch Umwelteinflüsse das Verhalten und die Ethnologie des Feenvolkes beeinflussen.

Die Namen der Feen sind zu vielfältig und ihre Taten zu zahlreich, um sie hier in allen Einzelheiten erwähnen zu können. Bei den *Pixies* und *Leprechauns*, den kornischen bzw. irischen Kobolden, scheint es sich um Erdgeister oder Elementale mit einem boshaften Humor zu handeln. Das walisische Feenvolk der *Tylwth Teg* erscheint gewöhnlich nach Einbruch der Dunkelheit und wird als »gutes kleines Volk« beschrieben, das gerne singt und tanzt. In Schottland gibt es Feen-Dudelsackpfeifer, die ihre magischen musikalischen Fähigkeiten den Dudelsackpfeifern bestimmter Clans verliehen. Die schottischen Feen sollen auch sehr grimmig und rachsüchtig sein, besonders die *Kelpies* – Nixe, die dafür bekannt waren, Menschen zu ertränken. Als Vorboten des Todes werden die Feen in Schottland und Irland *Banshees* genannt. Diese Verbindung zu den Toten bezieht sich auf die Unterwelt in der keltischen Mythologie, wo die Seelen auf ihre Wiedergeburt warteten. Nach einigen Sagen verkörperten die Feen auch die verlorenen Seelen, die sich nicht mehr reinkarnieren konnten, aber aufgrund ihrer Ablehnung der menschlichen Gesellschaft mit ihren einengenden Werten und der christlichen Religion an die Erde gebunden blieben.

Der Schmetterling

Der Schmetterling wurde zu einem Symbol für diesen besonderen Feenglauben und in Form einer Spange oder Anstecknadel als Zeichen der Achtung vor den Geistern ihrer Vorfahren getragen. Welche ursprünglichen Vorstellungen mit ihnen auch verbunden sein mögen, die Feen sind von einer mystischen Aura umgeben, die eine Herausforderung für das rationale Denken und materielle weltliche Werte darstellt.

Der Bittersüße Nachtschatten

Die leuchtendroten Beeren des Bittersüßen Nachtschattens sind im Efeumonat reif und geben den herbstlichen Rainhecken einen lebhaften Farbtupfer. Im Mittelalter hieß die bei uns einheimische Pflanze mit dem botanischen Namen *Solanum dulcamara* auch *Amaradulcis*, »Bittersüß«. Sie war bei den alten Kräuterkundigen hochgeschätzt und wurde wegen ihrer narkotischen Eigenschaften zur Verlangsamung des Herzschlags und Senkung der Temperatur eingesetzt. Wie bei der Tollkirsche (*Belladonna*) sind die Beeren jedoch giftig, und auch wenn sie nicht ebenso gefährlich oder unter Umständen tödlich sind, haben sie sich bei kleinen Kindern als schädlich erwiesen.

In den Zeiten, als man sich vor Hexerei fürchtete, hingen Schäfer ihren Tieren die ganze Pflanze mit den Beeren um den Hals, um sie vor dem bösen Blick zu schützen. Dieser Brauch geht sicherlich auf die Druiden zurück, welche die Beeren als Bestandteil eines Antidots gegen noch tödlichere Gifte verwendeten.

Der Efeu

Der Gemeine Efeu ist eine üppige und robuste immergrüne Pflanze. Sie ist in großen Teilen Europas sowie in Nord- und Zentralasien verbreitet und zu einem bevorzugten Kriech- und Klettergewächs im Ziergarten und an Hauswänden geworden. Bei den antiken Völkern wurde sie sehr geachtet. Bacchus (griechisch: Bakchos oder Dionysos), der römische und griechische Gott des Weines, dem die Pflanze geweiht war, trug einen Efeukranz um den Kopf, denn der Brauch, einen Kranz aus Efeulaub zu tragen, sollte den nachteiligen Folgen der Berauschung vorbeugen. Ein anderes altes Heilmittel zu demselben Zweck wurde zubereitet, indem man eine Handvoll Efeublätter in Wein kochte und diesen Sud trank, wenn er abgekühlt war. In England ist der Efeubusch stets das Zeichen der Weinstuben gewesen, und außerdem ist er in verschiedenen Familien- und Stadtwappen enthalten.

Die medizinischen Eigenschaften des Efeus werden in der modernen Kräuterheilkunde heute nur wenig genutzt. Die alten Kräuterkundigen, wie Gerard und Culpeper, setzten ihn dagegen bei einer ganzen Reihe von Beschwerden ein, so zur innerlichen Reinigung bei eitrigen Lungengeschwüren und äußerlich zur Wundheilung. Auch in dem Vermächtnis der Pflanzenarzneien, das die Druiden hinterließen und das in Irland bis heute bewahrt wird, gibt es Heilanwendungen mit Efeublättern.

Von den druidischen und griechischen Priestern erhielten frisch vermählte Paare einen Efeukranz als Segen für die Stärke und ewige Liebe ihrer Verbindung. Auch die Sieger der ersten *Eisteddfods*, der jährlich von den bardischen Orden veranstalteten Kunstfeste, wurden mit Efeu bekränzt. Im elften Mondmonat war die Blütezeit des Efeus, und dann wurde er als Schmuck für die heiligen Schreine und Altäre der Druiden verwendet. Sein immergrünes Aussehen stand symbolisch für die Unsterblichkeit des Geistes, ebenso wie das Feenvolk schließlich die tiefste Schicht des keltischen Wesens versinnbildlichte.

Gort

Gort verweist auf das griechische Wort *gortys*, den Namen des angeblichen Gründers der Stadt Gortys in Südarkadien. Gortyna ist der Name einer berühmten Stadt auf Kreta und stellt möglicherweise den Titel einer Göttin dar – Gorgopa oder die »Furchtbar-Gesichtige«, ein Beiname der Todesgöttin Athene. Wenn man die mit dem Efeumonat verknüpfte Symbolik berücksichtigt, erscheint diese Verbindung oder Assoziation passend.

Die mit Persephone verbundene Mondsymbolik

Im ägyptischen Götterhimmel ist dieses Zeichen symbolisch mit Nephthys, der Zwillingsschwester der Isis, verbunden, dem verborgenen oder dunklen Aspekt des Geistes. Isis war die Gemahlin des Osiris, und ihre Beziehung im ägyptischen Mythos folgt einem sehr ähnlichen Jahreszyklus von Geburt, Tod und Wiedergeburt mittels Magie wie jener des keltischen Ritualjahres. Nephthys war die Gemahlin von Seth, dem dunklen Zwillingsbruder von Osiris. In einem frühägyptischen Mondmythos, der den ursprünglichen Kampf der beiden Götter – den Widerstreit zwischen Gut und Böse – erklärt, verschlingt sein Symbol, der schwarze Eber (abnehmender Mond) den weißen Eber (zunehmender Mond). Hieraus erklärt sich sicher auch die am Anfang des Kapitels zitierte druidische Beschwörung: »Ich bin ein ruchloser Eber«, die Bezug auf die Jahreszeit nimmt, wenn im keltischen Mondkalender die Dunkelheit das Licht zu überwältigen beginnt. Hier zeigt sich erneut eine weitere alte Verbindung zwischen den Ägyptern und Kelten.

Die astrologische Bedeutung

Die astrologische Herrschaft wird hier zum Teil dem Mond zugeschrieben, denn in der esoterischen Astrologie heißt es, daß Sonne und Mond verborgene Planeten verhüllen oder verfinstern. Im Monat des Efeuzeichens verhüllt der Mond einen verborgenen Planeten, der noch zu entdecken ist und der – nach den Lehren der alten Völker – auf der anderen Seite von Pluto liegt. Der Name »Persephone« ist aufgrund von Beweisen für diesen Planeten gewählt worden, dessen Existenz von Astrologen schon seit langem vermutet wird. Es handelt sich dabei entweder um einen Doppelplaneten von Pluto oder möglicherweise um einen Satelliten oder Mond im Gravitationsorbis von Pluto.

Diese Namenswahl ist nicht zufällig, sondern fügt sich in den mythologischen Zyklus von Planeten in unserem Universum ein. In der griechischen Mythologie wurde Persephone, die Tochter von Ceres oder Gaia, der großen Erdmutter-Göttin, von Hades (Pluto), dem Gott der Unterwelt, entführt und dazu gezwungen, sechs Monate des Jahres bei ihm zu verbringen. Persephone war auch eine Mondgöttin und wurde im Transformationsaspekt der Dreifältigen Göttin mit Hekate gleichgesetzt. Die astrologische Deutung wird im nächsten Abschnitt noch weiter erklärt.

Die archetypische Gestalt

Im keltischen Mythos können Persephone und Nephthys als Entsprechungen der Mondgöttinnen Arianrhod und Rhiannon gesehen werden. Diese beiden keltischen Gottheiten stehen in einer alten Verbindung zur Wiedergeburt und zu geheimnisvollen, mit dem Weiblichen zusammenhängenden Riten. Beide ertrugen eine erzwungene Verbannung oder Buße, die sie vorübergehend in den Hintergrund drängte. Arianrhod besaß jedoch ein noch rätselhafteres oder verborgeneres Wesen, und daher ist sie der mit diesem Zeichen verknüpfte Archetyp. Auch die Mythologie des Feenvolkes bietet Einblick in diese schwer faßbaren persönlichen Eigenschaften.

Die sich auf Unsterblichkeit beziehende Mythologie des Efeus steht symbolisch für die Grundenergien, die dem Efeumonat im druidischen Kalender zugeordnet werden. Während die Sonne tief am Horizont steht, sind die großartigen Sonnenuntergänge eher Sinnbild für Transformation als für permanente Veränderung. Es handelt sich jedoch um eine Zeit, in der eine gewisse Ausdauer und Widerstandskraft notwendig ist, um den kommenden Winter und die vorherrschenden Kräfte der Dunkelheit zu überstehen.

Die Persönlichkeit des Baumzeichens

Efeu-Menschen besitzen eine unübertroffene persönliche Durchhaltekraft. In diesem Zeichen Geborene sind auch vielseitig talentiert, was ihnen persönliche Auszeichnungen und öffentliche Anerkennung einbringen kann. Gewöhnlich bleiben sie bescheidene, wenn auch schillernde Individuen mit einem ganz ureigenen Stil. Sie haben einen scharfen Verstand und sind unterhaltsame und geistreiche Selbstdarsteller.

Sie haben jedoch auch eine ernste Wesensseite, die einen unerschütterlichen Glauben an natürliche Gerechtigkeit besitzt. Ihre eigenen Zweifel und Ängste können sich in Form von seltsamen Träumen und persönlichen Begegnungen offenbaren, so wie ja auch die Dunkelheit vom Licht angezogen wird. Deshalb gehört zu diesem Zeichen auch die Hoffnung, damit das dunklere Wesenselement der Seele bekämpft werden kann. Zu den bekannten Efeu-Persönlichkeiten gehören Oscar Wilde, Sarah Bernhardt, Mahatma Gandhi und Margaret Thatcher.

Positive Aspekte

Dazu gehören ihre Loyalität gegenüber Kollegen und Freunden und ihre Fähigkeit, die volle Verantwortung für ihre eigenen Handlungen zu übernehmen. Sie sorgen großzügig für andere, haben aber auch Geschick darin, Geld zu sparen oder anzulegen, wenn es um die Zukunftssicherung ihrer Familie geht.

Negative Aspekte

Sie haben einen ausgesprochenen Hang zur Manipulation und werden ihre Position oder ihren Einfluß notfalls ziemlich rücksichtslos ausnutzen. Sie neigen dazu, instabile Lebensenergien und Menschen mit niederen Instinkten anzuziehen, wobei sie versuchen, ihren eigenen Kodex für moralisches (oder unmoralisches) Verhalten aufzustellen. Efeu-Persönlichkeiten besitzen die Kraft zur Gerechtigkeit im symbolischen Sinne, doch auf der menschlichen Ebene werden sie häufig in herbe Auseinandersetzungen und Rechtsstreitigkeiten verwickelt.

Allgemeines

Ihre wahren Talente erwerben sie selten aus Büchern oder durch anerkannte Ausbildungsmethoden. In der Tat sind sie im herkömmlichen Sinne oft sogar schlechte Schüler und ziehen es vor, in allen Arbeitsbereichen nach ihren eigenen Ideen zu handeln. Sie sind ziemlich radikale Denker und darin den Ebereschen-Persönlichkeiten verwandt, besitzen jedoch mehr künstlerisches Gespür. In diesem Zeichen Geborene sind im allgemeinen ausgesprochen künstlerisch veranlagt und stehen gleichzeitig – ähnlich wie die Eschen-Persönlichkeiten – im Konflikt mit materiellen Werten.

Aufgrund ihres übergroßen Bedürfnisses nach einer gesicherten Zukunft besitzen Efeu-Persönlichkeiten jedoch größeres Geschick darin, Geld zu sparen oder Kapital anzulegen. Die Zukunft bedeutet oft eine Art Bedrohung für sie, obwohl sie solche Ängste oder Befürchtungen womöglich niemals freiwillig zugeben werden! In der Tat scheint das Pendel von Fortuna zwischen zwei Extremen, von relativer Unbekanntheit zu plötzlichem Ruhm und dann wieder zurück, zu schwingen und wird entsprechend das Lebensmuster festlegen. Es gibt jedoch ein Glücksmoment, das sie durch ihr ganzes Leben zu begleiten scheint, so als würde das »kleine Volk« über sie wachen. Efeu-Persönlichkeiten sind selbst für übersinnliche Einflüsse ziemlich empfänglich und haben vielleicht die seherischen Fähigkeiten geerbt, die als »Gabe der Feen« bezeichnet werden.

Das Liebesleben

Partnerschaftliche Beziehungen gehören für die meisten Menschen zu den empfindlichsten und höchst emotionsgeladenen Lebensbereichen. Efeu-Persönlichkeiten zeigen jedoch besonders extreme Reaktionen darin, sich zu verlieben und sozusagen wieder zu »entlieben«. Heute noch verliebt, können sie aufgrund ihres Freiheitsbedürfnisses die Beziehung ganz unvermittelt mit heftigen Worten lösen, so als wollten sie sicherstellen, daß keine Zeit für Bedauern oder Reue bleibt. Eine andere, ebenso extreme Reaktion äußert sich darin, daß sie übermäßig besitzergreifend sind und sich an andere klammern – wie der Kriechefeu, der dazu neigt, anderes Pflanzenwachstum zu überwuchern. Der schlimmste Aspekt dieses Charakterzugs besteht darin, nicht zu erkennen, wann eine Beziehung vorbei ist.

Efeu-Persönlichkeiten sind großzügige und treusorgende Eltern, wenn sie verfügbar sind, doch durch ihre Karriere und aufgrund von persönlichem Ehrgeiz ist dies in den wichtigen Jugendjahren oft nicht der Fall. Dies kann sich auch auf ihr Privatleben und ihre Ehepartner negativ auswirken und ruft vielleicht unbeabsichtigt genau jene Instabilität hervor, die sie so angestrengt zu vermeiden suchen. Wenn sie sich diesen kritischen Punkt eingestehen und ihre persönlichen Extreme in einem gewissen Stadium miteinander in Einklang bringen, haben sie größere Chancen als die meisten anderen Zeichen, einen vollkommenen Partner zu finden und eine wirklich harmonische Beziehung einzugehen.

Zusammenfassung

Efeu-Persönlichkeiten hassen Unentschlossenheit und werden in ihrem Beruf häufig dazu gedrängt, eine große Anzahl von Entscheidungen zu treffen, die eine feste Verpflichtung erfordern. Sie sind von Natur aus wagemutig und haben das Potential für viele Karrieren oder Berufe. Ihre persönlichen Fähigkeiten sind insgesamt kreativ ausgerichtet und praktisch anwendbar. Eine ihrer besten Eigenschaften ist ihr diplomatisches Vorgehen, auch wenn sie vielleicht nie die Kunstfertigkeit entwickeln werden, Kompromisse zu schließen.

Andere Menschen schätzen ihre Freundschaft, und ihr Freundeskreis ist über den ganzen Globus verteilt, denn sie unternehmen gern ausgedehnte Reisen zu fernen und entlegenen Orten. Das Aufspüren des Unbekannten gehört zu ihrer Lebenseinstellung, denn sie sind sehr wißbegierige Menschen. Sie sind auch sehr humorvoll; ihr Humor ist oft recht ungehemmt und spontan und bringt andere Menschen über sich selbst oder ihr eigenes Mißgeschick zum Lachen.

Sie ziehen es vor, an hochgelegenen Orten zu leben – ob nun in Penthäusern oder auf der Höhe von steilen Berghängen. An Orten, die von zu vielen Bäumen umgeben sind oder in tiefen Senken liegen, fühlen sie sich unbehaglich. Wichtig sind für sie auch große Fenster, die das Licht hereinlassen.

Ihr Lebensstil macht andere Menschen in dem Sinne neidisch, daß bei ihnen alles ganz perfekt erscheint. Efeu-Persönlichkeiten wenden dieselben Zaubermittel wie die Weiden-Menschen an, um Illusionen hervorzubringen – aber nichtsdestotrotz handelt es sich dabei um äußerst glaubhafte Illusionen!

Kapitel 12

DAS SCHILFROHR

NGETAL

28. Oktober – 24. November

Symbol: der Planet Pluto
Edelstein: Jaspis
Pflanze: Wasserminze
Archetypische Gestalt: Pwyll, Herrscher von Annwn

»Ich bin ein bedrohliches Rauschen des Meeres«

Die Illustration

Das Schilfrohr, von dichtem Wuchs und schlanker Gestalt, wächst wild an einem Flußufer. Ein kalter Nordwind läßt die Luft erstarren, während ein Schwarm von Wildgänsen heimwärts zieht.

Das keltische Fest *Samhain* war ein Zeitpunkt, zu dem sich die Tore zwischen der natürlichen und der übernatürlichen Welt öffneten. Die Trennungslinie wird symbolisch von dem dunkelblauen Fluß überdeckt, der in die große unterirdische Höhle fließt, wo Pluto, der Gott der Unterwelt, in einer schwermütigen Atmosphäre herrscht. Pluto oder Dis war der Hüter der Vier Schätze, welche die Kelten von den Tuatha de Danann geerbt hatten, einem Volk von Unsterblichen, die zu keltischen Göttern wurden.

Samhain markierte im Ritualkalender der Kelten nicht nur den Beginn des neuen Jahres, sondern in ihrem Jahreszeitenkalender offiziell auch den Winteranfang. Samhain war das wichtigste Fest des ganzen Jahres, und seine Feier am 1. November dauerte nach dem Ritualkalender drei Tage.

Jaspis

Der Jaspis kann viele unterschiedliche Färbungen annehmen, die von Grün bis Schwarz reichen. Die rote Varietät, der Silex, und die grüne Varietät mit roten Punkten, auch als »Blutjaspis« bezeichnet, sind für dieses Zeichen besonders passend.

Der Blutjaspis wurde im Alten Ägypten als kraftvolles Schutzamulett angesehen und stand sinnbildlich für das Blut der Isis. Im Verlaufe der Geschichte hat stets eine solche Verbindung zu Blut und Blutungen bestanden; so wurde er beispielsweise von den babylonischen Magiern für die Behandlung von Blutkrankheiten und zum Stillen innerer Blutungen benutzt. Auch die Gnostiker machten ausgiebigen Gebrauch von ihm und fertigten ein Amulett aus dem

Stein, den sie *Heliotrop* nannten. Er machte seinen Träger angeblich unsichtbar, worauf auch Dante in seinem »Inferno« anspielt.

Eine schwarze Varietät des Jaspis, die als »lydischer Stein« bezeichnet wird, war der Probierstein der alten Alchemisten und wurde zur Prüfung von Gold verwendet. Dies ist ein bedeutsamer Bezug, denn die Götter der Unterwelt wurden für die reichsten Gottheiten gehalten, da alle Bergwerke in ihrem Besitz waren. Die Druiden glaubten, daß der Stein selbst über die Sonne Macht besitze und Stürme und Gewitter hervorrufen könne.

Samhain

Alle keltischen Feste begannen am Vorabend des feierlich begangenen Tages, denn nach lunarer Überlieferung berechneten die Kelten ihre Tage von Sonnenuntergang bis Sonnenaufgang. Wenn man dies berücksichtigt, begann der Ritualkalender, wenn die Sonne nach dem ekliptischen System unterging. Dieses System wurde von allen alten Astronomen-Priestern und damit auch den Druiden verwendet, um die Jahreszeiten nach dem Sonnenlauf zu bestimmen. Der Vorabend von Samhain war für das keltische Volk – neben dem Vorabend von Beltane am 1. Mai – eine der großen Geisternächte. Zu dieser Zeit lösten sich die Grenzen zwischen der natürlichen und der übernatürlichen Welt auf, und daher war dies eine Nacht für die Weissagung und Zukunftsschau.

Samhain war ein Fest der Toten – den früheren Toten und denen des scheidenden Jahres – sowie das Ende eines vollständigen Zyklus im keltischen Lebensrad. Es war auch eine Zeit der Reinigung, und Bildnisse wurden verbrannt, die symbolisch für die Schrecken der Vergangenheit und alles standen, was ein furchtsames Gemüt beunruhigte. Im Ritual des großen Samhain-Feuers wurde die Asche des alten Jahres verbrannt, und durch diese Reinigung konnten die Menschen den Härten der dunklen Wintermonate entgegentreten, die nun vor ihnen lagen. In dem sich anschließenden Segensritus wurde die Asche dann auf dem Land verstreut.

In der keltischen Mythologie feierte auch das Feenvolk der *Sidhe* Samhain; sie scheinen sogar die Herrscher über das Totenfest gewesen zu sein. Am November-Vorabend konnten die Feen mit Sterblichen die Ehe eingehen, und alle Feenhügel waren geöffnet, damit jeder Sterbliche, der mutig genug war, einen Blick in ihr Reich werfen und ihre Paläste voller Schätze bewundern konnte. Doch nur wenige Kelten haben sich jemals freiwillig in diese Zauberwelt gewagt! Ihr Respekt vor den Feen war eine Mischung aus ehrfürchtiger Scheu mit einem Anflug von Grauen.

Der Brauch in der Bretagne, am November-Vorabend oder *La Toussaint* (»Allerheiligen«) am Tisch einen Platz für die Toten frei zu lassen, war mehr als nur ein Zeichen von Respekt. Die bretonischen Kelten machten keinen Unterschied zwischen den Lebenden und den Toten. Sie glaubten, daß beide – die einen sichtbar, die anderen unsichtbar – die diesseitige Welt bewohnten. Im keltischen Irland kündigte der November-Vorabend, *Oidhche Shamhna*, den Beginn von großen Festlichkeiten mit Spielen und Wettrennen zu Ehren von Tlachtga, der alten Muttergöttin, an. Aus dieser alleärtesten Gottheit wurden später die Cailleach und die Morrigan. Die Cailleach erhielt damit den Vorsitz über dieses Fest und feierte das Ereignis durch eine symbolische Paarung mit dem Dagda, einer weiteren alten Gottheit und Gott von *Draidecth*, dem Begründer des Druidentums. Beide verkörperten die alten, für Tod und Wiedergeburt verantwortlichen Urkräfte.

Die Kelten behielten ihre alten Feste hartnäckig bei und vereinigten sie mit den christlichen Feiertagen.

Der letzte Tag im Oktober wurde in Britannien daher zum *All Hallow's Eve*, dem »Vorabend von Allerheiligen«, im Volksmund auch als *Halloween* bezeichnet. Später tauchte der Geist von Samhain wieder in Form der *Guy Fawkes Night* auf, die viele alte Bräuche bewahrt hat und heute am 5. November mit großen Freudenfeuern und Feuerwerkveranstaltungen überall im Land gefeiert wird.

Die Wasserminze

Die wildwachsende Wasserminze, die zu den gebräuchlichsten Minzearten gehört, war ein Lieblingskraut der Druiden. Sie wächst in großer Fülle an feuchten Stellen, an Flußufern und in Sumpfgebieten und ist an ihren lila- oder purpurfarbenen Blütenquirlen zu erkennen. Sie hat einen starken und unangenehmen Geruch, doch ihre Inhaltsstoffe liefern einige wertvolle Pflanzenarzneien, die Culpeper für eine Vielzahl von Beschwerden verwendete.

Alle Minzearten ergeben eine gute Grundlage für Kräutertees. In Wein mazeriert und in kleinen Schlucken getrunken, lindern sie Blähungen, Koliken und Verdauungsstörungen. Die Druiden benutzten sie für ähnliche Heilkuren und als einfaches, aber sehr wirksames Schnupfmittel zur Reinigung des Kopfes.

Das Schilfrohr

Das Schilfrohr gehört zu einer Familie oder Gattung von weitverbreiteten hohen Gräsern und kommt nur an feuchten Stellen von Nordafrika bis Asien vor. Durch sein dichtes Wachstum hat es eine ebenso dicke Wurzel wie ein Baum, und vielleicht haben die Kelten es deshalb als eine untergetauchte oder verborgene *Dryade* betrachtet. Diese Assoziation ist auch ein deutlicher Bezug zu Dis, dem keltischen Gott der Unterwelt. Die Feen und die Cailleach mögen zwar den Vorsitz über das Fest der Toten gehabt haben, doch das Reich der Unterwelt gehörte zu Dis oder Pluto/Hades.

Die mit dem zwölften Mondmonat verbundene Mythologie des Schilfrohrs ist ebenso alt wie einzigartig. Vielleicht stellt das Schilfrohr das merkwürdigste Symbol im keltischen Tierkreis dar. Seit alter Zeit war es ein Sinnbild für Königswürde und wurde im östlichen Mittelmeerraum mit der Zahl Zwölf assoziiert. Die ägyptischen Pharaonen verwendeten Schilfrohr-Zepter, und ein königliches Schilfrohr soll Jesus in die Hand gegeben worden sein, als ihm vor der Kreuzigung ein Purpurmantel angelegt wurde. Die Zahl Zwölf bedeutete für die alten Hebräer das Zeichen für gefestigte Macht. Das englische *reed* ist ein archaisches Wort für »Pfeil«. Beide Bedeutungen assoziierten die irischen Kelten mit ihrem Sonnengott Lugh, von dem es hieß, als Zeichen seiner Souveränität schleudere er Schilfrohr-Pfeile, um seine Feinde in alle Richtungen zu zerstreuen. Sie wurden nicht nur als die am schnellsten fliegenden Pfeilschäfte angesehen, sondern manchmal wurde das hohle Rohr auch mit giftigen Substanzen gefüllt und machte sie zu wahrhaft tödlichen Geschossen.

Im zwölften Monat des Mondkalenders wurden die praktikableren Verwendungszwecke des Schilfrohrs genutzt. Es konnte nun geschnitten werden und wurde von den Kelten für die Bedachung ihrer Häuser verwendet. In der keltischen Literatur wurde der Monat des Schilfrohrs als eine trostlose Zeit beschrieben, wenn das Tosen des Meeres und die heulenden Ostwinde pfeifend durch die Riedgräser an den Flüssen fuhren. In Irland wurden das Tosen der See und der gellende Ruf des Käuzchens als Vorzeichen für den Tod eines Königs betrachtet. Das Käuzchen, dessen Ruf in mondhellen Novembernächten besonders häufig zu hören ist, wurde auch mit der treulosen Gemahlin ihres Sonnengottes Lugh oder Lleu gleichgesetzt. In der altirischen Volksüberlieferung war die Erinnerung an diese Zusammenhänge noch bewahrt, wenn Ehemänner, die ihre Frauen des Ehebruchs verdächtigten, kurz vor Sonnenaufgang Schilf holten und ins Schlafgemach streuten. Offenbar besaß das Schilfgras die Macht, die Ehebrecherin um den Verstand zu bringen und ihre Sünden bekennen zu lassen …

Ngetal

Ngetal ist der *Ogham*-Name für das Schilfrohr, doch es gibt auch noch andere gälische Bezeichnungen dafür, wie beispielsweise *gaothaiche*, »hohl«, was sich auf das Mundstück einer Dudelsackpfeife bezieht. Diese wurden ursprünglich aus Schilfrohren gefertigt, und nach der keltischen Sage hatten sich dies zuerst die Feen ausgedacht. Es gibt viele Sagen und Geschichten über die Musik der Dudelsackpfeifer aus dem Feenvolk, die ihre Kunst an einige auserwählte Sterbliche weitergaben. Der ungewöhnliche Klang des Dudelsacks versetzt einen Kelten bis heute in Erregung, wie sehr ihre Nachkommen sich auch in aller Welt verstreut haben mögen!

Die Pluto-Symbolik

Die Kelten stellten sich die Unterwelt als einen Ort der ursprünglichen Schöpfungskraft und nicht der Bestrafung vor. Hier weilten die auf ihre Wiedergeburt wartenden Seelen, denn in der druidischen Religion war der Tod Teil eines Transformationsprozesses der Seele. Ein anderer Name für die Astralebene in der Unterwelt war *Annwn*. Dies war ein Ort oder eine Dimension, wo Sterbliche und die Götter der

Unterwelt eine besondere Beziehung eingehen konnten. In der keltischen Mythologie sind mehrere Gottheiten der Unterwelt erwähnt, doch der vielleicht interessanteste Mythos handelt von Arawn, König von Annwn in der Unterwelt, und Pwyll, dem Fürsten von Dyfed. Ihre Symbolik verweist auf die doppelte Identität oder Natur des Menschen und den Kampf um die Vorherrschaft zwischen den Kräften des Lichtes und der Dunkelheit oder dem höheren und niederen Selbst.

Die Geschichte beginnt damit, daß Pwyll auf die Jagd geht und von seinen Gefährten getrennt wird. Eine seltsame Meute weißer Jagdhunde kreuzt seinen Weg und versucht, einen Hirsch zu reißen. Pwyll vertreibt die Hunde und setzt seine eigenen Jagdhunde auf die Beute an, die den Hirsch schließlich zur Strecke bringen. Dann aber steht Pwyll plötzlich einem anderen Jäger gegenüber, dem die weißen Hunde gehören und der ihn wegen seiner Unbotmäßigkeit tadelt. Der Fremde stellt sich als Arawn, König von Annwn (der Unterwelt), vor, und Pwyll erkennt, daß er mit diesem großen Herrscher eine Einigung erreichen muß.

Um seine Schuld einzulösen, willigt Pwyll ein, für ein Jahr und einen Tag die Rolle mit Arawn zu tauschen und an seiner Stelle in den Regionen der Unterwelt zu leben. Bis zum Ablauf des Jahres muß er sich auch Arawns Feind Hafgan, einem anderen Herrscher der Unterwelt, stellen und ihn in einem Kampf an der Furt besiegen, die das Reich der Unterwelt von der sichtbaren Welt trennt. Arawn sagt Pwyll, daß er auf keinen Fall zweimal einen Schlag gegen Hafgan führen darf, denn der zweite Hieb würde seine Macht wiederherstellen! Sie tauschen die Gestalt, und Pwyll steigt in die Unterwelt hinab. Dort wird er von Pwylls Gemahlin, die nichts von der Täuschung weiß, ganz selbstverständlich willkommen geheißen. Doch Pwyll hält sich gegenüber der Königin an ein striktes Keuschheitsgebot, besiegt Hafgan zur rechten Zeit und wird so zum alleinigen König von Annwn. Als Arawn zurückkehrt, ist er erfreut über das Verhalten von Pwyll, und sie schmieden ein enges Freundschaftsband. Pwyll, der zwei Königreiche vereinigt hatte, wurde fortan als Pwyll, das »Haupt von Annwn«, bezeichnet.

Der symbolische Sinn des Mythos enthüllt die starke Dramatik, die immer mit dem Läuterungsaspekt von Pluto verbunden ist.

Die Verbindung zu Mythen

In Yeats' Werk *Mythologies* bietet die Reise von Red Hanrahan einen guten Einblick in die keltischen Mysterien; sie läßt sich unmittelbar mit Parzival und der Suche nach dem Gral in der Arthur-Sage vergleichen. Der junge keltische Krieger entdeckt seine eigene Bestimmung, als er auf Abenteuersuche geht.

Am Vorabend von Samhain verirrt sich Red Hanrahan in ein seltsames Land mit dem Namen *Slieve Echtge* (ein Feenreich) und setzt sich nieder, um sich auszuruhen, während er versucht, seine Orientierung wiederzufinden. Nach einer Weile entdeckt er eine merkwürdige Tür im Berghang, unter der ein helles Licht hervorströmt. Natürlich ist er neugierig, öffnet die Tür und betritt einen riesigen Raum, der von einem helleren Licht als der Tag erfüllt ist. Er scheint sich außerhalb eines prachtvollen Hauses zu befinden, wo er einem alten Mann begegnet, der wilden Thymian und gelbe Schwertlilien pflückt. Alle lieblichen Düfte des Sommers umschweben ihn. Als er weiter hineingeht, wird das Licht heller und leuchtet in allen Farben des Regenbogens.

Bald darauf entdeckt er einen Raum mit den allerherrlichsten Schätzen. An seinem Ende sitzt die schönste Frau der Welt auf einem hohen Thron, doch sie sieht müde aus, so als habe sie schon lange gewartet … Unterhalb von ihr sitzen vier alte Frauen mit silberweißem Haar und halten die Vier Großen Schätze des keltischen Volkes: Eine hält den *Kessel des Dagda* in ihrem Schoß; eine andere hat den *Lia Fal* auf ihren Knien; die dritte hält den riesigen *Speer von Finias*; und die letzte hält das unbesiegbare *Schwert von Lugh*, das keine Scheide hat. Die erste alte Frau steht auf, hält den Kessel zwischen ihren Händen und murmelt: »Vergnügen.« Dann erhebt sich die zweite Frau, hält den Stein in ihren Händen und flüstert: »Macht.« Die dritte alte Frau erhebt

sich mit den Speer in ihren Händen und ruft laut: »Mut.« Schließlich erhebt sich die letzte mit dem Schwert in ihren Händen und sagt verstohlen: »Wissen.« Dann tragen die alten Frauen die vier Schätze langsam durch die Tür hinaus.

Dieser eigenartige Sagenmythos, der den Keim großer Wahrheiten in sich birgt, enthält jene unheimlichen Zeitbezüge, welche die spirituellen Erfahrungen der Kelten zu bestimmen scheinen. Zweifellos spielte die Fähigkeit, sich in der und aus der Zeit zu bewegen, eine vorherrschende Rolle in der frühen Religion der Druiden und blieb auch lange nach ihrer Bekehrung zum Christentum noch von Bedeutung.

Die astrologische Bedeutung

Die astrologische Bedeutung des Schilfrohr-Monats wird durch *Samhain*, das Fest der Toten, genau erklärt. Der Planet Pluto ist der designierte Herrscher dieses Zeichens, denn seine mythologische und astrologische Deutung weist alle dem keltischen Totenkult entsprechenden Assoziationen auf. Auch als Kult der Unterwelt bezeichnet, war dieser die Quelle oder zentrale Glaubensvorstellung, aus der sich die druidische Religion entwickelte. Alle Kelten leiteten ihre Abstammung von Dis oder Pluto her, dem Gott der Unterwelt und Hüter der chthonischen Kräfte, die tief verborgen in der menschlichen Psyche ruhen.

In der esoterischen Astrologie bewirkt Pluto Veränderung durch Dunkelheit und Tod. Diese zerstöre-

rische Macht des Todes bedeutet den Tod des Begehrens und den Tod der Persönlichkeit. Pluto oder der Tod können jedoch niemals das Bewußtsein oder den Geist zerstören, was im keltischen Mythos von Pwyll deutlich hervorgehoben wird. Im Grunde steht Pluto oder Pwyll in Verbindung mit den Regenerationskräften der menschlichen Psyche oder – auf einer persönlicheren Ebene ausgedrückt – mit einem Charakter, der immense Kraft zum Guten wie zum Schlechten entwickeln kann. Mit Pluto ist jedoch auch ein heilender Aspekt verbunden, der häufig übersehen wird. Psychologisch gesehen befreit er von Überholtem und Abgestorbenem und brennt schwärende Wunden mit chirurgischer Präzision aus.

Die archetypische Gestalt

Der mit diesem Zeichen assoziierte Archetyp ist Pwyll, der keltische Pluto, der das Wechselspiel von Licht und Dunkelheit oder den Kampf zwischen dem

höheren und dem niederen Selbst verkörpert. Wie bei der Efeu-Persönlichkeit, wird auch hier der persönlichen Sterblichkeit ein großer Wert beigemessen, und dieses Wechselspiel sucht die Grenzen festzulegen oder neu zu bestimmen.

Es existiert jedoch ein subtiler Unterschied: Die Efeu-Persönlichkeit, durch Persephone symbolisiert, stellt die weibliche Anima in ihrer Persönlichkeitsentwicklung dar, während Pluto den Animus verkörpert. In der Jung'schen Psychologie ist die Anima mit den unbewußten Gefühlen verbunden, die ziellos auftauchen und bloße Phantasiebilder bleiben können. Der Animus (Pluto) steht dagegen mit dem Bewußtsein oder der »Persona« in Verbindung, obwohl beide Begriffe psychologisch nicht an ein Geschlecht gebunden sind und in Männern wie Frauen vorkommen können. Nach Jung werden Anima und Animus als Brücke oder Tür gesehen, die zum kollektiven Unbewußten führt, ebenso wie die Persona die Brücke zur Welt darstellt. Efeu-Menschen werden daher von spirituellem Rückzug angezogen, während Schilfrohr-Menschen sichtbare spirituelle Erfahrungen machen. In beiden Fällen handelt es sich um Entwicklungsprozesse.

Die Persönlichkeit des Baumzeichens

Schilfrohr-Menschen besitzen eine kraftvolle Präsenz oder starke persönliche Ausstrahlung, die auf empfindsame Personen gleichzeitig anziehend und überwältigend wirken kann. In diesem Zeichen Geborene bleiben für Familie wie Freunde immer etwas rätselhaft. Wie bei den Weinstock- oder Efeu-Menschen, können sich auch hier die persönlichen Leistungen oder Erfolge über Nacht verändern, aber es mangelt ihnen niemals an Zielbewußtheit und der persönlichen Fähigkeit, scheinbar unüberwindbare Widerstände zu meistern. Um ihre Position jedoch zu behaupten, muß die Tugend der Gerechtigkeit, der moralische Grundsatz des »Fairplay« ihr Leitprinzip bleiben, denn wenn sie von diesem schmalen Pfad abweichen, werden chaotische und dunkle Kräfte die Übermacht gewinnen. Zu den bekannten Schilfrohr-Persönlichkeiten gehören Kleopatra, Voltaire, König Edward VII. von England und Madame Curie.

Positive Aspekte

Hierzu gehören ihre Zielstrebigkeit und eine subtil vorgehende Beharrlichkeit. Sie sind auch äußerst einfallsreich und besitzen eine klare Sicht oder Einsicht in die Vielschichtigkeit des Lebens. Sie sind einflußreiche Freunde und Verbündete. Ihr geschäftlicher Scharfsinn läßt beachtliche Charakterstärke erkennen.

Negative Aspekte

Sie können krankhaft eifersüchtig werden und sich über den Erfolg anderer Menschen ärgern. Durch ihre machtvollen Gefühle und Emotionen lassen sie sich zu Eifersuchtsanfällen und heftigem Zorn verleiten. Sie können auch in illegale Transaktionen oder Geschäfte verstrickt werden.

Allgemeines

Die kompromißlose Aussage im Eingangsmotto zu diesem Kapitel ist vielleicht die beste Methode, sich mit dem persönlichen Potential zu befassen, das sich durchzusetzen sucht. Schilfrohr-Persönlichkeiten sind jedoch von Natur aus verschwiegen und werden – genauso wie die Efeu-Menschen – irgendwelche Ängste oder Gefühle von Unzulänglichkeit nicht offen zugeben. Alle Menschen haben eine Doppelnatur, doch in diesem Zeichen nimmt sie die Form eines Machtkampfes oder Dominanzstrebens an, das nicht leicht beherrschbar ist.

Schilfrohr-Menschen streben nach vollkommener Macht, und zwar nicht nur für ihren eigenen Bereich, sondern sie sind in diesem Prozeß auch bemüht, Einfluß auf andere zu nehmen. Anfangs mag dies aufgrund ihrer starken Persönlichkeit noch völlig unbeabsichtigt geschehen, doch später werden sie begreifen lernen und vielleicht sogar Gefallen daran finden, was dieser Einfluß bewirken kann. Diejenigen, die sich dessen bewußt sind, werden jedoch ständig ihre Zuflucht dazu nehmen, sich selbst herabzusetzen oder sich nicht in persönliche Machtspielchen verwickeln zu lassen, da sie die Folgen dieses Musters nur allzugut kennen.

Anfangs fällt es ihnen schwer, sich für eine bestimmte Karriere zu entscheiden, und daraus kann sich eine Reihe von Mißerfolgen oder Enttäuschungen ergeben. Der Grund dafür ist hauptsächlich in ihrer Unreife zu suchen. Plötzlich aber kann eine gewisse Skrupellosigkeit oder Verschlagenheit zum Vorschein kommen, die nicht sehr angenehm wirkt. Es handelt sich dabei jedoch um das Hervorbrechen eines starken Überlebensinstinktes, der zunächst recht ungehemmt sein kann.

Das »Hauen und Stechen« in der Geschäftswelt kann sie ebenso anziehen wie jede Tätigkeit, die persönliche Dynamik und Kreativität für Forschung oder Untersuchung verlangt. Aufgrund ihrer furchtlosen Haltung sind Schilfrohr-Menschen gute Führungspersönlichkeiten, aber nur wenige Menschen haben den Mut, mit ihnen in der Schußlinie zu stehen. Gefahrvolle Beschäftigungen können zu ihrer besonderen Stärke werden, doch dem zugrunde liegt ihr überwältigendes Bedürfnis, sich von allen Einschränkungen zu befreien, was anfänglich mit dem dominierenden Einfluß eines Elternteils oder einer Pflegefamilie verbunden sein kann. Dieser besondere Aspekt zeigt sich häufig dann, wenn sie schwer dafür arbeiten, sich eine Karriere aufzubauen, und sie dann aus Gründen, die sie selbst am allerbesten kennen, ihre Arbeit oder das, wofür sie steht, zerstören und aus dem Blickfeld verschwinden, um an einem anderen Ort wieder von vorne anzufangen.

Sie sind auch starkem äußeren Druck und jener höheren Dimension des Lebens ausgeliefert, die mit dem Schicksal gleichgesetzt wird. Von allen Zeichen sind Schilfrohr-Persönlichkeiten am stärksten »dem Schicksal geweiht«, und es hängt von der eigenen Perspektive ab, ob man dies eher als gut oder als schlecht bezeichnet.

Das Liebesleben

Schilfrohr-Persönlichkeiten sind leidenschaftliche Menschen und neigen zu Eifersucht und Verdächtigungen. Tatsache ist aber, daß sie diese Verwicklungen mehr als alles andere lieben! Dennoch wird jeder, der mutig genug ist, sich auf eine Schilfrohr-Persönlichkeit einzulassen, feststellen, daß sie äußerst fürsorgliche Menschen und höchst phantasievolle Liebespartner sind. Sie sind sogar sehr hartnäckige Liebhaber, selbst wenn es wie »Haß auf den ersten Blick« aussieht. Sie sind auch sehr subtil und entschlossen.

Aufgrund der damit verbundenen starken Emotionen kann es für sie bisweilen schwer sein, feste eheliche oder partnerschaftliche Beziehungen einzugehen. Auch dauerhafte Freundschaften sind schwer aufrechtzuerhalten und gewöhnlich in keiner Hinsicht intim. Wenn es den seltenen Fall einer dauerhaften Beziehung oder Freundschaft doch einmal gibt, dann beruht sie vielleicht weniger auf einem intimen oder engen Kontakt, sondern vielmehr auf großer Loyalität und Zuneigung.

Zusammenfassung

Da ihre Entschlossenheit sie oft starr und unbeugsam macht, können sie als Eltern übermäßig autoritär sein. Sie werden ihren Kindern keinen Gefallen tun oder etwas erlauben, wenn sie nicht das Gefühl haben, daß diese es »verdient« haben. Sie lieben ihre Kinder jedoch tief um ihrer selbst willen und ungeachtet ihrer Fehler oder Unzulänglichkeiten. Es überrascht daher nicht, wenn alle Schilfrohr-Menschen dazu fähig sein sollen, Beelzebub persönlich zu lieben – eine seltsame Aussage, die aber das Wesen der Schilfrohr-Persönlichkeit erklärt, negative Kräfte oder gefährliche Widersacher dadurch überwinden zu können, daß sie ihre eigenen hochentwickelten Instinkte oder telepathischen Fähigkeiten einsetzt.

Ihr Lebensmuster ist mehr von dramatischen Anpassungsprozessen als von normalen Übergängen geprägt, und diese bringen auch einen größeren Bruch als bei den Erlen- und Weinstock-Persönlichkeiten mit sich. Das kann bedeuten, daß sie binnen kurzer Zeit mehrmals den Wohnsitz ändern, sich aber schließlich an einem Ort niederlassen, der ihnen überhaupt nicht entspricht, und einen sehr konventionellen Lebensstil annehmen. Sie sind äußerst zäh und können harte Bedingungen ertragen, die jeden anderen in die Knie zwingen würden – selbst die Efeu-Persönlichkeiten! Diese Fähigkeit oder Willenskraft hat außerordentlich großen Einfluß auf die Menschen, die mit ihnen zusammentreffen, doch von allen Zeichen des keltischen Mondtierkreises haben sie den rätselhaftesten Charakter.

Kapitel 13

DER HOLUNDER

RUIS

25. November – 22. Dezember

Symbol: *der Planet Saturn*
Edelstein: *Jett (Pechkohle)*
Blume: *Löwenzahn*
Archetypische Gestalt: *Pryderi, Sohn Pwylls*

»Ich bin eine Woge des Meeres«

DER NAMENLOSE TAG

23. Dezember

Edelstein: *die schwarze Perle*
Pflanze: *die Mistel*

»Wer außer mir kennt die Geheimnisse des unbehauenen Dolmen?«

Die Illustration

Der Holunder ist ein buschartiger Baum mit dunkelgrünen Blättern und Blütendolden mit violettschwarzen Beeren. Obwohl der Holunder zu dieser Jahreszeit nicht blüht, verweist die Symbolik seiner magischen Beeren auf »innere Empfängnis« – den Beginn der mystischen Geburt des keltischen Sonnengottes. Der Baum in seiner dunklen Schattengestalt wächst im Eingang von Newgrange, eines altkeltischen Erdgrabes, das auf beiden Seiten eigenartig behauene Schwellensteine hat. Ein großer schwarzer Rabe, der mit seinen Flügeln das Eingangstor umspannt, ist in das helle Licht getaucht, das aus dem Inneren des Grabmals kommt. Um den Hals des Vogels ist ein Mistelkranz gewunden, und in seinem spitzen Schnabel trägt er eine glänzende schwarze Perle. Sein krächzender Ruf ist beunruhigend, denn er überbringt die Botschaft des nahenden Todes – eines körperlichen Todes, der einer geistigen Wiedergeburt vorausgeht.

Zu dieser Zeit befindet sich die Erde im Zustand der Dunkelheit, während Seele-Geist zum Licht streben. Die leuchtendgoldenen Blütenblätter und die weißbereiften Samen des Löwenzahns stehen symbolisch für das Doppellicht des Sonnengeistes, während er die schlafenden Ahnengeister der Kelten zu neuem Leben erweckt. Zur Zeit der Wintersonnwende, die den kürzesten Tag des Jahres anzeigt und die Wiedergeburt der Sonne verkündet, offenbart sich das Geheimnis von *Annwn*, der keltischen Unterwelt.

Jett

Jett, der manchmal auch als »schwarzer Amber« bezeichnet wird, ist seit prähistorischer Zeit als Amulett verwendet worden. Es handelt sich dabei um eine harte schwarze Varietät von Lignit oder Braunkohle, die an der englischen Ostküste von Yorkshire seit der Bronzezeit ergiebig geschürft wurde. Jett ist auch in den Ruinen alter Städte Mesopotamiens in Grabstätten der Bronzezeit gefunden worden und wurde von den Römern sowie von den Wikingern geschürft, die ihre Runeninschriften in den Stein schnitten.

Es besteht wenig Zweifel darüber, daß der Hauptwert des Jett in seinen mutmaßlichen magischen Eigenschaften lag. Die englischen Zauberpriester zur Zeit der Sachsen benutzten ihn zur Übertragung von Wünschen, während der heilige Beda es vorzog, seine Heilfähigkeiten zu erwähnen. Die Druiden glaubten, daß der Rauch von verbranntem Jett eine Anzahl von magischen Kräften besaß, darunter auch die Austreibung von Dämonen.

Die Wintersonnwende

Die Wintersonnwende am 22. Dezember hieß im druidischen Kalender *Alban Arthan*. Zu diesem Zeitpunkt schien die Sonne, nachdem sie ihren südlichsten Punkt erreicht hatte, stillzustehen. Sie markierte einen Wendepunkt in der Beziehung zwischen Sonne und Erde, eine Scheidelinie, denn von nun an würde der Aufstieg der Sonne in den Himmel beginnen. Der Sonnenuntergang am 20. Dezember war wie das Signal für den Tod der alten Sonne, die weit im Westen am St. David's Head in Wales ins Meer zu fallen schien. Die blaßgoldene Sonne, die am Tag vor der Wintersonnwende aufging, wurde als Schatten der Sonne oder ihr Doppelaspekt betrachtet, der in Wirklichkeit eine falsche Sonne war. Die echte Sonne war ein Gefangener von Arawn, dem König von *Annwn*, der keltischen Unterwelt. Die Druiden glaubten außerdem, daß gleichzeitig mit der Wiedergeburt der Sonne am 22. Dezember als Kind der Cerridwen auch unzählige Leben außerhalb der physischen Existenz emanieren würden.

Die Druiden kannten jedoch keine kultische Verehrung von Sonne oder Mond. Die druidische Dreieinigkeit war Sinnbild für die Drei Strahlen ihres großen Schöpfergottes Celi, die in ihrem bilinearen Evolutiossystem mit Sonne, Mond und Erde gleichgesetzt wurden. Die Druiden waren fest davon überzeugt, daß in unvorstellbar ferner Zeit das aktive Prinzip von Celi seine Energie in das passive Prinzip von Ced oder Cerridwen gelenkt hatte und daraus die Sonne geschaffen worden war.

Dennoch wurde die Sonne als ursprünglich wirkende Kraft angesehen. Unter ihrem Einfluß nahmen die Atomteilchen feste Gestalt an und wurden zu dem als *Calen* bezeichneten embryonalen Urzustand. Die Substanz des *Calen* enthielt eine numerische Grundformel, aus der sich ein Berechnungssystem entwickelte – der Kalender. Der keltische Mondkalender mit seinen Monaten von 28 Tagen und einem eingeschobenen Schalttag wird in den Mythen und alten Dichtungen der Kelten häufig erwähnt. Er ist ein Vorläufer des gallischen »Coligny-Kalenders« aus dem ersten nachchristlichen Jahrhundert, bei dem romanisierte Kürzungen vermutet werden. Ranke-Graves vertritt in seinem Buch *Die Weiße Göttin* die Meinung, daß die Messingtafel mit eingravierten lateinischen Buchstaben, die 1897 in Coligny nordöstlich von Lyon gefunden wurde, weder sicher zu deuten noch eine druidische Schöpfung sei, sondern lediglich ein Versuch der Römer unter Claudius, die Kelten zu romanisieren. Diese Ansicht wird auch von anderen bedeutenden Altertumsforschern geteilt. In der walisischen Volksüberlieferung hat sich die Erinnerung an die im Coligny-Kalender verzeichneten Schalttage bis heute erhalten, doch in den irischen und walisischen Mythen älterer Herkunft wird ständig auf den »*Beth Luis Nion*-Kalender aus 364 Tagen plus einem« verwiesen, der sich aus dreizehn Monaten mit jeweils 28 Tagen ableitet.

Dies bestätigt sich auch durch die keltische Neigung, ihre Könige oder Sonnengottheiten als Kalenderjahr zu personifizieren und ihren erstgeborenen Sohn als Verkörperung des zusätzlichen Tages zu sehen. Im irischen Mythos wurde König Conchobar auf diese Weise personifiziert. In einem anderen Mythos, der von der Werbung um Emer handelt, wurde der keltische Held Cúchulainn von Emers Vater Calatín bekämpft. Calatín bestand darauf, mit seinen 27 Söhnen und einem Enkel als ein einziger Krieger gezählt zu werden, indem er behauptete, seine ganzen Nachkommen seien Glieder seines eigenen Körpers! Diese 28 Teile waren eine symbolische Anspielung auf den Mondkalender und das Bedürfnis nach Überwindung der Zeit, das vielen alten Kulturen gemeinsam war.

Newgrange

Der Kult der Toten galt als die Religion des Megalithvolkes (um 4000–3000 v. Chr.), das in Britannien, Irland und überall in Europa die Dolmen und Steinkreise (*Kromlech*) errichtete. Die berühmtesten und bedeutendsten Orte dieser Art sind Stonehenge in England, Carnac in der Bretagne und Newgrange in Irland. Das Monument von Newgrange, das in letzter Zeit umfassend renoviert und umgebaut wurde, wird vielleicht bald als das Achte Weltwunder betrachtet werden – der Großen Pyramide und den antiken griechischen Bauwerken ebenbürtig! Das andere, ebenso beeindruckende Hügelgrab von Knowth, ein paar Meilen von Newgrange entfernt, wird erst heute von einem Expertenteam erforscht, um sein wahres Alter festzustellen, obwohl bereits eine Entstehungszeit um 5000 v. Chr. angenommen wird. Diese Grabstätte wäre damit früher entstanden als die Cheops-Pyramide und viele andere antike Wunderwerke aus den Kulturen der Alten Welt.

Kosmisch gesehen hat eine weitere enge Verbindung zwischen Stonehenge und Newgrange jedoch noch eine viel weitreichendere Dimension, denn sie stellen die beiden spirituellen Zentren von Leben und Tod, der doppelten Realität allen Seins dar. Das Phänomen. daß die Sonne bei der Sommersonnwende im Zenit von Stonehenge steht, hat zur Wintersonnwende eine Parallele oder einen Gegenpol in Newgrange, wenn die sterbende Sonne die innere Kammer des Grabmals auf dramatische Weise erhellt. Dies tritt sogar an einer ganzen Reihe von Tagen um die Wintersonnwende auf, wenn das großartige Schauspiel dieses Sonnenlichtes offenbar als energetisierende Kraft visualisiert wurde, welche die Geister der keltischen Toten zu neuem Leben erweckte. Dieser äußerst relevante Sachverhalt liefert den Schlüssel für den Glauben dieses Volkes an die Unsterblichkeit der Seelenkraft oder spirituellen Identität ihrer Vorfahren, die auch die Quelle für ihren eigenen spirituellen Entwicklungsprozeß war.

Der Sage nach wurden sowohl die Könige von Tara als auch der keltische Sonnengott Lugh in Newgrange begraben. Dies bestätigt die fortgesetzte Nutzung dieses Ortes durch die Druiden, die offensichtlich ihre eigene Religion den bereits vorhandenen Strukturen hinzufügten. Vielleicht haben sie sogar den Kult der Toten als die ursprüngliche Quelle ihrer eigenen Religion anerkannt und daher ihren Glauben neu ausgerichtet.

In den Schwellenstein von Newgrange sind Spiralsymbole gemeißelt, welche den Lauf der Sonne nachbilden, die sich in einer spiralförmigen Bahn um die Erde zu bewegen scheint. Newgrange ist in der Tat berühmt wegen seiner vielen verzierten Steine. In manche sind Rautenmuster, »Kelch und Ring«-Zeichen und die größeren, reicher verzierten und umschließenden Spiralen graviert, die Labyrinthe und Irrgärten bilden – Symbole für die Unsterblichkeit. Andere geometrische Muster können dagegen auf den großen Einfassungssteinen (*kerb stones*) um die Grundfläche der Grabanlage entdeckt werden, die sich sowohl an der Außenseite als auch im Inneren der Kammern befinden. Die kunstvolle Konstruktion erforderte mehrere unterschiedliche Steinarten und ist eines der besten europäischen Beispiele für ein Durchgangsgrab. Der herrliche äußere Kreis aus vom Wasser rundgeschliffenen *Cairn*-Steinen und blendendweißen Quarzsteinen scheint aus der Ferne zu leuchten und wirft an dunklen, nur vom Mond erhellten Winternächten ein überirdisches Licht in den Himmel.

Die Kelten waren die Erben eines Landes mit eigenartigen Relikten einer rätselhaften Volksrasse, und daher überrascht es nicht, daß sie selbst sehr abergläubische und für übersinnliche Einflüsse empfängliche Menschen blieben. In Irland und den schottischen Highlands, wo die wilde Landschaft und das rauhe Klima plötzliche und dramatische Veränderungen herbeiführen, die eine brütende Atmosphäre von schweigender Ungewißheit begünstigen, wird das Zweite Gesicht oder die Zukunftsvoraussage bis heute als natürliche Begabung angesehen.

Der schwarze Rabe

Der schwarze Rabe war für viele alte Völker ein Vogel des Todes oder ein schlechtes Omen. Für die Gälen und die Kelten Cornwalls, die bis heute auf jeden dunklen Vogelschwarm am Himmel achten, war er besonders bedeutsam. In vergangenen Zeiten bildeten Omen und Weissagungen aus dem Vogelflug für alle Kelten einen wesentlichen Bestandteil des Alltagslebens. Die Bewegung und Eigenart jedes Lebewesens hatte eine verborgene Bedeutung, und die Phänomene des Tierreichs spielten im gesamten Lebensrhythmus eine wichtige Rolle. Für die kornischen Kelten war die Steindohle, in deren Körper die Seele ihres großen Königs Arthur eingegangen war, der heiligste Vogel. Den irischen und schottischen Gälen war der Adler heilig, der sich mit St. Patrick unterhielt.

Der Löwenzahn

Diese Pflanze ist in Griechenland heimisch. Sie wächst unter fast allen Bedingungen und kann das ganze Jahr über blühen. weshalb sie sich fast überall auf der Welt verbreitet hat. Der Name kommt von griechisch *leon*, »Löwe« und *tondron*, »Zahn«, weil seine gezackten Blätter an die Zähne eines Löwen erinnern.

Der Löwe ist ein Sonnensymbol, doch nach Culpeper steht die Pflanze aufgrund ihrer Fähigkeit, die Leber zu reinigen, unter der Herrschaft von Jupiter. Der Löwenzahn war auch bei den Zigeunern ein beliebtes Kraut gegen Rheuma und vermutlich ein aus noch älterer Zeit überliefertes Heilmittel. In alten irischen Kräuterbüchern taucht er in Verbindung mit den Druiden auf. Die Pflanze wurde für ein natürliches Stärkungsmittel gehalten und ist reich an Vitamin C, Kalzium und zahlreichen anderen lebenswichtigen Nährstoffen. Obwohl die Druiden von Vitaminen oder Mineralien offensichtlich nichts wußten, begriffen sie, daß die Pflanze kraftvolle, lebensspendende Eigenschaften besaß. Diese Vitalenergie sowie die Fähigkeit der Pflanze, sich vor der Hitze der Sonne dadurch zu schützen, daß sie ihre Blütenblätter schließt, weist auf ihre Ausdauer und ihren Überlebenswillen hin, was eine sehr gute Verbindung zum Monat des Holunders darstellt.

Der Holunder

In vielen europäischen Ländern wie auch in fernen Kontinenten hat der Holunder eine geschichtliche Überlieferung in Brauchtum und Sage. Eine seltsame Mischung aus Romantik und Aberglaube umgibt diesen kleinen buschartigen Baum mit einer geheimnisvollen Aura.

Die englische Bezeichnung *elder* kommt von dem angelsächsischen Wort *aeld*, »Feuer«, denn die hohlen Zweige wurden dafür benutzt, um ein Feuer anzublasen. Der Gattungsname des Holunders, *Sambucus*, taucht in den Schriften von Plinius als Ableitung von griechisch *Sambuca* auf, einem alten Musikinstrument. Anscheinend fertigten die Griechen und Römer aus seinen hohlen Zweigen eine Hirtenpfeife oder Panflöte und aus seinem harten Holz ein Saiteninstrument.

Dieser Baum wird mit Hexen, Feen und Teufelswerk assoziiert. An seinem Holz soll Christus gekreuzigt worden sein und Judas sich erhängt haben. Die wie ein Holunderblatt geformten Feuersteine als Grabbeigaben, die in megalithischen Langhügelgräbern gefunden wurden, sind ohne Zweifel ein Hinweis auf eine seit langer Zeit bestehende Verbindung mit dem Tod. Nicht alle Assoziationen mit dem Tod müssen jedoch düster sein ... Obwohl das Holz des Holunders zu Begräbniszwecken diente, wurde er von den Kelten in Wales und auf der Isle of Man auch auf frische Gräber gepflanzt; wenn er blühte, glaubte man, die Seele des Toten sei nun glücklich in *Tir-nan-og*, dem Land der Jugend – ein anderer, romantisch klingender Name für den himmlischen Bereich der keltischen Anderwelt!

Frische Holunderzweige wurden den Toten auch mit ins Grab gegeben, um sie vor Hexerei zu schützen. Russische Bauern und die Böhmen glaubten, daß Holunderzweige böse Geister vertreiben könnten, und die Serben nahmen zu Hochzeiten einen Holunderstock mit, der Glück bringen sollte. In manchen Teilen von England hat er eine weniger eindeutige Geschichte. Shakespeare bezeichnete ihn als Symbol des Schmerzes und nannte ihn den »stinkenden Holunder«. Viele Leute mögen den starken, zu Kopf steigenden Geruch seiner Blüten nicht, und wie der Weißdorn wurde er mit Verzauberung und Hexerei in Verbindung gebracht.

In der *Materia Medica* ist der Holunder als wichtige Heilpflanze aufgeführt. Alle Teile – Rinde, Blätter, Blüten und Beeren – besitzen Wirkstoffe mit medizinischen Eigenschaften. Tatsächlich gehört der Holunder zu den wenigen Pflanzen, die ihren Nutzwert seit frühesten Zeiten bewahrt haben. Die Beeren wurden schon zur Zeit des Neolithikums gegessen, und die Druiden kannten den therapeutischen Wert seiner Blüten und Früchte.

Im Monat des dreizehnten Baumzeichens wurden die letzten Holunderbeeren unter feierlichen Riten gepflückt. Der daraus zubereitete Wein wurde von den Druiden für die letzte geweihte Gabe der Erdgöttin gehalten und durfte nicht vom gewöhnlichen Volk, sondern nur von der eingeweihten Priesterschaft getrunken werden. Es hieß, daß er äußerst starke Halluzinationen hervorrufe, und daher konnte er in ihren geheimen Zeremonien zur Weissagung und Zukunfts-

schau verwendet werden. Zur Zeit der Sonnwenden unterstützte er die Neubelebung von Körper und Geist.

Ruis

Ruis ist in *Ogham* Buchstabe und Wort für den Monat des Holunders, wo die Woge zum Meer zurückkehrt – das Ende des Jahres, das zu seinem feuchten Anfang zurückkehrt, wie das »Lied von Amergin« berichtet. In der irischen und walisischen Dichtung bedeutet eine Woge auf dem Meer einen »See-Hirsch«. Das Jahr beginnt und endet daher symbolisch mit dem weißen Rehbock. In der irischen Sage bekämpften Cúchulainn und Fionn die Woge mit Schwert und Speer.

Die astrologische Bedeutung

In der keltischen Astrologie markierte die Wintersonnwende den Beginn von Arthurs Jahreszeit, in der er gegen die Kräfte der Dunkelheit kämpfen mußte, die während der letzten beiden Wintermonate stärker wirksam waren. Er verkörperte symbolisch die Sonne oder den Sonnengeist und wurde als Bogenschütze dargestellt, der mit Pfeil und Bogen bewaffnet war, um die Dunkelheit des Winters zu bekämpfen. Die Erde wurde als die »Drei Königinnen Arthurs« bezeichnet, die über Frühling, Sommer und Herbst herrschten. Die Prinzipien des Bösen entsprachen den drei männlichen Energien von Avagddu, Cythraul und Atrais – im Druidentum drei Energien oder Geister, die sich schädlich auf die menschliche Natur auswirkten und die zerstreut oder absorbiert werden mußten. Arthur scheint die keltische Entsprechung für den archetypischen Menschen zu sein, und die Arthur-Sagen sind eine Quelle tiefer Einsicht in die britische Psyche.

Der astrologische Herrscher dieses Zeichens ist Saturn. Seine traditionelle Verbindung mit der Wintersonnwende im griechisch-römischen Tierkreis als »Herr der Zeit« paßt auch zu der mythologischen Struktur des druidischen Mondtierkreises. Die keltischen Mythen nehmen ständig Bezug auf Zeit und Raum als eine Dimensionsebene, und das Reich von *Abred* oder die irdische Region scheint den Eingang in eine andere Zeit und eine andere Welt zu markieren.

In der esoterischen Astrologie ist Saturn als »Überwinder« bezeichnet worden – ein passender Vergleich mit Arthurs Funktion in dieser Jahreszeit. Viele Astrologen betrachten Saturn als den wichtigsten Planeten im Geburtshoroskop, weil seine Position einen Entwicklungsgrad anzeigt, der kennzeichnend für das kritische Stadium zwischen dem Wirklichen und dem Unwirklichen, dem Echten und dem Falschen oder – bildhafter ausgedrückt – zwischen Licht und Dunkel des Charakters ist. Saturn hat drei Ausdrucksformen, die alle Handlungen des Menschen bestimmen: Er ist der Hauptherrscher über Schicksal und Bestimmung im Leben; er ist ferner der Herrscher des Mineralreiches, in dem der Ursprung allen Lebens und Lichtes gefangen liegt; und schließlich verkörpert er das höchste geistige Attribut der Vollkommenheit. Im keltischen Mondtierkreis ist der Holundermonat eine Zeit, die symbolisch für die Gefangenschaft der Sonne oder des Sonnengeistes steht, und daher ist diese Verbindung zu Saturn durchaus begründet.

Die archetypische Gestalt

Die mit diesem Zeichen verbundene mythologische Bedeutung der Pferdegöttin Rhiannon ist bereits unter dem Zeichen der Eiche (Sommersonnwende) erwähnt worden. Darin spiegelt sich die Polarität und der integrierende Aspekt der Holunder-Persönlichkeit. Der diesem Zeichen zugeordnete Archetyp ist jedoch Pryderi, Sohn der Pferdegöttin Rhiannon und des Unterweltgottes Pwyll. Pryderi wurde am Tag der Wintersonnwende geboren, aber auf mysteriöse Art entführt und von einem freundlichen Fremden aufgezogen. Pryderi, dessen Name sowohl »Mühe« als auch »Sorge« bedeutet, hatte einen sehr zutreffenden Namen, denn sein Verschwinden führte dazu, daß seine Mutter eine ungerechte Strafe erleiden mußte und den Glauben an die Integrität als Göttin verlor. Dies verweist auf den Kampf um die Vorherrschaft zwischen der Sonnen- und der Mondgottheit.

Pryderi kehrte schließlich wieder an seinen Platz zurück und begleitete, gemeinsam mit seinem Freund Manannán, Brân auf seiner Mission, seine Schwester Branwen wieder in ihre rechtmäßige Stellung in Irland einzusetzen. In dem sich daraus ergebenden Kampf wurde Brân erschlagen, und Pryderi und Manannán gehörten zu den wenigen Überlebenden, die Brâns Haupt nach Britannien zurückbrachten, um es dort zu begraben. Bei ihrer Rückkehr wurden sie mit neuen aufrührerischen Kräften konfrontiert, da nämlich Kelten vom Festland eingedrungen waren. Pryderi wurde schließlich durch die Magie von Gwydion, einem Gott der Wissenschaft und des Lichtes, getötet, was wiederum auf einen Kampf um die Vorherrschaft zwischen den alten Göttern und den fremden Göttern hindeutet. Pryderi steht symbolisch für die Unsicherheiten des Lebens und die Notwendigkeit von ständiger Anpassung, die auch den Holunder-Persönlichkeiten zugeschrieben wird. Seine Überlebenskräfte stellen jedoch einen weiteren wichtigen Aspekt seines Charakters dar.

Die Persönlichkeit des Baumzeichens

Holunder-Persönlichkeiten verlangen Respekt, denn wenn sie älter werden, üben sie einen starken Einfluß aus. In ihrer Jugend sind sie oft in jeder Hinsicht extravagant und neigen dazu, viel Zeit und Energie zu vergeuden. In diesem Zeichen Geborene haben häufig ein Gefühl von Schicksalhaftigkeit, gegen das sie sich – wie die Schilfrohr-Persönlichkeiten – zu wehren versuchen, doch sind ihre Handlungen und ihr Unterbewußtsein davon beherrscht. Schließlich erwacht aber die Fähigkeit, die Vielschichtigkeit des Lebens zu begreifen, und die Gabe des Verstehens führt zu Weisheit und einem unerschütterlichen Glauben, auch wenn sie weit dafür reisen oder angestrengt danach suchen müssen. Zu den bekannten Holunder-Persönlichkeiten gehören Maria Stuart, Winston Churchill, Ludwig van Beethoven und Benjamin Disraeli.

Positive Aspekte

Holunder-Persönlichkeiten haben eine konstruktive Lebenseinstellung. Sie werden einen Kampf fortsetzen, der die meisten Menschen – selbst die starken Schilfrohr-Persönlichkeiten – entmutigen würde. Sie besitzen eine gewisse Geduld und Selbstdisziplin, doch ihre wahre Stärke liegt in ihrem instinktiven Wissen, wann sie recht haben und andere Menschen unrecht.

Negative Aspekte

Sie können herzlos und grausam sein. Sie können entweder aufgrund ihrer mangelnden Urteilskraft bei der Wahl ihrer Freunde in öffentliche Skandale verwickelt werden oder auch deshalb, weil sie sich von ihren persönlichen Ambitionen beherrschen lassen, denn sie sind äußerst ehrgeizige Menschen, die um jeden Preis gewinnen wollen.

Allgemeines

Ihre Suche nach Ruhm und Glück wird sie an viele fremde Orte führen – nur um dann zu entdecken, daß ihre Bestimmung in allernächster Nähe liegt. Die Beschäftigung mit alten Kulturen und Philosophien wird ihr Wegweiser sein, doch ihr Geist bleibt rastlos. Von allen Zeichen verlangt die Holunder-Persönlichkeit das größte Verständnis. In jungen Jahren demonstrieren sie überzeugend, daß sie eigentlich nichts allzuernst nehmen, doch werden sie aufgrund ihrer persönlichen Überzeugungen unvermeidlich von ein-

flußreicheren Schauplätzen oder Herausforderungen angezogen. Im Unterschied zu den Schilfrohr-Menschen, die nach persönlicher Macht streben, sind Holunder-Menschen dogmatisch veranlagt und stellen gerne die Staatsmacht oder das in Frage, was sie als große Ungerechtigkeit sehen.

Sie äußern freimütig ihre Meinung, neigen aber bisweilen dazu, etwas zu sagen, ohne vorher gründlich darüber nachgedacht zu haben; dies kann sich als bequemer Ausweg aus einer Situation erweisen. Wenn sie sich aber allzu unverblümt ausdrücken, werden andere es lernen, Distanz zu halten. Dennoch besitzen sie die Fähigkeit, durch große Beredsamkeit Menschen zu beeinflussen, wenn sie das möchten. Holunder-Persönlichkeiten sind aus demselben Holz geschnitzt wie ihr Gegenpol, die mutigen Eichen-Menschen, doch Holunder-Menschen werden von allen Persönlichkeitstypen des keltischen Mondtierkreises ständig mißverstanden.

Sie sind sehr energiegeladene Menschen, die in den frühen Morgenstunden und bei jedem Wetter im Park joggen. Ihre physische Leistungskraft ist überaktiv, und gewöhnlich treiben sie Sport im Freien, was vielleicht zu einer Karriere als Berufssportler führen kann. Auch eine militärische Laufbahn steht ganz oben auf der Liste, und ihr Drang zu reisen kommt einer Tätigkeit als Journalist sowie Sportveranstalter und Berichterstatter entgegen. Dies ist die extrovertierte Holunder-Persönlichkeit in Hochform: den Finger immer am Drücker, bombardiert sein Gegenüber mit Fragen und steht gern im Rampenlicht. Vielleicht überrascht es daher nicht, daß diese Menschen am Ende häufig in der Politik landen.

Der ruhigere Holunder-Charakter ist weniger auffällig, bleibt jedoch eine einflußreiche Gestalt – selbst auf den Zuschauerrängen! Denn niemand kann sich auf Dauer vor seiner Verantwortung drücken oder ihr entgehen, auch wenn solche Holunder-Persönlichkeiten vielleicht eine gute Figur dabei machen, dies zu

versuchen. Sie sind zuverlässige Freunde und Arbeits-
kollegen, denn sie bieten allem unerschrocken die
Stirn und lassen niemanden im Stich.

Das Liebesleben

Ihr Privatleben ist wie ein offenes Buch. Sie werden
sich aus den verheerendsten Beziehungen davonsteh-
len, so als wären sie nur Zuschauer gewesen. Für
diese unverbindliche Haltung sind sie berüchtigt. Verlieben sie sich jemals wirklich in eines ihrer bereitwil-
ligen Opfer? Gelegentlich tun sie das, besonders ganz
am Anfang einer Beziehung! Sie sind jedoch keine
herzlosen Menschen, sondern nur übermäßig romantisch und lustbetont.

Sie sind wunderbare Tanten und Onkel, die von
ihren Reisen die aufregendsten Andenken mitbringen
und unglaubliche Geschichten zu erzählen wissen. Sie
sind auch vorbildliche Eltern, wenn sich die Gelegenheit dazu ergibt; doch selbst wenn sie verheiratet
sind, werden sie aufgrund ihrer Karriere und ihrer
rastlosen Wesensart nie die ganze Zeit über zu Hause
sein.

Zusammenfassung

Der beständigste Aspekt ihres Wesens ist ihr Humor,
der gelegentlich ziemlich »schwarz« werden kann. Er
wird dann besonders treffend sein, wenn er sich gegen falsche Propheten und Seelenverkäufer richtet.
Der Lebensstil von Holunder-Menschen unterscheidet sich deutlich von allen anderen. So können sie
ohne weiteres mit Königen und Königinnen tafeln
und dann mit einem vorbeiziehenden Penner noch
einen trinken gehen. Handelt es sich dabei um einen
Protest gegen die Gesellschaft oder gegen sich selbst?
Auf jeden Fall werden sie die Boulevardpresse auf
Trab halten!

Sie führen selten ein ruhiges Leben, denn in der Regel lieben sie den Lärm und das Gewühl der Groß-
stadt, auch wenn sie sich irgendwo anders genauso
anpassen können. Wenn sich eine Holunder-Persönlichkeit jedoch für ein Leben auf dem Land entschei-
det, dann wird sie höchstwahrscheinlich zu einem
Gutsbesitzer mit einer Menagerie von wilden Gesel-
len und Tieren als Hausgästen. Wenn die äußere Fas-
sade mit größerer Reife und dem Alter jedoch ab-
bröckelt, wird der Welt plötzlich eine der tragenden
Stützen der Gesellschaft präsentiert.

Der namenlose Tag

23. Dezember

Die Mistel

Diese von den Druiden in hohen Ehren gehaltene Pflanze war das Sinnbild des Lebens durch den Tod. Der spätere christliche Brauch, sich am Heiligabend unter einem Mistelzweig zu küssen, sollte Frieden bringen. Welcher Brauch oder Kalender auch galt, der Schalttag oder zusätzliche Tag des Jahres war im keltischen Mythos der Dunklen Königin geweiht.

Die schwarze Perle

Natürliche Perlen sind in Austern- und anderen Muschelarten in den Meeren der ganzen Welt zu finden. Auch einige Flußmuscheln erzeugen Perlen; so haben schon römische Autoren von Perlenfunden in britannischen Flüssen berichtet. Zu den englischen Kronjuwelen gehören Schmuckstücke, die mit Perlen aus walisischen und schottischen Flüssen besetzt sind. Aufgrund ihrer einzigartigen Schönheit und natürlichen Form werden Perlen für ebenso kostbar wie Diamanten gehalten. Insbesondere schwarze Perlen sind äußerst selten, fast schon legendär, und stellen ein ungewöhnliches Naturphänomen dar. Die schwarze Perle wird daher diesem Zeichen als Symbol für Einzigartigkeit zugeordnet.

Die Verbindung zur Mythologie

Dieses Datum wird im Hinblick auf die Charakterdeutung deshalb gesondert erwähnt, weil dieser Tag im druidischen Kalender aus dem Jahr mit seinen 13 Monaten herausfällt und daher keinem der Bäume untersteht. Er ist jedoch mit der mythologischen Bedeutung der Eibe und der heiligen Mistel assoziiert worden.

In der römischen Mythologie war dieser Tag der Larunda geweiht, einer äußerst rätselhaften römischen Göttin, deren Wurzeln bei dem Volk der Sabiner liegen sollen. Sie wurde am 23. Dezember an einem Altar in Velabrium geehrt und von den Alten mit Lara, der Mutter der Laren oder Schutzgottheiten des Hauses, gleichgesetzt. An diesem Tag wurden ihr Opfer für die verstorbenen Seelen der Sklaven gebracht, und die Priester setzten dieses Datum offiziell für die Ahnenverehrung fest. In den Mythen der Welt ist jedoch sehr wenig darüber verzeichnet, und der »Namenlose Tag« bleibt eines der Rätsel der druidischen Religion.

Die an diesem Tag Geborenen stehen noch unter den allgemeinen Einflüssen des Holunderzeichens. Der Unterschied besteht darin, daß wir hier einen echten »Zwilling« von Sonne und Mond haben. Die Zahl der an diesem Tag Geborenen dürfte weltweit in die Millionen gehen, doch Menschen von keltischer Abstammung oder mit keltischen Vorfahren kann diese Deutung vielleicht dabei helfen, das fehlende Glied für die Aufschlüsselung ihrer gesamten Psyche zu finden.

Allgemeine Zusammenfassung

Es handelt sich hier um Menschen, die Dauerhaftes zu leisten imstande sind. Darin sind sie den Birken-

Persönlichkeiten verwandt, außer daß sie mehr Charisma als diese haben. Sie können buchstäblich durch ihrer eigenen Hände Arbeit von ganz unten bis ganz oben aufsteigen, ziehen es aber vor, ihr Leben in den Dienst von anderen zu stellen. Diese Menschen sind jedoch, ähnlich wie die Schilfrohr-Persönlichkeiten, von einer großen Rätselhaftigkeit umgeben.

Es scheint ihnen zu widerstreben, sich auf eine allzu intime oder enge Beziehung einzulassen. In diesem Wesenszug sind sie den Holunder-Persönlichkeiten ähnlich, doch aus völlig unterschiedlichen Gründen! Holunder-Menschen werden sich vielleicht vor familiärer Verantwortung hüten, doch für die am 23. Tag des dreizehnten Monats Geborenen kommt die Abneigung aus ihrer Angst vor Fehlschlägen oder Versagen – eine Angst, die sie eher einen Schritt zurück als vorwärts machen läßt. Sie werden sich daher viele Gedanken über Freundschaften und partnerschaftliche Beziehungen machen, ehe sie irgendwelche Verpflichtungen eingehen. Wenn sie sich verlie-

ben, dann wird es für immer und ewig sein! In ihrer Familie sind sie die anhänglichsten Söhne und Töchter. Vielleicht haben ihre eigenen Eltern hohe Anforderungen an ihre Leistungen gestellt, die sie um jeden Preis erfüllen wollen.

Sie sehen das Leben genau als das, was es ist – nämlich als eine große Herausforderung! Sie mißtrauen Menschen, die immer den Weg des geringsten Widerstandes zu gehen scheinen, wahrscheinlich weil man nach ihrem Verständnis auch Nachteile auf sich nehmen muß. Vielleicht unternehmen sie weite Reisen in Verbindung mit ihrem Beruf und können aufgrund der Karriere ihrer Eltern sogar in einem fremden Land fern ihrer Heimat geboren sein. In späteren Jahren werden sie jedoch in genau dasselbe Haus oder die gleiche Stadt zurückkehren, um die Tradition oder das Familienunternehmen weiterzuführen. Sie verkörpern daher konservative Werte und den Gedanken des Dienens.

BIBLIOGRAPHIE

Bailey, Alice A.: *Eine Abhandlung über die Sieben Strahlen*. Bd. 3: *Esoterische Astrologie*. 3. Aufl. Lucis Trust, Genf 1988.

dies.: *Eine Abhandlung über Kosmisches Feuer*. Lucis Trust, Genf 1982.

Blavatsky, Helena P.: *Die Geheimlehre*. Gekürzte Ausg. 3. Aufl. Adyar, Satteldorf 1992.

Bord, Janet u. Colin: *Mysterious Britain*. Paladin, London 1974.

Burl, Aubrey: *The Stonehenge People*. Barrie & Jenkins, London 1989.

Culpeper, Nicholas: *Culpeper's Complete Herbal*. Foulsham, London 1952.

Cumont, Franz: *Astrology and Religion among the Greeks and Romans*. Dover, New York 1960.

Geoffrey of Monmouth: *The History of the Kings of Britain*. Penguin, London 1988.

Hawkins, Gerold S.: *Merlin, Märchen und Computer; das Rätsel Stonehenge gelöst?* Zerling, Berlin 1983.

Hope, Murry: *Magie und Mythologie der Kelten*. Heyne, München 1990.

Leo, Alan: *Esoterische Astrologie; vom Wesen des Menschen*. Hier & Jetzt, Hamburg 1989.

Matthews, Caitlin: *The Celtic Tradition*. Element, Shaftesbury 1989.

Moore, Patrick: *Großer Atlas des Universums*. Mosaik, München 1990.

Ranke-Graves, Robert von: *Die Weiße Göttin; Sprache des Mythos*. Rowohlt, Reinbek 1985.

Rees, Alwyn u. Brinley: *Celtic Heritage*. Thames & Hudson, London 1989.

Vogh, James: *Arachne Rising*. Granada, London 1977.

Volguine, Alexandre: *Mondastrologie; Wiederherstellung eines alten astrologischen Systems*. 3. Aufl. Baumgartner, Warpke-Billerbeck 1956.

Walton, Evangeline: *Die Vier Zweige des Mabinogi*. 3. Aufl. Klett-Cotta, Stuttgart 1990.

Weston, L. H.: *The Planet Vulcan*. American Federation of Astrologers, Arizona (o. J.)

Verlag Hermann Bauer · Freiburg im Breisgau

Monika Helmke Hausen

Das magische Wissen vom Mond

Entfalte deine ganz persönlichen Mondkräfte

272 Seiten, kart., ISBN 3-7626-0531-9

Das silberne Licht des Mondes hat seit alters besonders Dichter und Liebespaare in seinen Bann gezogen. Heute sind es mehr und mehr Menschen, die ihr Leben im Einklang mit den kosmischen Kräften ausrichten möchten. Und dazu gehört natürlich untrennbar die Sonne – Lichtspenderin auch für den Mond! So bezieht die Autorin die solaren Energien mit ein und begleitet den Mond auf seiner Reise durch die zwölf Tierkreiszeichen.

Die Autorin bietet einen sehr anregenden Einstieg in geist-seelische Bereiche. Und dabei kommt vieles zu Tage, was jeden Mondfreund, jede Mondfreundin begeistern wird: Praktisches zum Feiern, zum Anwenden, für Rituale, zum Räuchern, Pflegen und und und ...! Darüber hinaus gibt es Spirituelles, Mystisches, viel völlig Neues – zum Erproben – und eine Fülle praktischer Tips und Anregungen. Nicht um große Einweihungsrituale geht es hier, sondern um die Anwendung der Mondkräfte im Kleinen, im Alltäglichen. Und das schöne Resultat: mehr Lebensfreude!

Douglas Monroe

Merlyns Vermächtnis

432 Seiten, gebunden, ISBN 3-7626-0502-5

An der Felsenküste Tintagels begegnet der junge Arthur, künftiger König von Britannien, seinem Lehrer Merlyn, dem großen Druiden, Magier und Hüter der keltischen Überlieferung. Die folgenden Lehrjahre bei Merlyn sind für den heranwachsenden Arthur voller Erkenntnisse, aber auch gefahrvoller Begebenheiten und Bewährungsproben. Seine Abenteuer entführen Sie in eine magische Welt, zu sagenumwobenen Kraftorten wie Camelot, Stonehenge und dem mystischen Avalon. Lassen Sie sich von dem spannenden Geschehen, von Arthurs Mutproben, Erlebnissen und seiner Visionssuche in den Bann ziehen!

Verlag Hermann Bauer · Freiburg im Breisgau

Verlag Hermann Bauer · Freiburg im Breisgau

Douglas Monroe

Merlyns Lehren

21 Lektionen in praktischer Druidenmagie
Das Arbeitsbuch zu *Merlyns Vermächtnis*

188 Seiten, kart., ISBN 3-7626-0516-5

Das Arbeitsbuch zu *Merlyns Vermächtnis* taucht in das tiefe Wissen druidischer Naturmagie ein. Neben Rezepten zur Herstellung von Kräutertinkturen und heiligen Getränken, neben der Unterweisung in zahlreiche Rituale geht es um keltische Feste, Baum- und Zahlenmagie und immer wieder darum, die Grenzen zur Anderwelt durchlässiger zu machen.

Douglas Monroe

Merlyns Wiederkehr

Die verschollenen Schriften und Zauberbücher des großen Druiden
Ein Einweihungsweg für das neue Jahrtausend

448 Seiten, gebunden, ISBN 3-7626-0706-0

Auch in diesem neuen Buch von Douglas Monroe steht der große Druide und Magier Merlyn wieder im Mittelpunkt.
Eingebettet in eine aktuelle Rahmenhandlung sind drei Geschichten aus verschiedenen keltischen Epochen, vom Autor aus druidischen Manuskripten des 16. Jahrhunderts ausgegraben und voller Farbe, Spannung und Kraft erzählt.
Integriert in die Erzählungen sind drei »Grimoire« genannte Zauberbücher, jedes für sich ein praktischer Kurs in Druidenmagie.
So wird dem Leser in *Merlyns Wiederkehr* in poetischer und kraftvoller Form enthüllt, was traditionell vom Druidenmagier nur mündlich und einzig allein seinem erwählten Lehrling weitergegeben wurde.

Verlag Hermann Bauer · Freiburg im Breisgau